数字教育标准研究报告与应用案例汇编（2025）

全国信息技术标准化技术委员会教育技术分技术委员会　编

中国教育出版传媒集团
高等教育出版社·北京

内容简介

本书由全国信息技术标准化技术委员会教育技术分技术委员会暨教育部教育信息化技术标准委员会组织编写，包括数字教育标准研究报告、标准化需求分析与政策研究报告、数字技术赋能教育年度发展报告、数字教育标准应用案例年度分析报告，以及 37 个来自高等学校、职业院校的数字教育标准应用案例。

本书可以作为数字教育标准工作者、教育数字化领域研究人员、普通高等学校和高等职业院校教育数字化工作者的参考书籍，也可以作为教育技术领域研究人员和学生的参考书籍。

图书在版编目（CIP）数据

数字教育标准研究报告与应用案例汇编. 2025 / 全国信息技术标准化技术委员会教育技术分技术委员会编. -- 北京：高等教育出版社，2025.6. -- ISBN 978-7-04-064862-1

Ⅰ. G43

中国国家版本馆 CIP 数据核字第 20257H1F11 号

SHUZI JIAOYU BIAOZHUN YANJIU BAOGAO YU YINGYONG ANLI HUIBIAN(2025)

策划编辑 文 娟　责任编辑 毛 芳　封面设计 高海钰 王 洋　版式设计 杨 帆 杨 树
责任校对 王 雨　责任印制 刘思涵

出版发行	高等教育出版社	网　　址	http://www.hep.edu.cn
社　　址	北京市西城区德外大街 4 号		http://www.hep.com.cn
邮政编码	100120	网上订购	http://www.hepmall.com.cn
印　　刷	三河市骏杰印刷有限公司		http://www.hepmall.com
开　　本	787mm×1092mm 1/16		http://www.hepmall.cn
印　　张	14.75		
字　　数	350 千字	版　　次	2025 年 6 月第 1 版
购书热线	010-58581118	印　　次	2025 年 6 月第 1 次印刷
咨询电话	400-810-0598	定　　价	79.90 元

本书如有缺页、倒页、脱页等质量问题，请到所购图书销售部门联系调换

物 料 号　64862-00

编 委 会

主　编：郑　莉

副主编（排名不分先后）：

李　青　钱冬明　申丽萍　杜　婧　李　栋　吴永和

编　委（排名不分先后）：

顾小清　李玉顺　李　静　李　礼　卢绎熹　汪卫国　钟晓流

李海霞　王峻京　王皖斌　宗　诚　沈舒尹　桑宇霞　吴战杰

王运武　双　月　王洪军　胡婷玉　邢　珊　康雪婷

目　录

第一部分　研究报告

数字教育标准研究报告(2025) …… 3
标准化需求分析与政策研究报告(2025) …… 49
数字技术赋能教育年度发展报告(2025) …… 58
数字教育标准应用案例年度分析报告(2025) …… 113

第二部分　数字教育标准应用案例汇编

智慧学校环境下提升教师数字化教学能力的探索与实践
——JY/T 0646—2022《教师数字素养》应用案例 …… 125
广东科学技术职业学院“知行大先生”职业教育大模型平台
——T/SAIAS 0013—2023《教育通用人工智能大模型》系列标准应用案例 …… 134
北京外国语大学智能语言学习环境建设
——GB/T 36354—2018《数字语言学习环境设计要求》应用案例 …… 145
南京工业大学全光网络构建校园新生态
——《高等学校数字校园建设规范(试行)》应用案例 …… 158
景德镇陶瓷大学云计算助力数字校园建设
——《高等学校数字校园建设规范(试行)》应用案例 …… 169
虚实融合的智慧学习中心建设与应用
——《高等学校数字校园建设规范(试行)》应用案例 …… 179
河北机电职业技术学院数据融通服务随行的智慧校园一站式体验
——《高等学校数字校园建设规范(试行)》应用案例 …… 190
数智赋能探索智慧校园建设
——《高等学校数字校园建设规范(试行)》应用案例 …… 204
清华大学深圳国际研究生院元数据驱动下的开发配置平台创新实践
——GB/T 36342—2018《智慧校园总体框架》应用案例 …… 219
其他案例 …… 227

第一部分　研究报告

数字教育标准研究报告（2025）

李青[1]，郑莉[2]，吴永和[3]，顾小清[3]，李玉顺[4]，
卢绎熹[5]，宗诚[6]，钱冬明[3]，吴战杰[3]，
申丽萍[7]，王运武[8]，杜婧[2]，沈舒尹[9]

（1. 北京邮电大学；2. 清华大学；3. 华东师范大学；4. 北京师范大学；
5. 新华三技术有限公司；6. 中国教育科学研究院；7. 上海交通大学；
8. 江苏师范大学；9. 南开大学）

1 现状和趋势

1.1 全球教育的数字化转型

习近平总书记在党的二十大报告中对加快建设教育强国作出一系列重要部署，强调“推进教育数字化，建设全民终身学习的学习型社会、学习型大国”。教育数字化转型成为当前教育领域的重要研究话题。通过对国内外的研究成果进行梳理，发现“教育数字化转型”的相关研究主要包括教育数字化转型的内涵特征、动力因素、现实困境和实现路径这四方面内容。

1.1.1 教育数字化转型的内涵特征

在国内外教育数字化转型的深入研究中，教育数字化转型的内涵尚未形成统一的认识，主要聚焦于三个层面。**一是将教育数字化转型视作一种策略或方法手段**。例如，将教育数字化转型视为推动教育现代化的手段，即运用信息技术对教学、学习等活动中的行为数据进行采集，为改善教与学水平提供支撑[1]。也有学者认为教育数字化转型是教育形态从传统模式向数字模式转变的战略路径与策略[2]。**二是将教育数字化转型看作一种过程或模式**。例如，Gama[3]认为数字化转型是迅速演化的过程，对人员发展与基础设施均造成根本性冲击，需提供新的教育模式。陈丽等[4]认为教育数字化转型处于我国教育信息化发展的第五个阶段，是促使教育全方位创新与变革的过程，主要从教学空间、教育目标、教育服务以及教育治理这四个方面来体现教育领域的变化。**三是将教育数字化转型看作一场革命**。祝智庭等[5]认为教育数字化转型是通过数字技术与教育的深度融合，促使教学过程、教学评价等发生全方位的变革，最终达到良好的教育生态。还有学者认为教育数字化转型是教育新兴技术驱动、社会各个维度力量推动下教育系统的变革与重塑[6]。

1.1.2 教育数字化转型的动力因素

关于教育数字化转型的动因分析有很多，主要有四种。

第一，国家政策推动。李锋[7]等学者指出，国家发布了一系列政策文件为教育数字化转

型提供了顶层设计与战略指导，是教育数字化转型的重要因素。陈丽[4]等也强调政策推动教育数字化转型成为国际共识，认为当前数字技术与教育深度融合及教育领域的改革都是以政策为导向的。吴砥等[8]分析了高等教育数字化转型背景与价值研判，通过对各类国际组织以及美英俄等国家高等教育数字化转型重点与战略进行对比，认为世界各国均注重通过数字化基础建设、强化数字资源应用来变革教育模式。

第二，技术革新驱动。顾小清[9]认为教育数字化转型需要具备数据基础、数据分析服务和数据素养三个方面的条件。许秋璇[10]等认为新一代数字技术驱动教育数字化转型，驱动教学组织从各方面对教育生态进行重组。国外亦有学者秉持这类观点，例如 Pinto 和 Leite[11]指出不断发展的数字技术是高等教育数字化转型的核心推力；也有学者指出许多数字技术的创新，如微服务、数据云架构等网络技术，大力促进了学习管理系统(Learning Management Systems, LMS)、评估与反馈系统(Real-time Assessment and Feedback Systems)的普及，这些数字化设施是当下教育数字化转型得以实现的重要基础[12]。

第三，社会变迁促动。舒杭等[13]从社会变迁的视角梳理了数字化转型的演变历程，认为教育作为社会的子系统，社会在发生变化的同时，教育系统也会保持足够的敏感性。其中，具有代表性的社会变迁因素便是疫情，许多学者围绕疫情这一因素对教育数字化转型的影响进行了研究。例如，有学者认为疫情这一社会背景是促进教育系统数字化转型的重要动因，疫情催生的大规模远程教育是促使教育系统克服对新兴技术采纳惰性的重要机制[14]。此外，García-Morales 等[15][16]学者认为实施数字化转型成为全球大部分学校(尤其是高等教育机构)应对疫情开展教学实施的重要举措。也有部分学者提出，疫情因素是加速教育数字化转型的内在机制，当线下教学无法开展时，教育系统必须及时开发数字学习方法，并提供数字学习环境、工具和支持系统。

第四，教育内部需求催化。朱永新等[17]认为教育数字化转型在满足个性化教育需求、推动教育公平发展等方面发挥着举足轻重的作用。何静等[18]认为职业教育数字化转型是职业教育提高人才培养适应性的内在需要，有助于推动职业教育现代化，促进其均衡发展。陈林[19][20]认为教育数字化转型的时代境遇下，课程教学形态、资源利用、培养体系等方面能够助力高等教育场域的数字化全覆盖，使得接受高等教育的主体享受公平且有质量的教育。国外也有类似的研究和探索，认为学习者和教师的数字能力、教师自身的专业素养、学校领导的管理能力等都是影响教育数字化转型的重要因素[21]。

1.1.3　全球教育数字化转型的现实困境

当前教育数字化转型正处于初始阶段，作为一项技术驱动的创新性社会变革，其进程注定不会一帆风顺。王敬杰[22]指出数字化转型在系统性地改变了职业教育存在形态、育人模式等的同时，也使得职业教育面临教育和受教育成本增加、在追求教育公平的过程中时常会出现新的不公平现象等困境。王天平[23]等认为在乡村教育数字化转型推进过程中，信息化多阶段并存、主体性缺失以及供需局部错配等问题会成为现实中的堵点与挑战。赵建波[24]则从思维转型、技术应用、价值引领、数字素养这四方面指出思想政治教育数字化转型过程中可能遇到的问题。尚俊杰等[25]将教育数字化转型过程中的困难总结为功能障碍、行动障碍和共生融合障碍，并从表层、深层和核心三个层面指出在教育数字化转型过程中遇到的困难。李慕春[26]等认为民族高等教育数字化转型是民族高等教育创新变革的趋势，能够推动民族高等教育高质量发展，但是当前民族高等教育数字化转型过程中面临很多现实困境,主要体现在转型目标、转型基础和转型机制这三方面。刘密霞[27]认为数字化转型面临着如何实现数据的流转、挖掘,及与其他要素融合带来价值的机遇与挑战。Marks 等[28]运用调查、访谈、案例等研究方法探索高等教育数字化转型发展的成熟度和面临的挑战,最终发现数字化转型能力、数据处理等方面已成为主要挑战。Wang 等[6]通过综述已有研究中数字技术对教育的影响,指出了若干挑战,例如技术的激进介入会剧烈冲击当下的教育体系,并会破坏学习者的学习模式与记忆模式[29],还会导致学习者技术成瘾、学习分心等不良行为[30]。

1.1.4 全球教育数字化转型的实现路径

教育数字化转型已成为教育领域的新焦点,其核心内容就是要推动数字技术与教育的深度融合。李锋等[7]对教育数字化转型的相关政策文件和研究报告进行比较和分析,在梳理、凝练教育数字化转型逻辑关系和内驱力的基础上,为实现教育数字化转型提出三条可行路径:构建智能化教育环境、创新教育教学应用、推动教育的高质量发展。朱永新等[17]指出,在推广学分银行、智慧图书馆、数码社区等典型应用场景的同时,未来更应聚焦通过均衡教育资源分配、推动简政放权、坚持依法治教、深化校企合作等治理策略,以推进教育数字化转型的进程。顾小清等[9]认为教育数字化转型需要秉持“需求牵引、应用为王、服务至上”原则,从建立数字轨迹、激活数据价值,深入领域模型、打破数据和提供个性服务、发挥数据智能“黑箱”三个方面提出行动路径。余胜泉[31]认为教育数字化转型需要更多关注技术、业务和人之间的关系,为有效推进学校数字化转型,应从创新认知、顶层设计、应用推进、组织管理、绩效评估五个方面开展行动。Alenezi[32]就数字技术对学习环境、学生学习方式的影响情况进行案例分析,厘清数字化环境下教与学之间的相互关系,提出要建立具体可行的实施方案,并合理关切师生利益发展,促进数字化转型的发展。Romero-Hall 等[33]认为技术与教育的深度融合离不开身处教学一线教师的参与,教师作为教育数字化转型中的重要实践主体,需要具备一定的数字素养,并掌握教学实践中所需数字化工具和教学资源。因此,组织教师数字技能培训将是应对不断涌现的新兴技术在教育中应用和推动教育数字化转型的关键举措[34]。

高等教育数字化转型路径是国内外学者的研究重点之一。杨宗凯[35]从技术驱动、培养体系、数字经济层面阐明高等教育数字化转型的必然,并对三所高校的数字化转型教学实践进行梳理总结,为高校教育数字化转型提供路径参考。肖广德等[36]在明晰教育数字化转型基本认知的基础上,提出高等教育实施数字化转型的关键领域在于人才培养、科学研究、管理与服务,提出要从保障、行动、操作三条路径来真正落实高等教育数字化转型。兰国帅等[37]通过对国际高等教育数字化转型的相关案例进行分析,从数字化生态系统模型的角度出发,阐明了数字化转型的基本原理、战略规划,并从文化转型、劳动力转型和技术转型三方面为中国高等教育数字化转型提供方案。Hashim 等[38]从大学战略管理实践层面出发,研究设计开放定性模型,利用优化的学习机制和数字化转型战略,助推数字化转型和高等教育的可持续性发展。Xiao 和 Wang[39]立足于数字化成为新时代教育改革的关键力量,根据其服务范围、人群等提出高等教育数字化转型应关注人才培养、科学研究、管理和服务,从基本数据、环境、组织结构等方面采取保障、行动等路径。还有学者基于当下数字技术对教育的影响,擘画了 2030 年教育数字化转型完成后未来学校的发展蓝图[40]。

1.2 我国的基础教育数字化

1.2.1 政策背景

在智能技术飞速发展和数字化工具及手段日益普及的当下,教育领域正面临着前所未有的机遇和挑战。2022 年初,我国正式启动了国家教育数字化战略行动,加快推进教育数字化转型和智能升级。2023 年 2 月,国务院印发的《数字中国建设整体布局规划》中强调大力实施国家教育数字化战略行动,完善国家智慧教育公共服务平台。2023 年 5 月,习近平总书记强调:"教育数字化是我国开辟教育发展新赛道和塑造教育发展新优势的重要突破口。"2024 年全国教育工作会议指出,"要不断开辟教育数字化新赛道。坚持应用为王走集成化道路,以智能化赋能教育治理,拓展国际化新空间,引领教育变革创新"。教育部怀进鹏部长在 2024 世界数字教育大会上明确指出,数字化转型是世界范围内教育转型的重要载体和方向。这一系列方针政策,清晰地展现了我国对于教育数字化转型的积极追求,将其视为提升教育质量、促进学生发展、满足日益增长的教育需求的有效途径。而基础教育作为教育强国建设的关键主战场,需要通过多方面统筹推进、同向发力,为教育强国建设奠定扎实的基础[41]。在国家政策导向、数字技术变革、教育现实需求的多重驱动下,以数字化赋能基础教育高质量发展,既是推进教育强国建设的重要举措,也是面向新时代的战略选择和必由之路[42]。

1.2.2 发展现状

2024 年,基础教育领域教育数字化发展势头强劲,展现出了前所未有的活力与潜力。随着国家教育数字化战略行动的深入推进,基础教育数字化建设与应用取得了显著成效。第一,在资源建设方面,国家智慧教育平台及各地教育资源库持续汇聚和更新,涵盖中小学各类课程资源和教学素材,为师生提供了丰富、多元、个性化的学习资源,这些资源不仅促进了优质教育资源的均衡分配,还满足了学生多样化的学习需求。第二,在教学融合方面,智能技术已深度融合到教育教学的各个环节,智慧课堂、"双师"课堂、在线互动教学等新型教学模式得到广泛应用,实现了线上与线下教学的有机结合,提高了教学效率和质量,同时,虚拟现实、人工智能等先进技术也被引入到教学中,为学生提供沉浸式和更加个性化的学习体验。第三,在评价变革方面,智能技术推动了教育评价方式的创新,数据分析和智能评估工具被广泛应用于学生学习过程和学习成果的评估,为教育决策提供了更加科学、客观的依据,这有助于实现教育评价的多元化和精准化,促进学生的全面发展。第四,在数据应用方面,积极挖掘和利用教育数据的价值,深入应用到教育教学全过程,通过数据的汇聚与分析为教育教学提供科学依据和决策支持。第五,在管理提升方面,教育管理信息系统、智慧校园等平台的广泛应用实现了教育管理的信息化和智能化,提高了管理效率和服务水平。总体来看,数字化赋能基础教育高质量发展在多方面取得了显著成效,但仍存在一些关键堵点,包括顶层制度设计不足、师生数字素养限制、数字技术融入困难、观念与行为障碍等方面[43]。

1.2.3 重点工作

(1) 深化智慧教育平台应用

智慧教育平台作为数字教育资源的主要载体和数字化教育教学活动的主要阵地,为师生提供了丰富多样的在线课程和教学资源。2024 年,教育部持续推动国家智慧教育平台的深化应用,鼓励地方和学校依托该平台开展教育教学活动,并启动了国家中小学智慧教育平台全域应用试点工作,旨在通过数字教育试点的纵深推进,不断扩大优质资源覆盖面,推动教育变革创新,示范引领区域教育均衡与教育质量提升。国家智慧教育平台的开通使用,向广大用户提供了丰富的优质教育资源,创设了多元化的学习环境和空间,提供了便捷高效的公共服务专区,特别是西部民族地区,在推进国家智慧教育平台的应用方面走在全国前列。这些努力不仅加速了教育数字化转型,还促进了民族地区教育的高质量发展,为实现教育公平和优质均衡作出了重要贡献。

(2) 强化数据赋能教育全过程

教育部积极推动国家教育大数据中心建设,加快完善教育数据基础制度,夯实教育行业数据底座,并建成部省、部校互联互通的数据网络,推动数据双向安全流动。这些努力使得数据能够更高效地服务于教育决策、管理和教学全过程。在教学方面,数据助力教师精准掌握学情,优化教学策略,同时,通过数据分析,实现教学内容与方法的个性化定制;在学习方面,数据为学生提供个性化学习路径,提升学习效率,学生利用数据分析自我反思,培养自主学习能力;在评价方面,数据支持多维度、全过程的学业评价,确保评价结果的客观性和公正性,通过数据分析,及时发现学习短板,为改进提供依据;在管理方面,数据赋能教育决策,提高管理效率与科学性,基于数据分配资源,优化教育资源配置,促进教育公平;在服务方面,数据驱动的教育服务更加精准,满足师生多元化需求,通过数据分析,预测教育趋势,为教育创新提供支持。

(3) 推动人工智能教育融合

教育部于 2024 年 3 月启动了人工智能赋能教育行动,推出了一系列具体举措,包括上线"AI 学习"专栏、推动国家智慧教育公共服务平台智能升级、实施教育系统人工智能大模型应用示范行动,并将人工智能融入数字教育对外开放。这些行动有效促进了人工智能技术在教育领域的应用,提高了全民数字教育素养与技能,并推动了教育结构的转变。当前,人工智能技术已在智能化教学、个性化学习、教师专业发展、教育资源配置等方面发挥了重要作用,特别是生成式人工智能的应用,如自动内容生成、个性化学习推荐系统等,以其强大的数据处理和模式识别能力,为学科内统整、跨学科融合以及教学评一体化等关键教育领域注入了新的活力。人工智能对教育领域的革命性影响日益显著,正以前所未有的力量推动着教育教学的跃升性变革。

(4) 健全数字素养教育体系

随着数字化时代的到来,数字素养已成为教师和学生必备的基本素质。各地通过加强数字教育平台和课程体系建设,完善数字素养教育标准和评价体系。通过国家智慧教育平台等数字化工具,实现了优质教育资源的广泛共享,显著提升了师生的数字素养和应用能力;通过开设相关课程、组织实践活动等方式,培养学生的信息素养、数字技术应用能力和创新思维;加强教师的数字素养培训,帮助教师掌握数字技术和教学方法,提升数字素养教育水平;同时,制定并实施了一系列数字素养教育标准,为评估和提升数字素养提供了科学依据。数字素养教育体系的完善,使得学生能够更好地适应数字时代的发展,具备利用数字技术解决问题的能力。同时,教师的数字素养也得到了显著提升,能够更好地指导学生进行数字化学习,推动教育教学的创新发展。

1.2.4 发展趋势

(1) 数智技术与教育教学双向融合

科技进步是推动历次教育革命的关键要素,教育与科技的深度融合是促进教育改革的重要方式,而教育数字化的持续推进在一定程度上也再次印证了二者之间的内在逻辑关联。教育与科技的深度融合是一个双向融合的过程,既是科技优势在教育领域的彰显,同时也是教育对于现代科技的推动。教育数字化重在强调科技对教育体制结构的重塑,改变了既有的教育发展模式,使知识的生成、传输、获取等环节都更加便利与高效,推动着教育体制的深层次变革。教育数字化转型的深入推进对教育发展提出了新的标准与要求,泛在学习、远程学习、深度学习等新型学习方式开始出现,而且教育信息的获取更加便捷,教育环境也更加智能化,尤其是生成式人工智能的兴起为教育带来了前所未有的变革,为教育资源的丰富性、教学工作的高效性、学习路径的个性化等提供了无限可能。受教育数字化发展趋势的影响,知识的更新周期将会变得越来越短,传统的教育体制无论是在手段方面,还是在内容方面都将发生显著变化[44]。

(2) 优质数字化教育资源合理配置

在数字化时代,优质数字教育资源将能够更加公平地分配,而教育数字化的一个重要价值就是能够促进优质数字资源的合理配置。教育数字化的深入推进将利用先进的信息通信技术和互联网平台,在一定程度上打破优质教育资源配置的物理空间限制,实现资源的跨越时空的高效流动与共享,消除优质教育资源的区域不对等现象,确保偏远地区教育资源的合理分配。具体而言,通过云计算、大数据分析、人工智能等技术的集成应用,教育数字化能够精准识别不同区域、不同学校乃至不同学生的个性化需求,进而实现优质教育资源的精准投放与优化配置。这一过程不仅涉及课程内容的数字化转化与更新迭代,还包括教学方法、学习工具、评估体系等全方位的资源建设与创新。更重要的是,教育数字化将通过对优质数字教育资源的合理配置,为实现教育实质平等提供保障。

(3) 教育数据资产化驱动创新变革

数据作为数字经济时代不可或缺的生产要素,正日益成为构建教育新发展格局的关键支柱,以及推动教育数字化变革的强大引擎。在这个信息爆炸的时代,高质量的数据底座不仅是解锁数据红利、促进教育质量提升与效率优化的前提,更是实现教育现代化转型的基石。深入挖掘教育数据的潜在价值,将原本零散、无序的“教育数据资源”系统性地转化为可量化、可分析、可交易的“教育数据资产”,是推动教育创新、实现精准教学与个性化学习的核心路径[45]。同时,依托大数据、人工智能等数字技术,发挥教育数据的诊断和决策价值,推动教育治理从经验驱动到数据驱动、从单向管理到多主体协同治理的转变[4]。在此过程中,加强数据安全管理至关重要,必须建立完善的数据安全保护机制,确保学生和教师等个人信息的安全和隐私不被泄露;制定明确的数据使用政策和规范,确保数据的合法合规使用,避免数据滥用和误用;实施严密的数据状态监控机制,推进数据的集中化管理模式;严格遵循法律法规,确保数据的加工利用过程既高效又合规,最大化地发挥数据在教育领域的价值。

1.3 我国的高等教育数字化

2024 年是教育数字化战略行动实施的第三年,无论是在国家教育数字化宏观管理层面,还是在广大高校数字化建设层面,均取得了阶段性进展,使得高等教育数字化建设的重点进入了推动"转型"阶段。同时由于新兴技术的横空出世与迅速渗透,高等教育数字化转型呈现出"先进技术试验田"等特征。但是,由于教育与其他产业的区别性特征,教育的数字化转型面临一系列从体制机制到模式方法的落地性问题。

1.3.1 发展现状和重点工作

(1) 2024 年高等教育数字化建设主旋律

2024 年高等教育数字化发展的主旋律是:以数字化推动高等教育转型,进而服务教育强国建设。2024 年 1 月上旬,全国教育工作会议召开,教育部从教育与数字化两个方面,对当年我国高等教育重点工作做出了指示[46]。会议一方面强调,要锚定 2035 年建成教育强国目标,坚持教育服务高质量发展这个硬道理,强化高等教育龙头作用。另一方面,会议指出要不断开辟教育数字化新赛道,坚持应用为王走集成化道路,以智能化赋能教育治理,拓展国际化新空间,引领教育变革创新。

(2) 2024 年高等教育数字化建设特征

2024 年高等教育数字化发展呈现出如下两大特征。

一是纵深发展,推动转型。

先前的教育数字化旨在率先实现业务运转的数字化,为业务在数字化支持下进行转型提供基础。而 2024 年则将重心放在了业务转型上。

2024 年 5 月下旬,第七届数字中国建设峰会期间,"数字社会分论坛-数字教育专场"活动举办。活动以"数据赋能教育变革创新"为主题。教育部党组成员、副部长吴岩[47]在致辞中表示,国家教育数字化战略行动已经步入第三个年头,将聚焦集成化(Integrated)、智能化(Intelligent)、国际化(International)的"3I"方向,坚持应用为王,推动数据赋能教育变革创新,加快推进国家教育大数据中心建设,启动实施教育系统人工智能大模型应用示范行动(LEAD 行动),加快研制教育专用大模型"智思体"(GEST),建立全生命周期数据安全治理体系等。教育主管部门一直强调"教育变革创新",即教育业务的转型;所依托的核心技术包括"数据赋能"与"人工智能大模型"。

2024 年 4 月,基础学科系列"101 计划"工作推进会暨计算机"101 计划"成果交流会召开[48]。面对新兴技术如人工智能技术对教育产生的颠覆性影响,计算机"101 计划"主动作为。教育部高等教育司负责人表示:"高校、出版社和企业携手合作,搭建与人工智能课程深度结合的教育大模型'智海—三乐',推动生成式人工智能技术融入教育教学实践。将优秀建设经验和模式推广到更多基础学科和急需紧缺领域,逐步提高各专业类覆盖率,为构建高质量人才培养体系提供有力支撑。"这项行动再次体现了国家对高等教育数字化转型的方向性指引,即以学科为单位的人才培养模式的转型,通过利用数据和生成式人工智能技术支撑学科建设,变革人才培养模式,提高人才培养质效,服务教育强国战略。

二是热点牵引,探索创新。

2024 年教育数字化转型中的两大热点是"人工智能大模型"与"数据要素"。

人工智能大模型在高校的应用探索基本形成"科研－教学－管理服务"三位一体的格局。有少量头部高校投入了大量资金,建设了学校自有算力平台,与企业合作开发学科大模型,分别用于学科研究与教学。学科大模型的投入成本高,对学校科研团队与数字技术团队要求高,对校企协作契合度要求高,此"三高"决定了 2024 年学科大模型的开发和应用仍处于"零星开花"阶段。位列热榜第二位的是人工智能大模型用于教学,有相当一部分高校采用了“教师助手/学生助手”这类工具，为教师提供教案/课件/试卷等资料生成服务，提供学科资料检索与生成服务，有的提供学生成绩群体分析与评价功能。学生助手服务于学习的功能主要在知识问答、文档生成等方面。位于热榜第一位的当属大模型用于学校管理服务，比如能够回答学校管理人员、教师或学生关于学校管理规定、流程办理等方面的问题的 AI 助手。这类 AI 助手的开发成本相对较低，所需数据明确且数据质量高，是高校使用 AI 大模型的入门式工具。由于数字人技术的发展，每个 AI 助手均可以数字人的形象为入口，生动有趣。值得一提的是，由于政策导向与经济环境的影响，2024 年高校教育数字化项目中，以生成式大模型为牵引的算力基础设施建设占据了主要份额。

数据在高校并不是一个新鲜概念，数据治理工作也不是一项新工作，正是由于数据的不断产生，赋予了数据工作的“永生性”特征。随着数据治理经验的积累、数据智能技术的发展，尤其是数字经济大背景下，国家数据局的成立以及一系列数据政策的发布，将教育行业的数据也囊括到了这场全国性全行业的大型潮流中。教育宏观管理数据与各个高校内生数据的价值如何挖掘，教育数据市场的搭建、数据流通与交易等，成为 2024 年教育数据的新课题。

2024 年 8 月，中国国际大数据产业博览会（简称数博会）[49]召开，本届数博会是国家数据工作体系优化调整之后首次举办，由国家数据局主办。会议以“数智共生：开创数字经济高质量发展新未来”为主题，围绕数字产业化、产业数字化、数据价值化、数字化治理、数字新基建、数据安全 6 大版块举办展览。2024 年 9 月，中共中央办公厅、国务院办公厅发布《关于加快公共数据资源开发利用的意见》。2024 年 9 月，国家发展改革委等部门联合印发《国家数据标准体系建设指南》。2024 年 9 月，国务院发布《网络数据安全管理条例》，条例自 2025 年 1 月 1 日起施行。以上活动的开展、政策的发布，对包括教育在内的各行业数据的开发利用奠定了基础，提供了依据，也在另一个层面上促进教育数据挖掘进入新阶段。

从 2023 年广大高校教育数字化实践来看，以“数字校园或智慧校园”为主题的高校数字化建设取得了全面突破，并向着“向数据要价值”的新阶段蓬勃发展。2024 年之前，相当一部分高校建立了决策分析平台，但大部分平台仅停留在数据展示的浅层，有部分高校开始使用动态数据来提供实时的校园服务。总体上，数据价值没有得到有效发掘。自 2024 年起，广大高校对数据的价值挖掘进行深入思考、扎实建设、创新场景的新阶段。有少量学校已经开始探索通过数据联动的力量变革原有管理流程，重划组织架构及职责边界。

(3) 2024 年高等教育数字化建设进展

一是数字化基础设施建设得到持续加强。

2024 年，由于生成式人工智能的强势进场，催生了高校对算力基础设施、配套网络基础设施的扩展与升级需求，使得这类基础设施成为高校数字化建设的主要内容。同时，高校探索将云原生技术从单点验证到广泛应用，改变传统数据中心和应用中心的建设模式，提升数字化基础能力、运维能力和服务能力。此外，由于高校对数据资产管理、数据治理、数据共享与流通以及数据要素价值挖掘的需求，高校着力打造校级数字基座，并持续开展数据治理工作，设计数据应用新场景。

二是人才培养及管理服务业务数字化转型取得初步成果。

在管理服务方面，部分学校打造了校级融合数据底座，以单项完整业务闭环为单位，重构现有业务或构建新业务，通过“统一门户＋专题门户”的方式聚合各类应用，以实现完整的数据流转与数据应用,满足业务的动态变化需求,真正实现数字化支撑业务转型。

在人才培养方面,利用互联网、人工智能大模型、虚拟现实与仿真、数据分析等技术,开展远程协同实验、模拟预测、过程跟踪分析等具体教学活动,以解决一个个具体教学难点为切口,从改变教学环境和方式入手,优化教学流程,进一步推动新型教学模式的生成。此举将人才培养的数字化转型落到实处,产生了实际价值。

三是网络与数据安全、隐私保护得到空前重视。

随着教育数字化转型的深入发展,国家和社会对网络安全、数据安全、个人隐私保护的意识越来越强,采取的措施越来越多,如全国信息技术标准化技术委员会教育技术分技术委员会组织专家研制了《教育数据隐私保护通用要求》(待发布)。国内大部分高校均按照"教育行业信息系统三级等保"要求进行系统的选择与建设,以保障基本安全;在校园网络安全建设中,一般均采用国内最先进的网络安全解决方案,为网络安全保驾护航。

1.3.2 发展趋势

在未来1～2年,高等教育数字化建设将呈现如下趋势。

(1) 教育数字化转型全面铺开

高校的数字化转型重点在于人才培养模式的变革、科研模式的转变,以及管理服务流程的改革。转型的内涵决定了高校将在"校一二级学院"两级进行不同重点的转型。管理与服务转型主要分布在校级层面,从最核心的教务板块、学生工作板块、科研管理板块,到基础支撑型的财务板块、人事板块、后勤板块等,均将逐个进行转型,并且转型速度将随着已转型的基础呈现加速度状态。在二级学院层面,按照不同学科和专业的特点,将按照"小规模试点一大规模铺开"的渐进方式,逐个实现人才培养和科研工作的转型,为高层次人才培养和新质生产力的打造做出贡献。

(2) 生成式人工智能技术应用持续深入

生成式人工智能在高等教育领域的应用将从浅层向深层发展。随着算力基础设施的不断建设,大模型企业服务模式的不断创新,高校学科研究团队对大模型技术与价值了解的不断深入,校企合作模式的不断优化,大模型必将以学科为切入点,进入高校科研与人才培养两大核心业务板块,在大中小颗粒度上承担不同的转型支撑角色。一方面,直接推动科研方式方法创新与科研成果质效提升,缩短科技成果转化路径,搭建一条更为直接的产品化通路。另一方面,创新教学资源内容,改变教与学的方式方法,通过教与学的智能化,重塑人才培养模式,促使人类知识与技术传承方式进入新时代。

(3) 教育数据资源价值挖掘大力加强

虽然大数据的概念由来已久,但就高校实践行动来看,"十四五"时期的第一年——2021年,可称为"中国高校进行数据治理与数据价值挖掘的元年"。而2023年生成式人工智能大模型的横空出世,使得作为大模型训练基础之一的"数据",再次被提到了重要位置。2023年下半年起,"数智"成为描述数据应用方向的一个热词。随着2024年下半年《关于加快公共数据资源开发利用的意见》[50]《国家数据标准体系建设指南》[51]的发布,数据资源的开发利用在各行各业引发了思考。2025年教育数据资源在国家教育宏观管理层面和高校内部层面的开发利用,必将成为重点。

(4) 配套基础设施持续升级迭代

生成式人工智能与数据资源的开发利用,对现有算力与数据基础设施提出了更高要求,当前基础设施的不足限制了上层应用。生成式人工智能与数据资源开发利用对数字基础设施的要求主要包括：网络带宽、数据中心、算力支撑、数据平台等。应用将驱动基础设施进行持续升级迭代。

1.3.3 面临的挑战

高等教育数字化转型的挑战是一直存在且多方面的。

首先，地区发展不平衡较为突出。不平衡主要体现在不同地区、不同资金背景、不同综合排名的高校，其数字化建设内容与先进性差异大。比如，相当一部分头部高校已经拥有自己的算力平台，开展了大模型训练与微调，生成了一套自用 AI 助手，而相对落后的高校还停留在网络改造与扩建，解决基本访问问题的阶段。这种现象需要从资金、学校自身信息化意识、管理机制与信息化团队建设四方面进行重点突破。

其次，先进技术本身发展阶段的局限性。人工智能大模型作为新产物，其价值前景十分可观，但当前存在限制发展的多方面客观因素，比如模型开发人才水平的局限性、模型开发的算力与资金成本、模型训练所需数据的来源与数据质量问题、不同类型与格式数据的读取问题、模型的精准度等。大模型和任何一款产品一样，其早期版本一定存在“质量”问题，让部分使用者不敢信任，不敢使用，尤其是在容不得半点马虎的科研与教学工作中。

最后，数据时代的安全与隐私保护问题。教育行业在推进大数据应用的同时，也面临着数据隐私泄露、教育数据不安全等隐患，需要在教育数据开放与保护个人数据隐私之间取得平衡。虽然国家已陆续出台了包括《中华人民共和国个人信息保护法》《网络数据安全管理条例》等法律法规，但在贯彻执行层面，数据的安全与隐私保护问题仍然存在，个人信息被盗取与泄露的事件时有发生，想要根本性地解决，需要制定更为细致的管控措施并加强执行监管。

1.4 我国的职业教育数字化

1.4.1 发展现状

(1) 职业教育数字化建设水平稳步提升

教育部在《关于进一步推进职业院校数字校园建设试点的通知》中公布了首批 312 所职业院校数字校园建设试点院校名单，部署组织开展第二批 300～500 所职业院校数字校园建设试点工作。在现代职业教育体系改革管理公共信息服务平台发布了《职业教育信息化标杆学校建设指南》，明确指出职业教育信息化标杆学校建设的任务，要求各院校丰富拓展数字化应用场景，扩大数字化资源供给，利用数字化手段推进教学与评价改革，提高数据治理能力，并对建设单位、基础条件、建设任务以及监测指标等方面给出详细要求。同时，发布《职业教育示范性虚拟仿真实训基地项目建设说明》，明确提出虚仿基地以学校为基本单元开展建设，旨在通过虚拟现实、人工智能、数字孪生、物联网、大数据等新一代信息技术解决实训教学过程中的“三高三难”问题，提高专业实训教学质量。同期发布《职业教育专业教学资源库建设指南》，明确提出开发类型多样的优质数字化教学资源等建设任务，为职业院校数字化建设提供了对标对表的依据，为职业教育的数字化改革指明了方向。持续纵深推进职业教育数字化建设，提高职业院校数字校园建设水平，是贯彻落实党的二十大关于推进教育数字化战略行动的重要举措，是提高职业教育数字化水平、开辟职业教育高质量发展新赛道的重要路径。

(2) 持续赋能职业教育人才培养质量提升

中国职业教育数字化的核心目标是提升职业教育质量和效率,培养适应数字化时代需求的高技能人才。在数字化进程中,中国坚持系统观念,注重系统集成,既有长远的战略规划,又注重分阶段、有步骤地推进实施。自2022年提出联结为先、内容为本、合作为要的“3C”理念(即Connection、Content、Cooperation),并逐步迈向集成化、智能化、国际化的“3I”理念(即Integrated、Intelligent、International),稳步推动职业教育数字化纵深发展。同时,积极运用云计算、大数据、人工智能等先进技术,推动教学内容、方法和手段的数字化升级,提升学生的学习体验和效果。“国家智慧教育平台”荣获联合国教科文组织教育信息化奖,涵盖1.9万项职业教育内容,是中国职业教育数字化战略的核心成果与集大成者。

(3) 与国际组织合作研究过程中凸显示范效应

充分发挥教育部职业教育发展中心等6家联合国教科文组织国际职业技术教育与培训中心联络中心(UNEVOC Center)和设在深圳职业技术大学的联合国教科文组织职业技术教育数字化教席等的作用,围绕职业教育数字化、绿色技能培养、国际交流合作等议题,与联合国教科文组织有关机构和成员开展合作研究,为职业教育国际交流合作搭建了崭新平台,凸显出示范效应。

1.4.2 重点工作

(1) 迭代升级国家职业教育智慧教育平台

将智能技术与职业教育教学深度融合,丰富完善平台功能,全覆盖、个性化服务学生学、教师教、教学管。聚焦以智助学,开发智能学伴,实施智能辅导,探索开展AI客服不间断在线答疑,为学习者提供一站式、全方位、全过程学习支持服务。聚焦以智助教,研发智能助教,支撑教师备授课,为教师工作减负增效,让教师有更多精力去从事创造性教学活动、育人活动。聚焦以智助管,开发智能作业、互动课堂、线上教研、辅助阅卷、教育评价等数字教育工具和平台。

(2) 开发汇聚高质量数字学习资源

采取师生自主创造、学校自主建设、政府统筹征集等方式,着力增加专业课程、美育课程和劳动教育课程资源,持续推动职业教育专业教学资源库、精品在线开放课程等重点项目建设,不断扩大职业教育资源供给。大力开发数字教材,广泛集纳教辅、教案、课件、教学设计、虚拟仿真实训资源,不断丰富职业教育资源形态。创新资源评价方式,运用国家教育大数据中心聚集的动态数据,对平台资源规模、结构、内容及使用效果等分类分析评价,为平台采纳的课件资源、教学内容等颁发国家数字教育平台收藏证书,推进职业教育资源开发、入库、更新、出库的全生命周期管理。

(3) 开展大规模职业教育数字化应用示范行动

着力推进国家职业教育智慧教育平台全域全员全过程应用,扩大优质资源覆盖面,推动“试点”转“示范”。鼓励职业学校将平台资源和智能化服务嵌入教育教学,用数字教育资源丰富拓展学生的第二课堂,支持发展学生的兴趣爱好。大力推进职业学校智慧校园建设,主动适应学习方式变革,探索数字赋能大规模因材施教、创新性教学与个性化教学。完善国家职业教育智慧教育平台国际版,分区域、分国别、分语种服务全球学习者[52]。

1.4.3 挑战和建议

(1) 变革教学方法和教学模式，实现数字技术与教育教学融合

数字时代的到来，使得数字技术深刻影响着各行各业，尤其是与经济社会关系最为紧密的职业教育领域。数字技术的迅猛发展催生了职业教育教学手段的迭代升级，“在线精品课”“专业教学资源库”“虚拟仿真实训基地”等数字化教学资源的引入，不仅激发了学生的学习兴趣和参与度，也展示了数字技术在教学领域的巨大潜力和应用前景。随着数字技术的不断发展和完善，教师的教学方法和教学模式的创新变革势在必行，要根据学生创新能力和实践技能的培养需要，发挥数字技术的重要作用，为教学提供更为多元化和个性化的支持和服务。

(2) 秉承“应用为王”的理念，大力推进数字资源均衡配置

由于我国地域广阔和历史背景复杂，地区之间、城乡之间、院校之间历史、区位、资金、技术禀赋存在差异，东部地区、城镇的职业院校通常能够获得更多、更适用的优质资源，而中西部地区、乡村的职业院校则面临资源数量不多、适用性不强的问题。数字资源配置的失衡，制约着职业教育办学质量的整体提升。教学数字化转型不精不优，给职业教育教学与产业的契合度带来全新挑战，需要秉承“应用为王”的理念，加大数字化教学资源的开发、使用和共享，确保教学内容的时效性和前瞻性；持续创新“数字化＋”的新型教与学模式，增强教与学的互动性和实践性；加强优质数字化资源配置的调控，促进数字时代职业教育均衡发展[53]。

(3) 加强数字治理，建立完善数字化标准规范

标准化是数字化转型的第一步，通过制定、发布和实施标准，职业学校可以消除数据鸿沟，提高工作效率，使得不同部门、不同系统之间更好地协同工作。因此，首先，建议建立职业教育教学平台之间的统一规范。围绕国家职业教育智慧教育平台的建设、服务和运行，建立起平台之间的统一规范，包括平台体系架构标准、服务接口技术要求、平台用户统一身份认证标准、平台信息安全管理规范等。其次，建议研制数字教育资源的建设、开发、应用、共享、融汇等技术标准与管理规范，包括数字资源元数据标准、数字教材相关标准、在线课程信息标准、教育资源内容安全标准及内容服务标准等。再次，建议构建教与学过程数据标准、学习数据分析标准、平台和工具应用数据标准等，实现数据和平台的融通，支持教师开展数字化教学，推动教学评价科学化和个性化，有效提升教学质量。最后，建议研制终身学习数据标准、终身学习评价标准、终身学习服务标准等，进而构建数字时代教育参与主体数字素养发展与数字教育产品服务的质量保障，助力人机结合、人技结合下的各级各类教育数字化转型与终身学习体系构建[54]。

2 数字教育标准体系研究

2.1 学习技术体系结构发展的新方向

学习技术系统体系结构是为理解某些特定的系统、子系统及与相关系统的交互而创建的总体框架，是用于设计、分析和比较一系列系统的逻辑架构，可用于确定抽象、互操作性强的系统接口和服务。

学习技术系统体系结构 2.0，在原有的《GB/T 29803—2013 信息技术 学习、教育和培训 学习技术系统体系结构》基础上，顺应扩展需求，覆盖了学习技术、教育和培训技术、基于计算机的培训、计算机辅助教学、智能指导、元数据等范围广泛的系统。整体逻辑框架如图1所示。

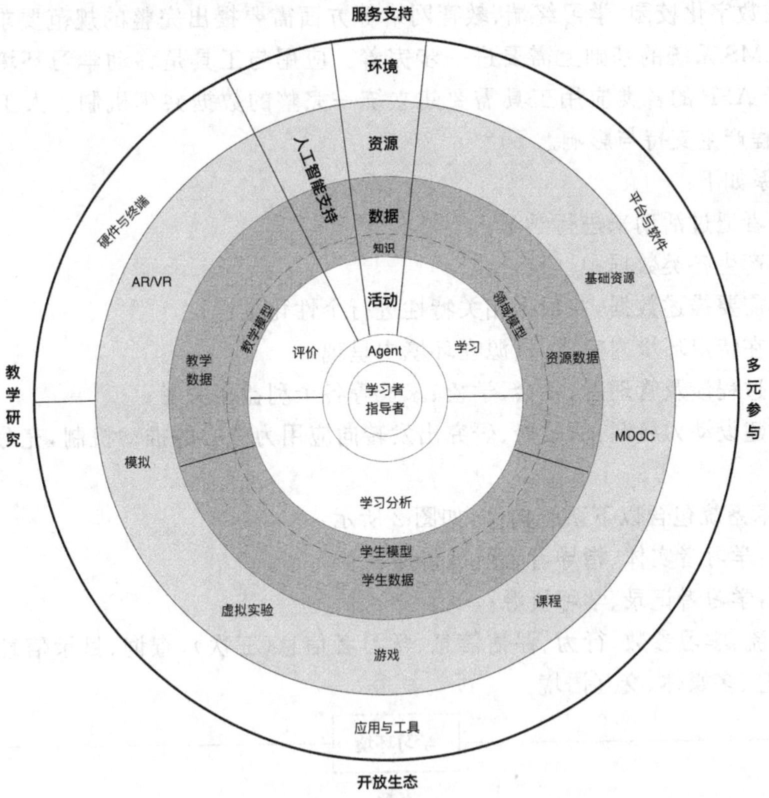

图1 学习技术系统体系结构 2.0 整体逻辑框架

学习者通过活动来进行学习，活动产生各类数据。资源需要描述数据，并根据相关特性进行个性化推送。活动在特定环境内完成，资源在环境中呈现。教学过程涉及管理者、社会、学校、家长等各个利益相关者。标准建设应从政府、研究出发转向应用为核心的推动机制，充分发挥企业的积极性。

在人工智能时代，AIGC 的快速发展赋能教育，在各个层面对学习技术产生重大的影响。大模型将对学习过程、学习资源等层面产生重大影响，人工智能、大模型的教育应用将成为未来一段时间重要的技术主题。

学习者：整个学习体系的核心，教学过程围绕学习者展开。

指导者：教学过程的实施者，指导、协助学习者完成学习过程。

代理(Agent)：是学习者与指导者在系统中的代理(软件中的实体)，在新的人工智能时代，智能代理将成为重要的方向。

活动：包括评价、学习、学习分析等部分。在本部分，需要建立活动的基本模型，提供活动的基本框架，描述活动的流程与数据接口。

数据：包括学生数据、教学过程数据、资源数据等几个重要部分，是标准的最核心部分之一。在数据部分需要建立基于知识的模型,如学生模型、领域模型、教学模型等,用于实现个性化学习、智能推荐等功能。

资源:在原有的通用标准体系的基础上,进一步细化,特别是对于AR/VR、游戏、虚拟实验、电子课本、MOOC、模拟等各个部分进一步规范。

环境:在数字化校园、学习终端、教育网络等方面需要提出完整的规范要求。平台与软件,在原有LMS系统的基础上需要进一步完善。应用与工具是移动学习环境下重要的组成部分,基于APP的各类应用工具需要建立统一完整的数据共享机制。人工智能将对学习的各个流程产生支持与影响。

主要关系如下:

- 学习者通过活动来进行学习;
- 活动产生各类数据;
- 资源需要描述数据,并根据相关特性进行个性化推送;
- 活动在特定环境内完成,资源在环境中呈现;
- 教学过程涉及管理者、社会、学校、家长等各个利益相关者;
- 标准建设动力机制:从政府、研究出发转向应用为核心的推动机制,充分发挥企业的积极性。

学习技术系统包含以下系统构件,如图2所示:

- 过程:学习者实体、指导者、评价、传递;
- 存储:学习者记录、学习资源;
- 信息流:学习参数、行为、评估信息、学习者信息(三次)、查询、目录信息、定位器(两次)、学习内容、多媒体、交互语境。

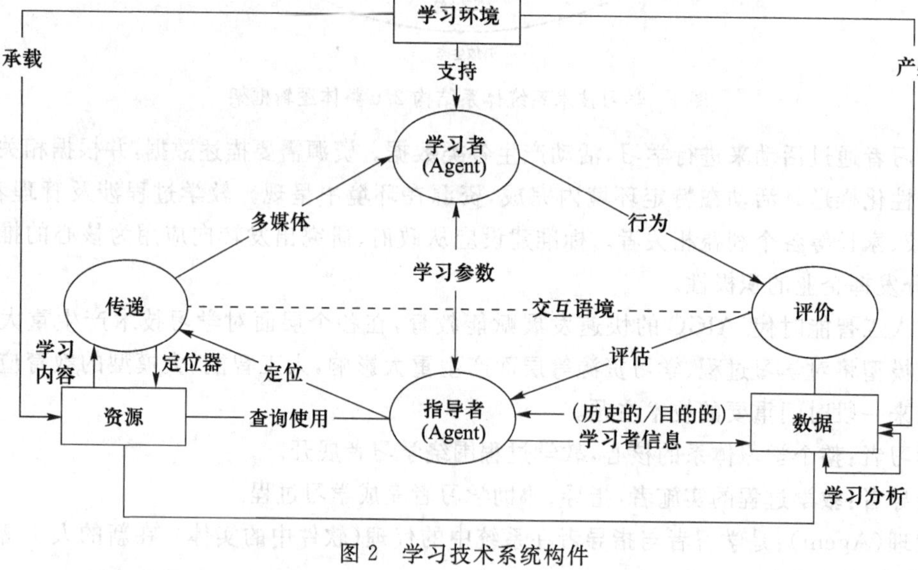

图2 学习技术系统构件

2.2 数字教育标准的分类体系框架

在学习技术体系结构基础上形成数字教育标准的分类框架,从立体、多维的视角去观察和分析标准之间的关系,经过多次讨论和修订,形成了图 3 中的结构,具体包括以下 10 个主要的部分。

(0) 术语定义、体系结构和参考模型。这部分是关于标准体系的标准。定义了标准体系的概念框架和基础模型。这部分是高度抽象的,是构建其他标准的基础,约束其他标准中共性的部分。

(1) 角色和能力。角色是数字教育体系中的各种参与者,包括人和机构。能力是角色在教育系统中的能力描述,如高等教育学生的能力描述等。

(2) 活动。这里的活动是指狭义的教育教学活动,仅仅包括在学习技术系统中进行的活动,包括学生的学习、教师的教学,以及教学活动中的评价活动。

(3) 数据。活动层面产生各种各样的数据,包括过程性的数据和结果数据,如学习者的学习记录、数据资产和管理数据等。数据本身的管理也归在此类中。

(4) 资源和知识。包括对资源、课程以及知识图谱等的描述。

(5) 环境和平台。为学习和教育提供各种支持的软硬件系统,包括学习、资源、管理等各种系统平台,以及各类数字化教学设备组成的教学环境,如数字校园、智能教室、功能教室等。

(6) 技术和工具。支撑教学及管理的各类技术和工具,包括各种创新类内容,是支撑环境平台的基础。

(7) 服务和管理。对教育管理及教育第三方服务的规范。服务规定第三方服务的类别、要求等,管理规定教育管理系统的基本要求和技术特征。

(8) 安全、隐私和质量保证。包含网络安全、数据安全、用户的隐私保护、技术伦理和治理,以及服务质量保证。这部分内容是所有教育教学业务都需要遵循的。

(9) 人工智能。AIGC 技术的高速发展对前面各个部分都将产生重大的影响,赋能教育技术全链条的各个要素。

在此分类体系中纵向分成三个不同的系统层级。同一要素标准可以分为共性技术、组件接口和应用系统三个层面的标准。

(1) 共性技术是从本类标准中抽象出来最关键的技术模型,是本类标准中多个标准需要的最核心、最关键的模型和结构。

(2) 组件接口定义了各个系统内部的互操作和数据交换的规范以及不同平台之间的一些互操作规范,比如教育管理系统内各个层面接口。本层面的接口实现和关键代码应该考虑用通用技术实现并进行开源发布。

(3) 应用系统是各种具体软硬件应用的技术规格和功能要求等,是对软硬件的功能和质量等的基本要求。教育信息化的供应商更加偏重于这类标准的采用。

整个框架体系还有一个维度“学段”,从基础教育、职业教育、高等教育、非学历教育的角度来看标准的应用场景。各个学段的教育特殊性要求都体现在其特色标准中。对于教育管理部门,学段视角为业务部门提供了抓手,业务部门可以提出本部门相关的标准,比如职业教育的课程、基础教育的学生画像、基础教育的资源库建设规范等。

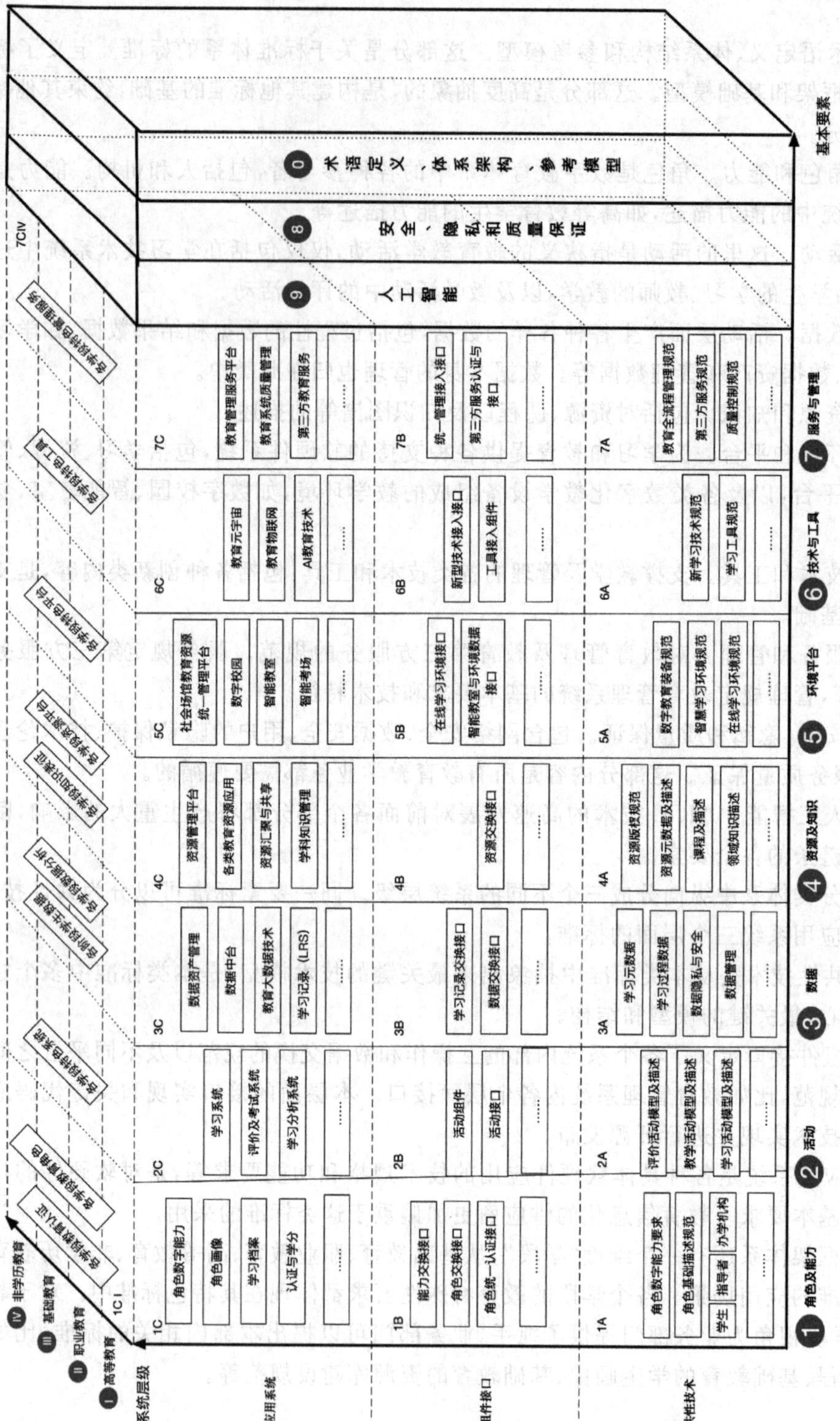

图3 数字教育标准分类框架

3　标准化机构和工作概况

3.1　标委会的总体情况

3.1.1　历史沿革

2001年初,教育部科学技术司(以下简称“科技司”)组织成立了现代远程教育技术标准化委员会,并组织研制相关标准。2002年初,为适应教育信息化新的发展形势,又将其更名为教育部教育信息化技术标准委员会(后文简称标委会),英文缩写为CELTSC。标委会在科技司业务指导下,负责教育信息化标准的规划和研究、组织教育信息化标准的立项、审查、宣传和推广等相关工作。

2002年12月,标委会经国家标准化管理委员会批准成为全国信息技术标准化技术委员会教育技术分技术委员会,编号为TC28/SC36,负责组织全国教育信息化、教育技术相关标准的研制、标准符合性测试认证和标准应用推广工作,由国家标准化管理委员会、工业和信息化部进行业务指导。

同时,标委会还对口承担我国在ISO/IEC JTC1 SC36的教育信息化国际标准工作。

3.1.2　基本架构

第三届标委会共有委员80人,来自高校、科研院所、政府机关、中小学校和信息技术企业。标委会设主任、副主任、秘书长、副秘书长共8人,秘书处设在清华大学。基本架构见图4。

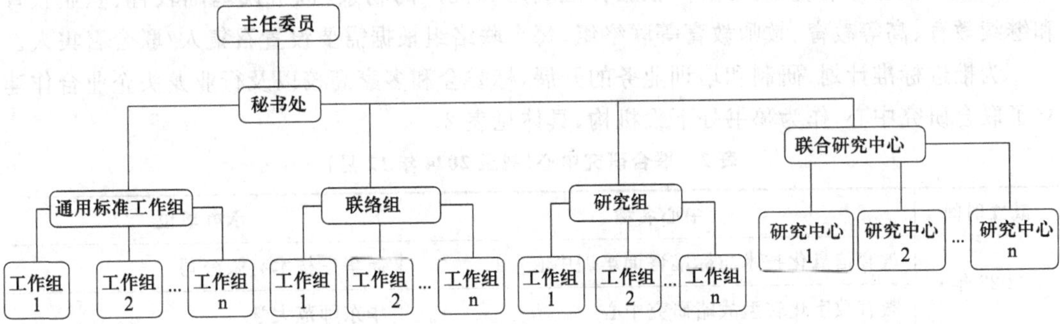

图4　标委会基本架构

标委会根据标准研究的需要设立若干工作组,每个工作组设召集人1名,可设置联合召集人1名。新立项标准预研究项目和国家标准研制项目将依托工作组管理,由工作组召集人组织标准研制活动。表1是已设置的7个标准工作组名称以及工作组范围。其中,编号带有SC36的为与ISO/IEC JTC1/SC36对应的工作组,同时也承担国际标准的研制管理工作。

表1　标委会下设标准工作组

序号	工作组编号	工作组名称	工作范围
1	WG1	共性基础	制定和更新教育技术共性基础标准,包括基础架构、基础设施、基础服务等,提供标准化工作的方向性指导,包括制定教育信息化标准的术语、体系、方法论等

续表

序号	工作组编号	工作组名称	工作范围
2	WG2	环境工具平台	着重于数字校园、学习环境、学习工具与平台的标准化，包括数字校园建设中各类共性基础平台、虚拟学习环境、数字化学习工具、在线教育平台、业务管理平台等的技术规范和质量标准
3	SC36/WG3	参与者	制定与教育参与者（如学生、教师、管理人员、数字人等）相关的标准，包括身份认证、隐私保护、学习档案等方面的标准
4	SC36/WG4	内容与资源	教育/学习资源的标准化，包括学习资源、多媒体教学资源的格式、互操作性标准，以及版权和数字权利管理等相关标准
5	WG5	学习活动与过程	学习活动设计和学习活动实施相关的标准化研究
6	WG6	评价与治理	制定教育管理和治理方面的信息化标准，包括各种教育管理业务涉及的数据描述、管理数据的互操作、数据开放等方面的标准，以及教育评估、评价和决策方面的标准
7	SC36/WG8	数据与学习分析	制定教育信息化领域的数据标准，包括管理数据、资源数据、过程数据，以及学习分析技术和数据等

为了推进教育信息技术标准的基础研究，标委会成立了 4 个研究组：标准需求与相关政策研究组、前沿技术研究组、标准应用案例研究组、标准测评研究组。各研究组每年提交研究报告用于支撑标准规划。此外，根据标准应用和推广的场景，拟下设基础教育、职业教育和继续教育、高等教育、教师教育等联络组，每个联络组根据需要设置召集人/联合召集人。

为推进标准计划、研制和培训业务的开展，标委会和多家高校以及行业龙头企业合作建立了联合研究中心，作为秘书处下设机构，具体见表 2。

表 2 联合研究中心（截至 2024 年 12 月）

成立时间	中心名称	承办单位
2022 年	教育信息化技术与标准咨询培训中心	新华三技术有限公司
	教育数字化转型战略研究中心	华东师范大学
2021 年	教育信息化标准研究与应用服务中心	三亚学院
	教育信息化技术标准规划研究中心	华为技术有限公司
	教育信息化标准测评研究中心（成都）	华为技术有限公司
2018 年	教育信息技术标准（电子书包）应用示范中心	深圳市希科普股份有限公司
2017 年	教育信息化标准应用测评推广中心	华中师范大学
	标准测试中心	伟东云教育集团

3.1.3 标准研制成果

伴随教育信息化发展进程，我国教育信息化标准化工作取得了积极进展。截至 2024 年 12 月，CELTSC 标委会研制的标准取得了系列成果：

• 国家标准已发布 55 项(表 3);
• 教育行业标准已发布 20 项,电子行业标准已发布 4 项(表 4);
• 受中共中央组织部委托组织研制干部网络培训系列国家标准 10 项(表 5)。

这些标准覆盖了教育信息系统体系框架的诸多方面,为规范和引领教育信息化行业实践起到了有效的引领和支撑作用。同时,经过这些年的积累,建立起了一支稳定的教育信息化标准化队伍,为教育信息化行业标准化工作开展奠定了坚实的基础。

表 3　国家标准研制情况(截至 2024 年 12 月)

年份	标准编号和名称
2008 年	GB/T 21365—2008 信息技术 学习、教育和培训 学习对象元数据
	GB/T 21364—2008 信息技术 学习、教育和培训 基于规则的 XML 绑定技术
	GB/T 21366—2008 信息技术 学习、教育和培训 参与者标识符
2010 年	GB/T 26222—2010 信息技术 学习、教育和培训 内容包装
2012 年	GB/T 28823—2012 信息技术 学习、教育和培训 平台与媒体分类代码 XML 绑定规范
	GB/T 28824—2012 信息技术 学习、教育和培训 数字权利描述语言
	GB/T 28825—2012 信息技术 学习、教育和培训 学习对象分类代码
	GB/T 5271.36—2012 信息技术 词汇 第 36 部分:学习、教育和培训
2013 年	GB/T 29801—2013 信息技术 学习、教育和培训 学习管理系统规范
	GB/T 29802—2013 信息技术 学习、教育和培训 测试试题信息模型
	GB/T 29803—2013 信息技术 学习、教育和培训 学习技术系统体系结构
	GB/T 29804—2013 信息技术 学习、教育和培训 平台与媒体分类代码
	GB/T 29805—2013 信息技术 学习、教育和培训 学习者模型
	GB/T 29807—2013 信息技术 学习、教育和培训 学习对象元数据 XML 绑定规范
	GB/T 29808—2013 信息技术 学习、教育和培训 高等学校管理信息
	GB/T 29809—2013 信息技术 学习、教育和培训 内容包装 XML 绑定
	GB/T 29810—2013 信息技术 学习、教育和培训 测试试题信息模型 XML 绑定规范
	GB/T 29811.1—2013 信息技术 学习、教育和培训 学习系统体系结构与服务接口 第 1 部分:抽象框架与核心接口
	GB/T 30265—2013 信息技术 学习、教育和培训 学习设计信息模型
2017 年	GB/T 33782—2017 信息技术 学习、教育和培训 教育管理基础代码
	GB/T 35298—2017 信息技术 学习、教育和培训 教育管理基础信息
	GB/T 34994.1—2017 教育卡应用规范 第 1 部分:教育卡技术要求
2018 年	GB/T 29811.2—2018 信息技术 学习、教育和培训 学习系统体系结构与服务接口 第 2 部分:教育管理信息服务接口

续表

年份	标准编号和名称
2018 年	GB/T 29811.3—2018 信息技术 学习、教育和培训 学习系统体系结构与服务接口 第 3 部分:资源访问服务接口
	GB/T 36095—2018 信息技术 学习、教育和培训 电子书包终端规范
	GB/T 36096—2018 信息技术 学习、教育和培训 虚拟实验构件服务接口
	GB/T 36097—2018 信息技术 学习、教育和培训 虚拟实验构件元数据
	GB/T 36098—2018 信息技术 学习、教育和培训 虚拟实验构件封装
	GB/T 36347—2018 信息技术 学习、教育和培训 学习资源通用包装
	GB/T 36348—2018 信息技术 学习、教育和培训 虚拟实验 框架
	GB/T 36349—2018 信息技术 学习、教育和培训 虚拟实验 数据交换
	GB/T 36350—2018 信息技术 学习、教育和培训 数字化学习资源语义描述
	GB/T 36351.1—2018 信息技术 学习、教育和培训 教育管理数据元素 第 1 部分:设计与管理规范
	GB/T 36351.2—2018 信息技术 学习、教育和培训 教育管理数据元素 第 2 部分:公共数据元素
	GB/T 36352—2018 信息技术 学习、教育和培训 教育云服务:框架
	GB/T 36366—2018 信息技术 学习、教育和培训 电子学档信息模型规范
	GB/T 36436—2018 信息技术 学习、教育和培训 简单课程编列 XML 绑定
	GB/T 36437—2018 信息技术 学习、教育和培训 简单课程编列
	GB/T 36453—2018 信息技术 学习、教育和培训 电子课本信息模型
	GB/T 36459—2018 信息技术 学习、教育和培训 电子课本内容包装
	GB/T 36642—2018 信息技术 学习、教育和培训 在线课程
	GB/T 36342—2018 智慧校园总体框架
	GB/T 36354—2018 数字语言学习环境设计要求
	GB/T 36438—2018 学习设计 XML 绑定规范
	GB/T 36447—2018 多媒体教学环境设计要求
	GB/T 36449—2018 电子考场系统通用要求
2019 年	GB/T 37711—2019 信息技术 学习、教育和培训 虚拟实验 工作流参考模型
	GB/T 37712—2019 信息技术 学习、教育和培训 虚拟实验 教学指导接口规范
	GB/T 37713—2019 信息技术 学习、教育和培训 虚拟实验 评价要素
	GB/T 37716—2019 信息技术 学习、教育和培训 电子课本与电子书包术语
	GB/T 37717—2019 信息技术 学习、教育和培训 电子书包标准引用轮廓
	GB/T 37957—2019 信息技术 学习、教育和培训 电子书包总体框架

续表

年份	标准编号和名称
2023 年	GB/T 42411.1—2023 信息技术 学习、教育和培训 在线课程体系 第 1 部分:框架与基本要求
	GB/T 43438—2023 信息技术 学习、教育和培训 中小学教师信息素养评价指标
	GB/T 43466—2023 信息技术 学习、教育和培训 中小学生信息素养评价指南

表 4 行业标准研制情况(截至 2024 年 12 月)

年份	标准编号和名称
2012 年	JY/T 1001—2012 教育管理信息 教育管理基础代码
	JY/T 1002—2012 教育管理信息 教育管理基础信息
	JY/T 1003—2012 教育管理信息 教育行政管理信息
	JY/T 1004—2012 教育管理信息 普通中小学校管理信息
	JY/T 1005—2012 教育管理信息 中职学校管理信息
	JY/T 1006—2012 教育管理信息 高等教育管理信息
	JY/T 1007—2012 教育管理信息 教育统计信息
2017 年	JY/T 0607—2017 基础教育教学资源元数据 信息模型
	JY/T 0608—2017 基础教育教学资源元数据 XML 绑定
	JY/T 0609—2017 基础教育教学资源元数据 实施指南
	JY/T 0614—2017 交互式电子白板 教学功能
	JY/T 0615—2017 交互式电子白板 教学资源通用文件格式
	SJ/T 11678.1—2017 信息技术 学习、教育和培训 协作技术协作空间 第 1 部分:协作空间数据模型
	SJ/T 11678.2—2017 信息技术 学习、教育和培训 协作技术协作空间 第 2 部分:协作环境数据模型
	SJ/T 11678.3—2017 信息技术 学习、教育和培训 协作技术协作空间 第 3 部分:协作组数据模型
	SJ/T 11679.1—2017 信息技术 学习、教育和培训 协作技术 协作学习通信 第 1 部分:基于文本的通信
2022 年	JY/T 0633—2022 教育基础数据
	JY/T 0637—2022 教育系统人员基础数据
	JY/T 0639—2022 中小学校基础数据
	JY/T 0641—2022 智慧教育平台 基本功能要求
	JY/T 0644—2022 数字教育资源基础分类代码

续表

年份	标准编号和名称
2022 年	JY/T 0646—2022 教师数字素养
	JY/T 0650—2022 智慧教育平台 数字教育资源技术要求
	JY/T 0651—2022 直播类在线教学平台安全保障要求

注:JY/T 为推荐性教育行业标准,SJ/T 为推荐性电子行业标准

表 5 干部网络培训系列标准

年份	标准编号和名称
2020 年	GB/T 38856—2020 干部网络培训 业务管理通用要求
	GB/T 38857—2020 干部网络培训 课程信息模型
	GB/T 38858—2020 干部网络培训 平台数据要求
	GB/T 38859—2020 干部网络培训 课程评价指标
	GB/T 38860—2020 干部网络培训 学员学习档案技术要求
	GB/T 38861—2020 干部网络培训 课程制作流程
	GB/T 38862—2020 干部网络培训 课程审核
	GB/T 38863—2020 干部网络培训 平台数据接口技术要求
	GB/T 38864—2020 干部网络培训 课程共建共享通用要求
	GB/T 38865—2020 干部网络培训 专题班规范

《干部网络培训 业务管理通用要求》等 10 项国家标准,是在中组部领导下,由标委会主要专家和干部网络培训单位共同研制的。研制团队成员来自清华大学、华东师范大学、华中师范大学、北京邮电大学等高校,以及国家行政学院、中国浦东干部学院、大连中国高级经理学院等干部网络培训单位。《全国干部教育培训规划(2023－2027 年)》在第六部分指出,“推动网络培训体系建设,提升干部教育培训数字化水平”;在“干部网络培训提质增效计划”中第 1 点指出,“健全干部网络培训通用标准。加大《干部网络培训业务管理通用要求》等 10 项国家标准实施力度”。

3.2 对口国际标准化组织相关情况

在教育信息技术相关的国际标准化组织方面,ISO 和 IEC 两大标准化组织联合成立了第 1 联合技术委员会(JTC1)。其中,第 36 分技术委员会(SC36)专门负责制定学习、教育和培训领域的信息技术标准(Information Technology for Learning, Education and Training,简称 ITLET)。中国是 ISO/IEC JTC1 SC36 的正式成员国。教育部教育信息化技术标准委员会,同时也是全国信息技术标准化技术委员会教育技术分技术委员会(SAC/TC28/SC36),代表中国国家体对口参与 ISO/IEC JTC1 SC36 的国际标准化工作,并行使投票权。

截至 2024 年 12 月,ISO/IEC JTC1 SC36 现有 49 个成员国,含 22 个正式成员国(P 成员)和 27 个观察员(O 成员),与 12 个标准化组织建立了合作关系。现任主席为来自澳大利

亚的 Jon Mason 博士,秘书处设在韩国,由韩国标准化组织 KATS 提供支持。目前,SC36 下设 5 个工作组(WG)、1 个术语协调组(TCG)、2 个咨询组(AG)和 2 个临时研究组(AHG)。5 个工作组分别对应学习者信息、管理与交付、文化语言与个人需求、学习分析互操作和在线课程 6 个方面的标准研制工作。2 个咨询组分别负责提供 SC36 的业务规划、教育领域的新兴技术等方面的咨询;临时研究组积极开展区块链、人工智能在教育中的应用研究和标准化。SC36 完整的体系结构见图 5,其中已终止活动的工作组为 WG1、WG2 和 WG6。此外,JWG12 为 SC36 和 SC24 联合成立的工作组,负责制定学习、教育和培训领域内 AR/VR/MR 技术应用相关的标准。

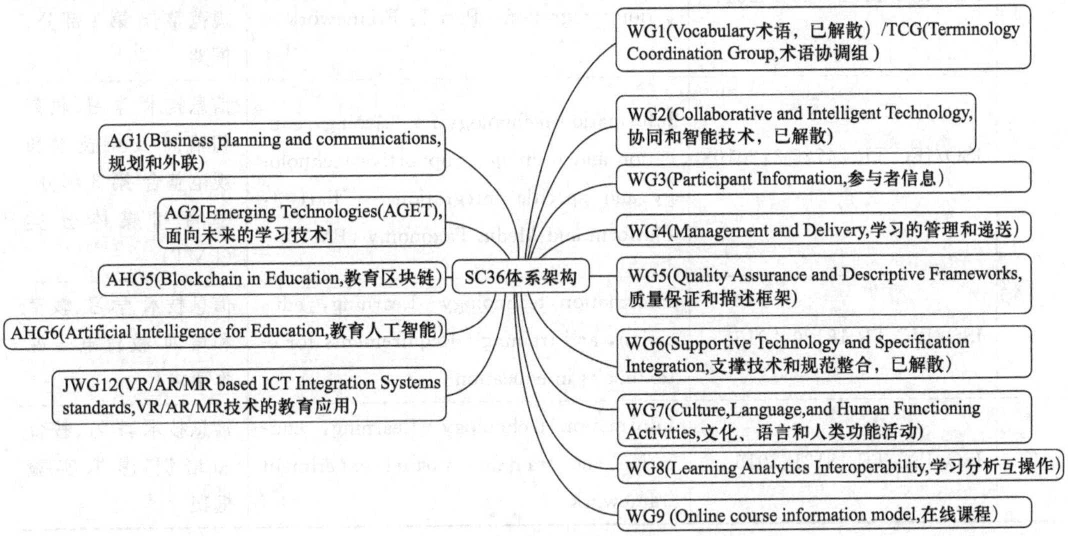

图 5　SC36 现有体系架构

截至 2024 年 12 月,ISO/IEC JTC1 SC36 已发布 55 项国际标准,还有 13 项标准项目正在推进中。SC36 提交发布的 ISO 标准中有 7 项标准由中国主导研制,包含 2 项国际标准(International Standard)和 5 项国际标准技术报告(Technological Report),具体见表 6。在 SC36 中,2 位中国专家担任了工作组召集人,3 位担任与其他标准化组织的联络员,共完成 7 项国际标准向国内标准的转化工作。

表 6　SC36 发布的由中国主导的教育信息技术标准

序号	标准号	英文名称	中文名称
1	ISO/IEC TR 4339：2022	Information technology for learning, education and training—Reference model for information and communications technology (ICT) evaluation in education	信息技术 学习、教育和培训 教育中信息通信技术(ICT)评估参考模型
2	ISO/IEC 23126:2021	Information technology for learning, education and training — Ubiquitous Learning Resource Organization and Description Framework (Learning Cell Framework)	信息技术 学习、教育和培训 泛在学习资源组织和描述框架(学习元框架)

续表

序号	标准号	英文名称	中文名称
3	ISO/IEC 23127-1:2021	Information technology—Learning, education and training—Metadata for facilitators of online learning—Part 1: Framework	信息技术 学习、教育和培训 在线学习指导者元数据 第1部分:框架
4	ISO/IEC TR 24725-1:2011	ITLET supportive technology and specification integration—Part 1: Framework	信息技术 学习、教育和培训 支持技术和规范整合 第1部分:框架
5	ISO/IEC TR 24725-3:2010	Information technology for learning, education and training—Supportive technology and specific integration — Part 3: Platform and Media Taxonomy (PMT)	信息技术 学习、教育和培训 支持技术和规范整合 第3部分:平台和媒体分类(PMT)
6	ISO/IEC TR 18120:2016	Information technology—Learning, education, and training—Requirements for e-textbooks in education	信息技术 学习、教育和培训 教育电子课本要求
7	ISO/IEC TR 18121:2015	Information technology—Learning, education and training—Virtual experiment framework	信息技术 学习、教育和培训 虚拟实验框架

除ISO以外,IEEE LTSC、1EdTech(原IMS Global Learning Consortium)、ADL(Advanced Distributed Learning,高级分布式学习)和CEN/TC 353(CEN Technical Committee 353,欧洲标准委员会学习标准分技术委员会)等全球性的工业标准化组织和区域标准化组织也在教育信息技术方面制定了相关标准,并且具有一定的国际影响力。

3.3　标委会2024年度标准化工作概况

3.3.1　国内标准化工作

(一) 召开会议情况

2024年6月22—23日,标委会在武汉召开了2024年上半年全体会议及学术研讨会。主要事项包括:标准创新与应用项目情况汇报,2024年上半年工作报告,重点在研标准研制项目、预研究项目进展汇报,上半年国际标准工作情况总结及2024年下半年国际标准工作计划介绍,标准需求与相关政策、相关技术研究、应用案例、标准测评四个研究组报告了2024上半年的研究进展与下半年计划。大会还对标准新提案进行了介绍,发布了标委会组织编写、清华大学出版社出版的《数字教育标准研究报告与优秀应用案例汇编(2024)》。

会前召开了“开放论坛”,与会专家分享了本行业领域内标准研究的新进展和新主题,并开展了4个课时的标准化业务培训。标委会的核心专家作了人工智能大模型驱动的数智教育新标准研制与思考、教育虚拟数字人标准体系研究、教育强国建设背景下的教育数字化转型等8个标准研究的前沿报告。

2024年12月21—22日,标委会在三亚召开了2024年下半年全体会议及学术研讨会。主要事项包括:相关负责人做2024年下半年工作报告、秘书处做2024年下半年工作报告、国际标准工作情况总结及2025年国际标准工作计划、教育部2021—2023年教育信息化标准项目进展汇报等工作报告;相关研究报告的牵头人分别汇报了《教育数字化标准需求与相关政策分析报告》《新技术对教育的影响分析报告》《数字教育标准规划研究报告和教育数字化标准应用案例分析报告》。大会对2024年度标准工作优秀个人和单位,以及优秀案例进行了表彰。大会还对齐了各标准研制项目的进展情况,并就标委会下半年的重要事项进行了说明和表决。标委会下设机构对2024年度工作情况汇报及2025年工作计划进行了汇报。

会前召开了“开放论坛”,对《教育基础数据》等七个教育行业标准进行了介绍和解读。标委会的核心专家作了人工智能大模型驱动的数智教育标准创新与发展、新时期数字教育产业发展现状及趋势研判等9个标准研究的前沿报告。

2024年,标委会主办工作组会议、标准研制会议、学术研讨会40余次,具体见表7。

表7　2024年度标委会会议清单

序号	时间	地点	主题
1	2024/1/25	北京	《信息技术 学习、教育和培训 在线课程体系 第4部分:非学历教育》项目研讨会
2	2024/2/20	线上	ISO/IEC JTC1　SC36第40次全体会议行前会
3	2024/3/23	天津	学习内容与资源标准研讨会(WG4 2024年第一次工作组会议)
4	2024/3/24	线上	“标准创新与应用”年度项目线上说明会
5	2024/3/29	线上	《信息技术 学习、教育和培训 移动学习终端功能要求》草案研讨会
6	2024/3/31	三亚	2024年标准规划研讨会
7	2024/4/14	福州	2024数字校园标准创新应用研讨会
8	2024/4/16	福州	2024全国智慧校园高峰论坛
9	2024/4/21	珠海	《智慧校园系统集成与大数据平台》标准研制工作第三次会议
10	2024/5/11	上海	《智慧校园系统集成与大数据平台》标准研制工作推进会
11	2024/5/11	线上	“标准创新与应用”项目启动会
12	2024/5/17	成都	新一代信息技术 推动教育变革的新质生产力——第十四届数字校园建设与创新发展高峰论坛
13	2024/5/24	上海	WG3 2024年第一次工作组会议
14	2024/5/24	上海	WG5 2024年第一次工作组会议
15	2024/5/24	上海	WG6 2024年第一次工作组会议
16	2024/5/24	上海	WG1 2024年第一次工作组会议
17	2024/5/24	上海	WG8 2024年第一次工作组会议
18	2024/5/25	上海	“信息技术 学习、教育和培训 智慧教室”系列标准研讨会

续表

序号	时间	地点	主题
19	2024/5/27	线上	WG3《中小学学校数字能力框架规范》研讨会
20	2024/5/31	北京	WG2 2024 年第一次工作组会议
21	2024/6/14	线上	“标准需求与相关政策研究组”研讨会
22	2024/6/15	珠海	WG1“教育通用人工智能大模型”标准研讨会
23	2024/6/18	线上	“数字教育技术研究组”研讨会
24	2024/6/21	线上	《基础教育知识图谱构建与应用规范》草案研讨会
25	2024/6/22-23	武汉	2024 年上半年全体会议暨教育信息化技术标准研讨会
26	2024/6/27	线上	WG2《高等学校校园卡技术规范》标准研制第一次工作会议
27	2024/6/29	青岛	WG1 第二次工作组会议
28	2024/7/10	北京+线上	WG4《高校数字教材基本功能》《高校数字教材基础数据》两项标准研制第一次工作会议
29	2024/7/13	温州	WG2 智慧校园系统集成与大数据平台标准研制第四次工作会议
30	2024/7/18	线上	ISO/IEC JTC1/SC36 第 41 次全体会议行前会
31	2024/7/20	苏州	《教育信息化系统规划设计服务通用要求》起草组第七次工作会议
32	2024/8/17	合肥	教学应用质量规范及标准应用案例研讨会
33	2024/8/21	北京	《信息技术 使用新兴技术的高阶学习分析服务的用例》国际标准提案论证会
34	2024/9/1	北京	2024 第一届教育信息技术高端沙龙暨学术研讨会——人工智能赋能教育
35	2024/9/7	呼和浩特	WG1《教育信息化系统规划设计服务通用要求》标准起草组第八次工作会议
36	2024/9/18	线上	WG4《高校数字教材基本功能》《高校数字教材基础数据》两项标准草案第二次修订研讨会
37	2024/10/11	北京	WG2《智慧校园系统集成与大数据平台》标准研制工作第五次会议
38	2024/10/25	上海	“2024 数字化终身学习”国际会议之平行会议一“人工智能赋能终身学习的技术与实践”
39	2024/10/30	线上	WG3 2024 年第三次工作组会议
40	2024/11/8	线上	WG1 2024 年第三次工作组会议
41	2024/11/8	线上	课程体系系列标准创新应用推广工作会议
42	2024/11/12	线上	WG6“评价与治理”工作组会议
43	2024/11/15	线上	WG8“数据与学习分析”工作组会议
44	2024/12/21-22	三亚	2024 年下半年全体会议暨教育信息化技术标准研讨会

（二）本年度研制国家标准和行业标准情况

2024年标委会正在研制的国家标准项目共6项。

20230682-T-469《信息化教学视听技术要求》正在征求意见阶段。该标准从信息化教学环境对青少年视听健康的保护出发，针对信息化教学环境设计中的关联性、交互性、系统性与集成性特征，全面规定了各级各类教学空间中照明、显示、声学产品及对应光环境和声环境的指标要求和设计要求。标准的技术内容是现阶段我国信息化教学环境建设所迫切需要的，也是现有国家标准中缺乏的。标准的研制将在有效推进教育信息化的同时对保障儿童青少年视觉、听觉健康起到积极的促进作用。

20232027-T-469《信息技术 学习、教育和培训 在线课程体系 第4部分：非学历教育》正在征求意见阶段。该标准首先可以解决非学历教育需求面广和课程建设成本高、培训费用高之间的矛盾，以规范的课程体系实现课程建设的标准化和资源共享，降低非学历教育的成本，提高质量，使学习者能充分享受普惠的终身教育；其次，该标准有助于合理构建在线课程体系，以及课程平台之间的信息交换、资源复用、互联互通互认；最后，通过非学历课程体系信息模型，精确标注培养目标、内容、专业、行业、岗位、适用对象、认证体系，解决非学历教育课程的准确定位、个性化教学等问题。

20232407-T-469《信息技术 学习、教育和培训 移动学习终端功能要求》正在组织起草阶段。该标准旨在响应国家"互联网＋教育"战略和国家教育数字化战略要求，结合信息化教学需要，给出移动学习终端的通用功能，支持个人自主学习和集体课堂教学等多种学习场景，并给出学习终端在不同场景下的数据互操作要求和接口要求，指导各类教育应用在不同学习终端上的兼容运行，实现数字化教育资源共享并促进教育公平，还提出支持学生特别是青少年视力健康发展的相关功能要求，为构建高质量教育支撑体系提供适合的信息化教学工具。

20243355-T-469《信息技术 学习、教育和培训 在线课程体系 第3部分：高等教育课程数据模型》、20243357-T-469《信息技术 学习、教育和培训 在线课程体系 第5部分：职业教育课程数据模型》、20243358-T-469《信息技术 学习、教育和培训 在线课程体系 第2部分：基础教育课程数据模型》3项国家标准计划已于2024年12月获国家标准化管理委员会批准，正式进入研制阶段。这3项标准均是课程体系系列标准的组成部分，分别在基础教育、高等教育和职业教育领域扩展了课程体系的数据元素，以适应不同学段对课程体系描述的需要。

2024年，标委会继续组织推进了教育部"科技创新与信息化工作专项：教育数字化标准规范研究"项目，组织了相关标准预研究项目。《信息化教学视听健康技术规范》《大屏幕交互智能教学终端通用要求》《教育数据分级分类指南》《教育专用网络建设技术规范》4项行业标准草案已进入征求意见环节。

（三）预研究立项和结项情况

2024年，标委会立项预研究项目11项，具体见表8。各起草组围绕在线学习、学生健康、数字校园、数据治理等主题，积极开展标准研究工作。2025年标准预研究取得丰富成果，经过审查结项预研究项目25项，包含2020年立项的课题7项、2021年立项的课题8项、2022年立项的课题10项。至此，2020、2021年立项课题已全部结项。

目前，7个工作组尚有正在推进的预研究项目34项(含2022年立项15项、2023年立项8项、2024年立项11项)。

表8 2024年标委会预研究立项清单

项目号	标准名称	牵头单位	工作组
CELTS-202401	在线学习支持服务通用要求	华东师范大学	WG1
CELTS-202402	中小学生体质和心理健康基础数据采集规范	华中师范大学	WG8
CELTS-202403	职业学校数据治理架构接口规范	中国教育科学研究院	WG6
CELTS-202404	数字校园物联中台建设要求	清华大学	WG2
CELTS-202405	高等学校校园卡技术规范	清华大学	WG2
CELTS-202406	信息技术 学习、教学和培训 教学应用质量 核心框架	科大讯飞股份有限中心	WG1
CELTS-202407	高校数字教材基本功能	北京蓝墨大数据技术研究院	WG4
CELTS-202408	高校数字教材基础数据	北京蓝墨大数据技术研究院	WG4
CELTS-202409	高等教育数字图书馆教学服务功能要求	中国教育科学研究院	WG2
CELTS-202410	高等学校数据分级	北京邮电大学	WG1
CELTS-202411	虚拟数字人教育应用系列标准	北京邮电大学	WG3

(四) 标准化培训和技术服务情况

(1) 组织开展多次标准化专业培训

为鼓励专家委员和单位委员提升标准化业务能力，标委会编制并发布了《标准化业务培训管理办法(试行)》(CELTSC_GL_2023-03号文件)。其中第六条规定预研究标准提案人、国家标准和行业标准提案的前10名起草人须完成不少于10学时的“标准化工作基础”培训。2024年6月标委会于上半年全体会议(武汉)同步举办标准化业务培训，培训内容见表9。本次培训共有64人报名参加并通过考试。

表9 标准培训课程清单

课程名	学时数
标准研制过程与方法	1学时
国际国内标准工作要点与管理规定	1学时
标准化文件中引言、前言、参考文献的编写	1学时
教育信息化技术(数字教育)标准研制的过去、现在与未来	1学时

标委会还组织委员中的国际标准专家参加了以下国际标准培训。

- 2024年8月，广西标准技术研究院主办的国际标准注册专家培训。
- 2024年11月，国标委主办的ISO/IEC在线标准制定平台(OSD)业务培训(全英文，线上会议)。

• 2024 年 12 月,国标委组织的 ISO GRS(Gender Responsive Standards)业务培训(全英文,线上课程)。

(2) 标准宣贯工作

2024 年 1 月,教育部和上海市政府联合举办 2024 世界数字教育大会。其中的“教师数字素养与胜任力提升”平行会议在主题发言环节邀请 10 位中外专家(涵盖高校专家学者、地方教育部门、国际组织相关负责人等)围绕教师数字素养的标准制定与评价开展、数字素养与胜任力的提升路径、涵育数字素养的环境构建等进行发言交流,交流共享了数字化教学技术的理念和标准化工作经验。

2024 年 4 月,标委会主办、锐捷网络承办的 2024 数字教育标准创新应用研讨会暨《高等学校数字校园建设规范(试行)》(以下简称《规范》)优秀及典型应用案例的颁奖活动在福州举办。本次会议聚焦赋能新质生产力和高校教育数字化新目标,围绕数字校园基座建设、全校一朵云、以太全光网等议题,开展学术与技术交流,并分享优秀及典型应用案例,宣传推广数字校园相关标准规范,推动数字教育集成化、智能化、国际化发展进程。

2024 年 5 月,标委会联合主办的第十四届数字校园建设与创新发展高峰论坛在成都召开,主题为“新一代信息技术 推动教育变革的新质生产力”,来自教育界、企业界、媒体界的 336 名代表从天南地北汇聚成都共同参与本次会议。

2024 年 5 月,第七届数字中国建设峰会“数字社会分论坛-数字教育专场”在福州举行,标委会主任委员吴永和教授做了主题为《标准引领、数据赋能 共促数字教育新发展》的报告,介绍了数字教育标准体系,以及相关国家标准、行业标准的研制情况。

2024 年 6 月,沈阳市教育局主办的沈阳教育数字基座应用推广启动会召开,标委会主任委员吴永和教授做了主题为《教育数字化转型下的数字基座建设》的报告,介绍了数字基座标准的需求和相关标准的研制情况。

2024 年 10 月,上海,标委会联合主办的“2024 数字化终身学习”国际会议之圆桌论坛——“人工智能赋能终身学习的技术与实践”在上海召开。会议汇集来自联合国教科文组织、上海开放大学、同济大学、香港都会大学和全国信息技术标准化技术委员会教育技术分技术委员会的知名专家,分别从技术突破、应用场景、数字化能力提升和教育技术标准等多个维度,分享了终身学习与数字化赋能挑战策略、人工智能赋能教育技术标准与开放教育场景探索、数字技术在教育评估与社区学习中的应用、成人教育的数字化能力建设与展望等,深入探讨了人工智能与数字技术在教育领域的创新。

此外,副主任委员吴砥教授团队基于《信息技术 学习、教育和培训 中小学教师信息素养评价指南》国家标准和《教师数字素养》行业标准,优化教师素养系列课程资源,与继教网、外研社、超星等企业合作,服务陕西、宁夏、江西及云南等地区教师培训项目,2024 年上半年累计服务人次超 1 万人次;同时注重标准宣讲与推广,在北京分众传媒公益基金会组织的教师培训活动中解读相关标准内容,助力教师数字素养提升。

(3) 标准应用实施

2024 年 3 月,发布了《关于启动“教育信息化标准创新与应用”年度项目的通知》,共收到 8 项标准创新型项目、46 项教育信息化标准应用型项目申请,经过形式审查和意见征集,对该批项目进行整合。于 5 月项目启动会上确定了 2024 年“教育信息化标准创新与应用”

项目11项,其中教育信息化标准创新型项目8项,教育信息化标准应用型项目3项,项目申报单位、联合申报单位、参与单位共有122家。

(4) 标准技术服务情况

标委会受中国教育学会中小学信息技术教育专业委员会委托,共同研制《中小学学校数字能力规范》,标委会与中国教育学会中小学信息技术教育专业委员会联合成立了"中小学学校数字能力规范"系列标准工作组,并设立预研究项目 CELTS-202301,由华东师范大学顾小清教授担任工作组召集人。目前该团体标准已完成标准草案,正在推进送审。

标委会受上海市人工智能行业协会委托,共同研制《教育通用人工智能大模型》系列标准。标委会与上海市人工智能行业协会联合成立"教育通用人工智能大模型"系列标准工作组,并设立联合预研究项目 CELTS-J-202302,由华东师范大学吴永和教授担任工作组召集人。2023年7月,完成5项团体标准研制任务,并发布。2024年,工作组又启动并推进了另外6项团体标准的研制工作。

(5) 学术研究和研究报告出版情况

标委会每年组织专家撰写标准研究报告,目前已出版两本研究报告汇编,其中《数字教育标准研究报告与优秀应用案例汇编(2024)》于2024年6月由清华大学出版社出版。其包含两个部分:标准研究报告——《数字教育标准研究报告(2024)》《标准化需求分析与政策研究报告(2024)》《新技术对教育的影响分析报告(2024)》《数字教育标准应用案例年度分析报告(2024)》,标准应用案例——主要为《高等学校数字校园建设规范(试行)》在高校和高等职业院校的应用案例。标委会将围绕数字教育标准主题继续发布年度报告,做成品牌,扩大标准影响力,促进标准应用和推广。

3.3.2 参与国际标准化相关工作

(一) 参与国际标准化工作情况

(1) 牵头和参与国际标准研制情况

2024年,SC36由中国主导正在研制的标准有3项:

- ISO/IEC 8808 Information technology for learning, education and training — Online course information model(《信息技术 学习、教育和培训 在线课程信息模型》),该项目由中国专家杜婧主持,吸收了澳大利亚、韩国、加拿大、法国、日本等国的专家广泛参与。
- ISO/IEC TR 9858 Information technology—Use cases on advanced learning analytics services using emerging technologies(《使用前沿技术的高级学习分析用例》),该项目由中国专家吴永和、卢海燕主持。
- ISO/IEC AWI TR 25470 Information technology — Learning, education and training — Generative AI application for online courses(《信息技术 学习、教育和培训 在线课程中的生成式AI应用》),该项目于2024年度由中国提案在SC36获批立项,由中国专家吴永和主持。

2024年,我国专家担任编辑参与的ISO标准研制项目有4项:

- ISO/IEC 29187-1 Information technology— Identification of privacy protection requirements pertaining to learning, education and training(《学习教育和培训中的隐私保护识别第1部分:框架》)(WG3,李青);
- ISO/IEC 19788-1:2024 Information technology for learning education and train-

ing—Metadata for learning resources Part 1: Framework(《信息技术 学习、教育和培训 学习资源元数据 第1部分:框架》)(WG4,郑莉);

• ISO/IEC 19788-2 Information technology for learning, education and training — Metadata for learning resources Part 2: Dublin Core element(《信息技术 学习、教育和培训 学习资源元数据 第2部分:都柏林核心要素》)(WG4,杜婧);

• ISO/IEC PRF 4932 Information technology — Learning, education and training — Access For All Metadata for Accessibility Core Properties(《信息技术 学习、教育和培训 可访问元数据:核心要素》)(WG4,杜婧)。

(2) 标委会专家在SC36担任职务情况

① WG召集人:SC36/WG4联合召集人(余云涛)、SC36/WG9召集人(杜婧);

② 联络官:JTC1/SC41 Internet of things and digital twin(杜婧)、ISO/TC215 Health Informatics(余云涛)、ISO/TC 232 Education and learning services (杜婧)。

(二) 参加国际标准化会议情况

(1) 参加第40届ISO/IEC JTC1 SC36全体会议及工作组会议

会议于2024年3月7日至15日召开,会议以zoom线上会议的方式进行。来自中国、加拿大、澳大利亚、法国、日本、韩国、挪威、印度等成员国,其他标准化组织,以及ISO ITTF成员等,共57名代表参加了本次会议的开闭幕式。中国代表团由来自清华大学、中国电子技术标准化研究院、华东师范大学、北京邮电大学、华中师范大学的11名专家组成。此外还有中国专家金莹、宗诚、李亚婷、陈旭等以个人身份参与了相应的工作组会议。

此次会议,我国专家做了主题为"Research on Applications of LLM for Courses"的报告,与国际专家们就数字学习/在线学习的实施指南、大规模开放在线课程集成接口及德语国家课程元数据标准、生成式人工智能支持课程建设等方面进行交流,同时提出发起生成式人工智能支持课程建设的研究组的提议,为新的国际标准提案做准备。

(2) 参加第41届ISO/IEC JTC1 SC36全体会议及工作组会议

会议于2024年9月19日至27日召开,会议以zoom线上会议的方式进行。来自中国、加拿大、澳大利亚、日本、韩国、挪威、印度等成员国,其他标准化组织等代表参加了本次会议的开闭幕式。中国代表团由来自清华大学、中国电子技术标准化研究院、华东师范大学、北京邮电大学、华中师范大学等单位的13名专家组成(郑莉、吴永和、吴砥、余云涛、杜婧、李青、申丽萍、吴晨、卢海燕、金莹、李亚婷、陈敏、陈旭),郑莉教授任代表团团长。

会议中,中国专家吴晨、陈旭于AG2作了题为"Thoughts on the assessment of digitalization in education"的报告。在WG3,李亚婷就"Reference taxonomy on safe, responsible and ethical use of digital technology"提案进行了汇报。在WG8,中国专家作为ISO/IEC TR 9858项目牵头人,同步了TR 9858研制进展,与各国专家讨论了标准文本细节并明确了下一步具体工作。在WG9,中国专家杜婧作为ISO/IEC 8808项目牵头人,同步了研制进展,ISO/IEC 8808在2024年6月进入了国际标准草案(DIS)阶段以征求意见,在2024年10月29日完成意见征集,预计2025年6月发布;中国专家卢绎熹、吴永和、申丽萍分别做了题为"中国头部大模型及其在教育中的应用场景"的报告;中国专家吴永和、申丽萍做了题为"生成式人工智能应用于在线课程的案例研究及草案介绍"的报告。杜婧、吴晨参加了SC36年会决议的起草工作。

（3）承办第 43 届全体会议及工作组会议

经批准，第 43 届 ISO/IEC JTC1 SC36 全体会议及工作组会议由南开大学承办，将于 2025 年 9 月召开，以线下会议的方式进行，地点为天津。

4 标准化工作规划

4.1 数字教育标准体系的总体规划

4.1.1 总体框架

为适应教育数字化转型和数字教育的发展，全面贯彻和落实党中央、国务院和教育部的相关方针和政策，标委会多次组织开展了本领域的标准体系研究工作。2023 年 2 月至 3 月期间，经标委员会核心专家多次研讨，并广泛征求各方意见，制定了“教育数字化标准体系（2023 版）”，经过两年的试用和修订，形成了“教育数字化标准体系（2025 版）”，如图 6 所示。

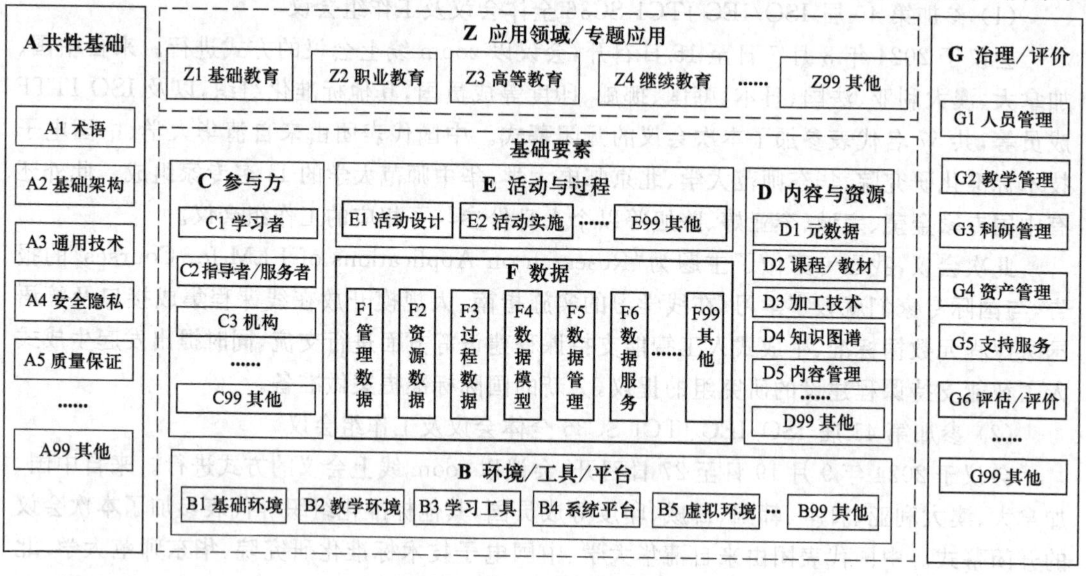

图 6 数字教育标准体系（2025 版）

数字教育标准体系中包含了以下要素和要素的集合：教育活动的参与方、教育教学活动、数据、内容与资源、环境/工具/平台和教育治理等六个主要维度，一个共性基础维度，以及一个应用领域维度。

整个框架体系的基本逻辑是：

• 参与方在一定的工具环境中开展教育教学活动；

• 在活动中使用一定的内容与资源，产生一定的数据；

• 这些数据又可以为教育教学活动服务。最终服务终身学习体系中的各个学段或是专题工作；

• 在整个过程中以共性技术和基础设施为基本条件，通过教育管理、治理活动进行优化。

4.1.2 各部分具体说明

各个维度的具体内容如下。

A 共性基础

共性基础是教育数字化系统的基础性标准，包括术语、基础架构、通用技术、安全隐私以及支持与服务等。主要包括以下二级分类：

- A1 术语：教育数字化标准内所有核心术语的集合以及概念体系；
- A2 基础架构：数字化教育系统的基础框架；
- A3 通用技术：数字化教育系统的通用技术；
- A4 安全隐私：数字化教育系统的安全要求、教育系统内数据及相关隐私的规定、安全管理体系要求；
- A5 质量保证：数字教育业务的质量要求、在线教育服务的质量标准等；
- A99 其他：其他未包含在前面分类中的内容，如分类体系、支持服务要求等。

B 环境/工具/平台

环境工具和平台规定了数字化教育中所涉及的各类环境、工具及平台的基本要求及接口规范。主要包括以下二级分类：

- B1 基础环境：教育专网、区域数字化教育平台、各级各类学校的数字化教育平台、网络体系、硬件等的基本要求和规范；
- B2 教学环境：各类功能教室的构成、功能及技术要求；
- B3 学习工具：各类个人学习终端、学习软件、学习 APP 的功能及技术要求；
- B4 系统平台：各种学习、管理等在线系统功能及技术要求；
- B5 虚拟环境：虚拟教学环境、AR/VR/MR 教育工具、教育元宇宙的相关功能和技术要求；
- B99 其他：其他未包含在前面分类中的工具和平台，如移动学习与管理平台的功能及技术要求。

C 参与方

用来描述教育教学活动的参与主体，既可以是人，也可以是组织机构。主要包括以下二级分类：

- C1 学习者：学习者相关信息模型、画像标准、数字能力要求；
- C2 指导者/服务者：教职工相关信息模型、画像标准、数字能力要求；
- C3 机构：各类学校的信息模型、画像标准、数字学校建设规范等；
- C99 其他：其他未包含在前面分类中的参与方，如数字教育内容提供商、服务供应商等。

D 内容与资源

对学习内容与资源的描述机制与规范要求。主要包括以下二级分类：

- D1 元数据：内容与资源数据的信息模型和元数据标准；
- D2 教材与课程：数字化教材和课程的基本要求；
- D3 加工技术：内容与资源的格式、加工方法及其他技术要求；
- D4 知识图谱：知识图谱的信息模型，知识图谱软件的技术规格和功能要求；
- D5 内容管理：内容管理的技术方法和技术要求；

• D99 其他：其他未包含在前面分类中的内容与资源。

E　活动与过程

数字化教育教学中所涉及的核心活动。主要包括以下二级分类：

• E1 活动设计：和活动设计相关的标准，如在线学习活动设计规范、智慧学习环境评价活动设计规范、混合式教学设计规范、数字教学模式标准等；

• E2 活动实施：和活动实施相关的标准，如在线教学活动规范、在线学习行为规范、在线测评标准、数字化环境实习实训活动规范等；

• E99 其他：其他未包含在前面分类中的活动与过程。

F　数据

规定了数字化教育系统中的各类数据规范与技术要求。主要包括以下二级分类：

• F1 管理数据：教育部门管理系统中的数据要求与规范；

• F2 资源数据：资源描述、使用及共享过程中产生的数据规范与技术要求；

• F3 过程数据：教学过程中产生的各类数据的规范与技术要求；

• F4 数据模型：教育教学活动中常见的数据模型以及对数据模型的要求；

• F5 数据管理：数据分析、数据可视化、数据支持的决策等相关的技术要求与规范；

• F6 数据服务：教育机构对内对外提供数据服务的业务要求、服务方式和服务质量标准；

• F99 其他：其他未包含在前面分类中的数据规范和技术要求。

G　治理/评价

规定了教育管理/评价的相关流程与技术要求。主要包括以下二级分类：

• G1 人员管理：教职工管理信息、学生基础信息、管理规范等；

• G2 教学管理：与学校和教育主管部门教学管理业务相关的平台技术要求、平台功能要求、业务规范、质量要求等；

• G3 科研管理：与学校和教育主管部门科研管理业务相关的平台技术要求、平台功能要求、业务规范、质量要求等；

• G4 资产管理：与学校资产管理业务相关的平台技术要求、平台功能要求、业务规范、质量要求等；

• G5 支持服务：与教育机构对外服务相关的平台技术要求、平台功能要求、业务规范、质量要求等；

• G6 评估/评价：和数字化教育评估、教育评价数字化转型相关的技术标准、业务标准、质量标准等；

• G99 其他：其他未包含在前面分类中的管理活动应达到的技术标准、业务标准、质量标准。

Z　应用领域/专题应用

服务全民终身教育，服务阶段性专题、专项工作的相关标准。它是从另一个维度对标准的划分，可以分别从前面 7 个大类中抽取标准形成专题。

• 按学段划分：比如 Z1 基础教育、Z2 职业教育、Z3 高等教育（含学历继续教育）、Z4 继续教育；

• 按类型划分：学历教育、非学历教育；

• 按专题划分:在某个特定时间内教育决策部门所关注的重点领域相关规范与技术要求,比如国家智慧教育平台、教育人工智能、教育数字人等。

4.2 2025年标准规划

4.2.1 影响教育的信息技术

2024年,人工智能、大数据、云计算等信息技术迅猛发展,不仅深刻改变了人才需求和教育形态,同时也影响到教育的理念、文化和生态,为构建一个高效、智能、个性化的教育生态系统提供了技术基础。

在基础设施技术上,围绕AI、数据、网络等技术的迭代,最新的AI计算芯片、计算卡的增强神经网络计算和张量计算为大模型开发提供了基础支持。更加智能的大数据平台、云平台、超融合存储可以更智能地收集、存储、分析和应用各种与教育相关的数据,数据湖仓一体、Data Fabric等新兴数据管理架构消除了数据孤岛并实现了数据的自动发现、集成和治理。IPv6+、Wi-Fi 7等网络技术连接云、边、端,将海量数据传输到网络化算力基础设施。新兴的"一站式"AI开发平台将算法开发、模型训练、模型部署、训练资源分配等以往复杂的流程简单化。

通用大语言模型不断迭代,规模不断扩大,性能也不断提升。例如OpenAI的GPT系列,国内的讯飞星火、文心一言、通义千问、DeepSeek等。大模型技术将实现从文本、图像、视频,再到声、光、电,甚至分子、原子等各类模态,而且具备跨模态迁移的特性。多模态大模型在各个领域都有广泛的应用前景。各垂直领域的专用大模型,及特定场景的AI智能体开发,是2024年人工智能大模型技术深化发展的重要趋势。这不是只在通用大模型基础上进行微调和优化,而是一种基于特定应用场景和数据、开放模型架构的重大创新。大模型作为教育领域的新型基础设施,将实现普惠化和规模化,为师生和社会学习者构建一个更加智能、互联和个性化的教学体验。数据隐私和伦理问题得到了社会各界的特别关注。

空间计算与虚拟现实是2024年以来快速发展的前沿技术领域,空间计算与虚拟现实的结合,为各行各业带来了巨大的应用价值。在教育与培训方面,虚拟现实技术可以创建各种虚拟实验室、历史场景等,让学生在沉浸式的环境中进行学习与实践,提高学习兴趣与效果。空间计算则可以用于教育空间的优化布局与资源管理,提升教学环境的智能化水平。

随着5G技术的全面普及,边缘计算和物联网的结合迎来了新的机遇。5G网络的低延迟和大带宽特性为边缘计算提供了强大的技术支撑,使得物联网设备能够更快速地交换数据,并实现实时响应。5G网络能够以每秒数千兆比特的速度传输数据,同时其低至毫秒级的延迟特性,极大地提升了实时数据交换的效率。

2024年,人机交互技术在多个方面取得了显著的发展。首先,语音用户界面进一步成熟,语音识别的准确度和速度大幅提升,自然语言处理技术能够更好地理解用户的意图和语境,语音合成也更加自然流畅,使得语音交互更加高效和人性化。其次,触觉反馈技术不断创新,通过更精细的振动、力反馈以及模拟温度和纹理等手段,为用户提供了更加丰富和真实的触觉体验。脑机接口技术也取得了一定的突破,非侵入式BCI设备的便携性和舒适性得到改善,能够更准确地捕捉和解析脑电信号,实现更直接的脑机交互。情感计算技术也在不断进步,通过分析用户的语音、面部表情、生理信号等多模态信号,更准确识别用户的情感状态,并提供相应的情感反馈。此外,具身智能技术得到进一步发展,智能体的决策和协作能力得到整体提升，使得交互更加直观和高效。这些技术的发展共同推动了人机交互向更加智能化、自然化和多模态的方向发展，为用户带来了更加便捷、舒适和愉悦的交互体验。

信息技术赋能教学全过程，为教育变革带来无限可能。大模型、智能体、各类AI内容创作工具帮助学生进行写作、语言学习和知识探索，并根据学生的输入生成个性化的学习内容。空间计算与虚拟现实技术将遥远的学生用户联结在同一个虚拟空间中，各种混合现实、增强现实的穿戴设备的轻量化、低成本化也使得更多的企业和机构能够负担得起并广泛应用。边缘计算以及人机交互技术，如车联网、脑机接口的发展，让教育突破传统的教学方式，并增添新的发展空间。未来，随着技术的不断进步和创新，智慧教育技术体系将为教育的发展带来更多的可能性和机遇。

4.2.2 近期数字教育政策梳理

为了更好地研判数字教育标准发展趋势，推进2025年数字教育标准研制工作，我们对2023—2024年国家标准化、教育政策、数字教育政策等相关的文件进行了梳理。

（1）标准化文件

我国相继发布了国家基本公共服务、标准化人才培养、国家标准立项指南、全国标准化工作要点等5项政策文件，见表10。

表10 2023—2024年国家标准化文件

	发布时间	文件名称	关于数字教育标准的内容要点
1	2023年7月30日	国家基本公共服务标准（2023年版）[55]	明确了学前教育、义务教育、普通高中、中等职业教育的服务对象、服务内容和服务标准等
2	2023年11月7日	标准化人才培养专项行动计划（2023—2025年）[56]	培养造就大批德才兼备的高素质标准化人才；实施新时代人才强国战略和标准化战略
3	2024年1月10日	2024年国家标准立项指南[57]	研制人工智能基础标准、应用标准，生成式人工智能数据、算法、服务等新兴技术领域的标准
4	2024年2月4日	2024年全国标准化工作要点[58]	加快推进新一轮标准升级；实施标准国际化跃升工程；开展新一代信息技术标准研制；加强标准化基础理论研究、技术路径设计和发展趋势研判
5	2024年3月18日	贯彻实施《国家标准化发展纲要》行动计划（2024—2025年）[59]	强化关键技术领域标准攻关、完善科技成果标准转化机制、健全产业基础标准体系等35项行动计划

以上标准化政策文件对数字教育标准研制工作主要有五点启示：① 技术支持的教育基本服务标准有待深入研究，如在线教育服务标准、数字教育服务标准等；② 加快数字教育标准人才培养，尤其是需要大力推进培养能够主持、参与国际标准研制工作的高素质标准化人才；③ 生成式人工智能、大模型等新兴技术与教育领域的融合日益深入，新兴技术在教育领域中应用的相关标准值得重点关注；④ 提升数字教育国际标准参与度，增强我国数字教育标准的国际影响力；⑤ 强化数字教育领域关键技术标准攻关，以标准引领数字教育产业创新发展。

(2) 教育政策文件

教育政策文件主要涉及学校家庭社会协同育人、青少年学生读书行动、基础教育课程教学改革、中小学科学教育、基础教育扩优提质行动、基本公共教育服务体系、教育强国等内容,见表11。

表11　2023—2024年教育政策文件

	发布时间	文件名称	关于数字教育标准的内容要点
1	2023年1月13日	教育部等十三部门关于健全学校家庭社会协同育人机制的意见[60]	学校充分发挥协同育人主导作用;家长切实履行家庭教育主体责任;社会有效支持服务全面育人
2	2023年3月27日	全国青少年学生读书行动实施方案[61]	加强数字资源建设
3	2023年5月9日	基础教育课程教学改革深化行动方案[62]	专业支撑与数字赋能行动;推进数字化赋能教学质量提升
4	2023年5月17日	关于加强新时代中小学科学教育工作的意见[63]	优化数字智慧平台,丰富科学教育资源
5	2023年7月26日	关于实施新时代基础教育扩优提质行动计划的意见[64]	实施数字化战略行动,赋能高质量发展;提升国家中小学智慧教育平台建设应用水平;完善国家基础教育管理服务平台
6	2023年6月13日	关于构建优质均衡的基本公共教育服务体系的意见[65]	推动数字化基础环境;大力推进国家教育数字化战略行动;构建互联互通、共建共享的数字教育资源平台体系;创新数字教育资源呈现形式;提高教师数字素养和信息技术应用能力;提升数字化管理水平和管理效能
7	2025年1月19日	教育强国建设规划纲要(2024—2035年)[66]	加快建设教育强国

这类政策文件要求数字教育标准研制工作需要关注学校家庭社会协同育人、数字资源建设、数字化赋能教学质量提升、数字教育资源平台、数字化管理等。尤其是《教育强国建设规划纲要(2024—2035年)》,对数字教育标准研制工作提出了更高的战略要求,数字教育标准应在教育强国建设方面发挥重要的战略价值,未来亟须加快教育标准强国建设,以标准支撑和引领教育强国建设。

(3) 数字教育政策文件

2024年1月,全国教育工作会议召开,提出"不断开辟教育数字化新赛道。坚持应用为王走集成化道路,以智能化赋能教育治理,拓展国际化新空间,引领教育变革创新"。[67] 2024年5月,习近平总书记在主持中央政治局第五次集体学习时指出,"教育数字化是我国开辟教育发展新赛道和塑造教育发展新优势的重要突破口。进一步推进数字教育,为个性化学习、终身学习、扩大优质教育资源覆盖面和教育现代化提供有效支撑"。[68] 2024年9月,在全国教育大会上,习近平总书记进一步强调要"深入实施国家教育数字化战略"。2023年以来,数字教育相关的政策文件主要涉及数字中国建设整体布局规划、生成式人工智能服务管理、数字教育资源、人工智能产业综合标准化体系等，见表12。

表12 2023—2024年数字教育政策文件

	发布时间	文件名称	关于数字教育标准的内容要点
1	2023年2月27日	数字中国建设整体布局规划[69]	建设公共卫生、科技、教育等重要领域国家数据资源库；在教育领域加快数字技术创新应用；大力实施国家教育数字化战略行动
2	2023年7月10日	生成式人工智能服务管理暂行办法[70]	加强对生成式人工智能服务的管理
3	2024年6月5日	国家人工智能产业综合标准化体系建设指南(2024版)[71]	开展智慧教育标准、机器人标准、智能移动终端标准、数字人标准、智能服务标准研究
4	2024年6月6日	国家智慧教育平台数字教育资源内容审核规范[72]	规定了数字教育资源内容审核规范
5	2024年6月12日	国家智慧教育平台数字教育资源入库出库管理规范[73]	规定了数字教育资源入库出库管理规范

这类政策文件重点关注了国家数据资源库、数字技术创新应用、生成式人工智能服务、数字教育资源内容审核和管理、智慧教育标准、机器人标准、智能移动终端标准、数字人标准、智能服务标准等。未来，人工智能与教育的深度融合将是数字技术创新应用的重点方向之一。2024年7月，北京市发展改革委等部门发布《北京市推动"人工智能＋"行动计划(2024—2025年)》；2024年10月，北京市教育委员会等部门发布《北京市教育领域人工智能应用工作方案》，提出加快在中小学推广AI学伴和AI导学应用，到2025年打造100所人工智能应用场景标杆学校，到2027年打造北京市"人工智能＋教育"示范应用基地[74]。总体来说，实施国家教育数字化战略方面的相关标准，诸如数字技术创新应用方面的标准、教育数字人标准、智能服务标准等，将是数字教育标准研制工作的重点任务。

4.2.3 教育政策对标准体系的影响

我国教育政策对"数字教育标准体系"的构建与动态调整有重要指导作用。

为了阐明教育政策对"数字教育标准体系"构建的导向作用，我们简要地对我国教育政策进行总结性分类。从适用范围视角来看，我国教育政策可分为针对基础教育、高等教育、职业教育以及终身教育的政策；从政策内容视角来看，可以发现政策覆盖面非常广泛，包括数字教育资源类、教育专网与算力等基础设施类、人工智能教育大模型等前沿技术类、教育评价与科学决策类、师生数字素养类、大数据中心等数据相关类等。由教育部教育信息化标准技术委员会研制的"数字教育标准体系"框架中，完整覆盖了教育政策所指向的范围和内容，体现了我国教育政策的意旨，同时符合行业标准体系构建的逻辑，并体现了数字教育行业的特色。

随着教育政策的动态更新，"数字教育标准体系"也会随之进行相应调整。以下用2024

年对教育事业影响最大的“一个活动、一次会议、一份纲要”,来简要概述教育政策对接下来“数字教育标准体系”的动态影响。

(1)“一个活动”

2024年1月30日至31日,2024世界数字教育大会在上海召开。大会闭幕式发布成果文件《数字教育合作上海倡议》(以下简称《倡议》)[75]。《倡议》指出:一是推进数字资源共建共享。二是加强数字教育应用合作。三是强化数字教育集成创新。四是合作推动教师能力建设。五是协同推动数字教育研究。六是共商共议数字教育治理。作为中国面向全世界的最大规模的数字教育大会,大会的成果和观点对我国乃至世界教育数字化的推进起着重要的导向作用。“数字教育标准体系”已经覆盖了《倡议》中所提到的“教育资源、教育应用、教育服务、教师能力、教育治理”等领域,这些领域作为我国教育走向国际、进行国际交流合作的重点抓手,需要有更加国际化的标准给予支撑。在现有的数字教育标准体系框架下,教育部教育信息化标准委员会适时地组织了相应的标准项目,比如新型教材等教育资源标准项目,教育人工智能大模型等教育应用标准项目、师生数字素养等师生能力标准项目、高校数据分级等教育治理类标准项目,在实际中贯彻了与教育政策动态对接,与产业需要实时联动。

(2)“一次会议”

2024年7月18日,中国共产党第二十届中央委员会第三次全体会议通过《中共中央关于进一步全面深化改革 推进中国式现代化的决定》(以下简称《决定》),在深化教育综合改革方面,提出多项具体举措[76]。比如“加快建设高质量教育体系”“深化教育评价改革”“分类推进高校改革”“加快构建职普融通、产教融合的职业教育体系”“推进教育数字化,赋能学习型社会建设,加强终身教育保障”等。这些具体内容对数字教育标准的启发在于:要坚定不移地继续健全数字教育标准体系,并根据《决定》所提出的重点内容针对性地增加新标准的研制以解决标准空白问题,修订优化现有标准以提高标准的适用度。为更好地用标准支撑教育综合改革的落地,有关单位适时地加强了教育评价、职业教育、终身教育等方面的标准的研制与修订工作。其中,“职业学校数据治理架构接口规范”“终身学习档案信息标准”项目正是用标准支撑职业教育和终身教育的良好体现。

(3)“一份纲要”

《教育强国建设规划纲要(2024—2035年)》对我国教育及数字教育事业的发展提出了明确要求,此处就与标准研制密切相关的内容要点进行总结,包括:① 建设学习型社会,以教育数字化开辟发展新赛道。关键词:资历框架、学分银行、学习成果认证、教育资源共享和公共服务平台、国家老年大学、数字基础设施、国家数字大学。② 实施国家教育数字化战略。关键词:国家智慧教育公共服务平台、新型数字教育资源、国家大数据中心、教育专网和算力共享网络、教育安全风险监测预警指挥平台、智慧校园、数字赋能大规模因材施教与创新性教学。③ 人工智能助力教育改革。关键词:师生数字素养、中国版人工智能教育大模型、自主可控数据集、教育大模型应用、云端学校、大数据和人工智能支持的教育评价和科学决策、网络安全、数据安全、人工智能算法和伦理安全。根据上面所列内容,在现有标准体系和现有标准项目基础上,将纳入支撑国家数字大学、国家大数据中心、教育安全风险监测、教育大模型、评价与决策、云端学校、教育网络与数据安全等方面的新标准的研制。

4.2.4 近期教育信息技术标准化需求

(1) 标准需求统计

自2023年起,标委会标准规划研究中心开始每年征集编制“政策与标准需求分析报告”,为当年及次年标准项目的提出与立项提供依据。鉴于标准立项审批及研制周期较长的原因,当年提出的标准需求可能排期到次年再进行推进,此处将2023年提出但未能完成立项的标准需求与2024年标准需求进行合并统计分析。

除去已立项标准项目,截至2024年底,标准需求共达17项。按照标委会标准分类法对这17项标准需求进行分类,其中“教育数据”类5项、“教育评价”类4项、“环境/工具/平台”类3项、“教育内容与资源”类2项、“共性基础”类2项、“教育管理”类1项。可以看出,近期“教育数据”与“教育评价”需求激增。17项标准需求详见表13。

表13 标准需求清单

序号	教育阶段	标准类别	需制定标准主题
1	全学段	共性基础－基础技术	智能教育设备操作系统技术标准
2	全学段	共性基础－基础技术	基于F5G技术的校园网建设、管理与使用标准
3	全学段	环境/工具/平台－虚拟环境	教育虚拟数字人标准
4	全学段	教育内容与资源－元数据	国家题库试题数据整合标准
5	全学段	教育内容和资源－教材/课程	信息技术 学习、教育和培训 在线课程体系的XML绑定规范 第1部分:框架与基本要求 第2部分:基础教育 第3部分:高等教育 第4部分:非学历教育 第5部分:职业教育
6	全学段	教育评价/评估－学生评价/评估	智慧教育平台 学习成果认证规范体系标准
7	全学段	教育评价/评估－机构(区域)评价/评估	区域教育数字化转型成熟度模型标准
8	全学段	教育管理－服务管理或质量管理	数字教育服务质量标准
9	基础教育	环境/工具/平台－系统平台	中小学学校数据中台标准
10	基础教育	教育数据－数据服务/决策	数字教研数据标准
11	基础教育	教育数据－教学过程数据	学生活动数据采集标准
12	基础教育	教育数据－教学过程数据	教师数字化教学行为元数据标准
13	基础教育	教育评价/评估－学生评价/评估	学生综合素养特征映射技术规范
14	职业教育	教育数据－数据处理技术/模型	职业院校数据治理接口规范
15	高等教育	教育数据－数据服务/决策	教育决策支撑平台建设标准 第1部分:框架 第2部分:省级决策支撑系统基本功能要求 第3部分:校级决策支撑系统基本功能要求

续表

序号	教育阶段	标准类别	需制定标准主题
16	终身学习	环境/工具/平台—系统平台	数字化终身学习综合服务中心建设标准
17	终身学习	教育评价/评估—学生评价/评估	终身学习档案建设与应用标准

(2) 标准需求启示

《教育强国建设规划纲要(2024—2035年)》(以下简称《纲要》)对我国教育及数字教育事业的发展提出了明确要求,相关内容主要集中在《纲要》第七部分:建设学习型社会,以教育数字化开辟发展新赛道,分别从提升终身学习公共服务水平、实施国家教育数字化战略和促进人工智能助力教育改革等三方面阐述了相应的要求。

在终身学习方面,《纲要》提出要构建以资历框架为基础、以学分银行为平台、以学习成果认证为重点的终身学习制度。在教育资源和公共服务平台方面,提出建设学习型城市、学习型社区,完善国家开放大学体系,建好国家老年大学。在学习型社会数字基础设施方面,提出建立国家数字大学。同时进一步提出要完善和加强继续教育、自学考试、非学历教育等制度保障。

由此,我们可以得到启示:在学习的资历框架、学分银行、学习成果认证、教育资源共享和公共服务平台、国家老年大学、数字基础设施、国家数字大学等方面,有大量的教育信息化标准需要我们研发。

在国家教育数字化战略方面,《纲要》提出:坚持应用导向、治理为基,推动集成化、智能化、国际化;要建强用好国家智慧教育公共服务平台,建立纵横贯通、协同服务的数字教育体系;整体层面要开发新型数字教育资源;建好国家大数据中心,搭建教育专网和算力共享网络;同时要推进智慧校园建设,探索数字赋能大规模因材施教、创新性教学的有效途径,主动适应学习方式变革等。

国家智慧教育公共服务平台、新型数字教育资源、国家教育大数据、智慧校园、数字赋能的教学创新应用等方面,都有待我们去实践、去探索,梳理整合为可应用推广的教育信息化标准。

在促进人工智能助力教育改革方面,《纲要》提出,要加强课程体系改革,制定完善师生数字素养标准,打造中国版人工智能教育大模型,构建自主可控数据集,实施教育大模型应用行动,建设云端学校,建立基于大数据和人工智能支持的教育评价和科学决策制度。

由此可见,随着《纲要》的落实,在探索实施过程中,围绕师生数字素养、中国版人工智能教育大模型、自主可控数据集、教育大模型应用、云端学校、教育评价和科学决策、网络安全、数据安全、人工智能算法和伦理安全等,需要研制大量的标准,以标准研究推动规范应用,从而更好地推动教育数字化转型和教育深层次改革。

4.2.5 近期标准化工作要点

顺应数字时代潮流推进教育变革和创新,是世界各国共同面临的重大课题。当前,世界各国都在积极推动教育数字转型,把数字技术优势转化为提高教育质量的新动能。最近一段时间内,标委会的工作目标是"以标准支撑公平和优质的数字教育发展"。标委会将围绕这个目标开展数字教育领域的标准研制、宣传、推广和应用工作,具体工作要点如下。

• 数字教育基础设施(平台):研制教育专网、数字校园、数字基座等基础设施的建设和互操作标准,支持数字教育体系生态的可持续发展。

• 数字教育资源(资源):研制数字教材、知识图谱、课程体系等的建设、共享和评价标准,促进教育资源的质量提升和互联互通。

• 教育信息化安全(安全):研制教育网络安全、数据安全和隐私保护、伦理规范等标准,保障教育网络和数据的安全性、完整性和合规性,以及合乎伦理道德规范的技术应用。

• 教育数据(数据):制定基础数据模型、要素、分类、格式、交换与治理等方面的标准,确保数据一致性和互操作性。提升教育数据质量与安全,支持科学决策与管理,促进教育信息化与创新发展。

• 数字化业务管理和治理:涵盖教育管理、服务和绩效评估方面的标准化工作,以及教育数字化发展水平评估,旨在提升教育业务效率与质量,支持科学决策,促进数字化转型与持续改进。

• 新兴技术应用:针对人工智能、数字人、元宇宙等新兴技术在教育领域的应用开展标准研究。

4.2.6　近期拟开展的专题研究

为服务国家教育发展战略,满足教育现代化建设重点需求,标委会拟在特定领域开展专题研究,陆续编制相关细分领域的标准化工作指南。2025年所涉及的领域如下。

• 专题1　教育人工智能标准:研究制定人工智能在教育领域的应用系列标准,包括体系框架、测评规范、教学应用指南等,以指导人工智能技术在教育中的安全、高效和创新应用。

• 专题2　智慧教育平台标准:围绕智慧教育平台体系建设,研制教育平台设计、运行、管理、评价标准,提升数字化学习环境的质量和一致性。

• 专题3　教育数据安全、隐私、伦理标准:建立教育数据安全标准,涵盖数据收集、存储、传输和使用等环节,保护学生和教师数据隐私,保障教育信息的合法合规处理。

• 专题4　数字教材标准:制定数字教材的元数据、封装、平台功能、数据接口、内容审核、质量评价标准等,提升数字教材的开发效率和使用效果,支持多元化和个性化的教学需求。

4.2.7　加强数字教育标准领域的国际合作

标委会在引进并本地化国际先进技术标准的同时,积极推动提升我国的数字教育系列标准为国际标准工作。在标准研制的国际合作方面,立足现有的ISO国际标准体系,强化我国对口ISO技术标准机构的标准研制工作,特别是要基于国内数字教育的成功实践,积极提出国际标准新提案。

在标准应用和推广方面,标委会依托各类数字教育国家合作项目、团体、联盟等形式,启动中国数字教育技术和数字教育资源海外传播标准,构建开放共赢的数字教育领域国际合作格局,力争将中国的数字教育标准随着数字教育资源在全球传播和推广,促进全球智慧教育平台互联互通和服务能力提升。

(致谢:在此向参加标准规划研讨、为本文档提供案例和素材,以及对本报告提出修改建

议的各位专家和单位委员代表表示感谢)

参考文献

[1] Elena F. Embedding digital teaching and learning practices in the modernization of higher education institutions[C]//International multidisciplinary scientific geoConference: SGEM. Albena: Curran Associates, Inc., 2017:41-47.

[2] 程莉莉.教育数字化转型的内涵特征、基本原理和政策要素[J].电化教育研究,2023,44(4):53-56+71.

[3] Gama J A P. Intelligent Educational Dual Architecture for University Digital Transformation [A]. IEEE Frontiers in Education Conference (FIE)[C]. San Jose:IEEE, 2018:1-9.

[4] 陈丽,张文梅,郑勤华.教育数字化转型的历史方位与推进策略[J].中国电化教育,2023(9):1-8+17.

[5] 祝智庭,胡姣.教育数字化转型的理论框架[J].中国教育学刊,2022(4):41-49.

[6] Wang C L, Chen X J, Yu T, Liu Y D, Jing Y H. Education reform and change driven by digital technology: a bibliometric study from a global perspective [J]. Humanities & Social Sciences Communications, 2024, 11: 256.

[7] 李锋,顾小清,程亮等.教育数字化转型的政策逻辑、内驱动力与推进路径[J].开放教育研究,2022,28 (4):93-101.

[8] 吴砥,李玲,吴龙凯,等. 高等教育数字化转型的国际比较研究 [J]. 国家教育行政学院学报,2023(4): 27-36.

[9] 顾小清,胡碧皓.教育数字化转型及学校应变[J].人民教育,2023(2):47-50.

[10] 许秋璇,吴永和.教育数字化转型的驱动因素与逻辑框架:创新生态系统理论视角[J].现代远程教育研究,2023,35(2):31-39.

[11] Pinto M, Leite C. Digital technologies in support of students' learning in higher education: literature review [J]. Digital Education Review, 2020(37): 343-360.

[12] Barlovits S, Caldeira A, Fesakis G, et al. Adaptive, synchronous, and mobile online education: developing the ASYMPTOTE learning environment[J]. Mathematics, 2022,10:1628.

[13] 舒杭,顾小清.数智时代的教育数字化转型:基于社会变迁和组织变革的视角[J].远程教育杂志,2023,41(2):25-35.

[14] Romero M, Romeu T, Guitert M, et al. Digital transformation in higher education: the UOC case [C]. ICERI2021 Proceedings. IATED, 2021: 6695-6703.

[15] García-Morales V J, Garrido-Moreno A, Martín-Rojas R. The transformation of higher education after the COVID disruption: emerging challenges in an online learning scenario [J]. Frontiers in Psychology, 2021, 12: 616059.

[16] Salas - Pilco S Z, Yang Y, Zhang Z. Student engagement in online learning in Latin American higher education during the COVID - 19 pandemic: a systematic review [J]. British Journal of Educational Technology, 2022, 53(3): 593-619.

[17] 朱永新,杨帆.我国教育数字化转型的现实逻辑、应用场景与治理路径[J].中国电化教育,2023(1):1-7+24.

[18] 何静,曾绍玮.职业教育数字化转型的价值、动力、逻辑与行动方略[J].教育与职业,2023(5):85-92.

[19] 陈林.数字化转型赋能高等教育高质量发展:价值机理与推进策略[J].教育学术月刊,2023(8):95-103.

［20］　陈林.高等教育数字化转型的价值功能、现实风险及优化路径［J］.当代教育论坛，2023(3)：1-10.

［21］　Timotheou S，Miliou O，Dimitriadis Y，et al. Impacts of digital technologies on education and factors influencing schools' digital capacity and transformation：a literature review［J］. Education and Information Technologies，2023，28(6)：6695-6726.

［22］　王敬杰.新时代职业教育数字化转型的内涵、困境与路径［J］.职教论坛，2022，38(9)：5-12.

［23］　王天平，李珍.乡村教育数字化转型的价值取向与实践路向［J］.重庆高教研究，2023，11(4)：14-22.

［24］　赵建波.思想政治教育数字化转型的内涵要义、现实挑战及实践策略［J］.思想理论教育，2023(3)：85-90.

［25］　尚俊杰，李秀晗.教育数字化转型的困难和应对策略［J］.华东师范大学学报(教育科学版)，2023，41(3)：72-81.

［26］　李慕春，罗赣.民族高等教育数字化转型研究：动因、内涵、困境与方略［J］.贵州民族研究，2023，44(1)：222-227.

［27］　刘密霞.数字化转型推进国家治理现代化研究：以数字中国建设为例［J］.行政管理改革，2022(9)：13-20.

［28］　Marks A，AL-Ali M，et al. Digital transformation in higher education：a framew ork for maturity assessment［J］. Internation Journal of Adanced Computer Scinence and Applications，2020，11(12)：504-514.

［29］　Baron N S. Know what? How digital technologies undermine learning and remembering［J］. Journal of Pragmatics，2021，175：27-37.

［30］　Selwyn N，Aagaard J. Banning mobile phones from classrooms—an opportunity to advance understandings of technology addiction，distraction and cyberbullying［J］. British Journal of Educational Technology，2021，52(1)：8-19.

［31］　余胜泉.教育数字化转型的关键路径［J］.华东师范大学学报(教育科学版)，2023，41(3)：62-71.

［32］　Alenezi M. Digital learning and digital institution in higher education［J］. Education Science，2023，13(01)：15-17.

［33］　Romero-Hall E，Jaramillo Cherrez N. Teaching in times of disruption：faculty digital literacy in higher education during the COVID-19 pandemic［J］. Innovations in Education and Teaching International，2022，60(2)：152-162.

［34］　Garzón-Artacho E，Sola-Martínez T，Romero-Rodríguez J M，et al. Teachers' perceptions of digital competence at the lifelong learning stage［J］. Heliyon，2021，7(7)：e07513.

［35］　杨宗凯.高等教育数字化转型的路径探析［J］.中国高教研究，2023(3)：1-4.

［36］　肖广德，王者鹤.高等教育数字化转型的关键领域、内容结构及实践路径［J］.中国高教研究，2022(11)：45-52.

［37］　兰国帅，魏家财，黄春雨，等.国际高等教育数字化转型和中国实施路径［J］.开放教育研究，2022，28(3)：25-38.

［38］　Hashim MAM，Tlemsani I，et al. Higher education strategy in digital transformation［J］. Education and Information Technologies，2022，27(3)：3171-3195.

［39］　Xiao G D，Wang Z H. Digital transformation in higher education：key areas，content structures，and practice paths［J］. Fronniers of Education in China，2022，17(4)：557-580.

［40］　Selwyn N，Pangrazio L，Nemorin S，et al. What might the school of 2030 be like? an exercise in social science fiction［J］. Learning，Media and Technology，2020，45(1)：90-106.

［41］　孟宪彬，徐文娜，贾苏.教育强国背景下区域基础教育高质量发展的使命任务与实践策略［J］.现代教育管理，2023(9)：1-9.

[42] 冯婷婷,刘德建,黄璐璐,等. 数字教育:应用、共享、创新:2024 世界数字教育大会综述 [J]. 中国电化教育, 2024(3): 20-36.
[43] 杨现民,李新. 让潜能变成现实:以数字化赋能基础教育高质量发展的逻辑理路与推进策略 [J]. 电化教育研究, 2024(12): 44-51.
[44] 魏文松. 我国推进教育数字化的内涵阐述、实践探索与发展路径 [J/OL]. 现代教育管理, 2024(12):98-107[2024-11-29].
[45] 宋乃庆,郑文虎,曹士勇. 数字化时代基础教育的机遇、挑战与变革路向 [J]. 教育与教学研究, 2024, 38 (10): 1-11.
[46] 2024 年全国教育工作会议召开[EB/OL]. 教育部网,[2024-11-30].
[47] 教育部副部长吴岩:坚持应用为王,推动数据赋能教育变革创新[EB/OL]. 中国教育在线,[2024-11-30].
[48] 教育部推进基础学科系列"101 计划":为拔尖创新人才培养筑基 [EB/OL]. 教育部网,[2024-11-30].
[49] 2024 中国国际大数据产业博览会开幕[EB/OL]. 中国政府网,[2024-12-5].
[50] 中共中央办公厅 国务院办公厅关于加快公共数据资源开发利用的意见 [EB/OL]. 中国政府网,[2024-11-30].
[51] 国家发展改革委等部门关于印发《国家数据标准体系建设指南》的通知 [EB/OL]. 中国政府网,[2024-11-30].
[52] 教育部职业教育发展中心. 2024 中国职业教育发展报告[M]. 2024.
[53] 中国教育科学研究院. 2023 中国职业教育质量年度报告[M]. 北京:高等教育出版社,2024.
[54] 宗诚. 我国职业教育数字化转型的现实样态与优化策略:基于全国 18 个试点省市国家智慧教育平台的调研分析[J]. 职业技术教育,2023,44(21):14-20.
[55] 国家发展改革委等部门关于印发《国家基本公共服务标准(2023 年版)》的通知[EB/OL]. 中国政府网,[2023-07-30].
[56] 国家标准委等部门关于印发《标准化人才培养专项行动计划(2023—2025 年)》的通知[DB/OL]. 国家市场监督管理总局网,[2023-11-7].
[57] 国家标准化管理委员会关于印发《2024 年国家标准立项指南》的通知[EB/OL]. 湖南省政府网,[2024-01-10].
[58] 国家标准化管理委员会关于印发《2024 年全国标准化工作要点》的通知[DB/OL]. 国家标准化管理委员会网,[2024-02-04].
[59] 国家市场监管总局,中央网信办,国家发展改革委,等. 关于印发《贯彻实施〈国家标准化发展纲要〉行动计划(2024—2025 年)》的通知[EB/OL]. 中国政府网,(2024-03-18).
[60] 教育部等十三部门关于健全学校家庭社会协同育人机制的意见[EB/OL]. 教育部网,[2023-01-13].
[61] 教育部等八部门关于印发《全国青少年学生读书行动实施方案》的通知[EB/OL]. 教育部网,[2023-03-27].
[62] 教育部办公厅关于印发《基础教育课程教学改革深化行动方案》的通知[EB/OL]. 教育部网,[2023-05-09].
[63] 教育部等十八部门关于加强新时代中小学科学教育工作的意见[EB/OL]. 中国政府网,[2023-05-17].
[64] 教育部 国家发展改革委 财政部关于实施新时代基础教育扩优提质行动计划的意见[EB/OL]. 中国政府网,[2023-07-26].
[65] 中共中央办公厅 国务院办公厅关于构建优质均衡的基本公共教育服务体系的意见[EB/OL]. 中国政府网,[2023-06-13].

[66] 中共中央国务院关于印发《教育强国建设规划纲要（2024—2035 年）》[EB/OL]．中国政府网，[2025-01-20].
[67] 2024 年全国教育工作会议召开[EB/OL]．中国政府网，[2024-01-12].
[68] 中国政府网．习近平主持中央政治局第五次集体学习并发表重要讲话[EB/OL]．中国政府网，[2024-05-29].
[69] 中共中央 国务院印发《数字中国建设整体布局规划》[EB/OL]．中国政府网，[2023-02-27].
[70] 国家互联网信息办，国家发展改革委，教育部，等．生成式人工智能服务管理暂行办法[EB/OL]．中国政府网，[2023-07-10].
[71] 工业和信息化部中央网信办，国家发展改革委，等．关于印发国家人工智能产业综合标准化体系建设指南（2024 版）的通知[EB/OL]．中国政府网，[2024-06-05].
[72] 教育部办公厅关于印发《国家智慧教育平台数字教育资源内容审核规范》的通知[EB/OL]．教育部网，[2024-06-12].
[73] 教育部办公厅关于印发《国家智慧教育平台数字教育资源入库出库管理规范》的通知[EB/OL]．教育部网，[2024-06-12].
[74] 北京市教育委员会等四部门关于印发《北京市教育领域人工智能应用工作方案》的通知[EB/OL]．北京市教委网，[2024-10-11].
[75] 2024 世界数字教育大会发布数字教育合作上海倡议[EB/OL]．教育部网，[2024-01-31].
[76] 二十届三中全会《决定》提出：深化教育综合改革 推进教育数字化[DB/OL]．中国教育和科研计算机网，[2024-07-22].

标准化需求分析与政策研究报告（2025）

钱冬明[1]，俞金艳[1]，卢绎熹[2]，汪卫国[2]
（1. 华东师范大学；2. 新华三技术有限公司）

本报告对2024年度教育政策进行了分析，并根据政策导向及数字教育行业发展动态，总结分析了数字教育标准化需求，为新的标准研制和旧的标准更新提供参考。

上篇　2024年教育政策量化分析

1　引言

2024年是党的二十届三中全会召开之年，也是实施"十四五"规划承上启下的重要一年。党的二十大报告首次对教育、科技、人才进行"三位一体"统筹安排，党的二十届三中全会通过的《中共中央关于进一步全面深化改革 推进中国式现代化的决定》再次强调，"教育、科技、人才是中国式现代化的基础性、战略性支撑"，并从深入实施科教兴国战略、人才强国战略、创新驱动发展战略，统筹推进教育科技人才体制机制一体改革，健全新型举国体制，提升国家创新体系整体效能出发，对深化教育综合改革作出系统部署。

习近平总书记在2024年全国教育大会上提出，"建设教育强国是一项复杂的系统工程，需要我们紧紧围绕立德树人这个根本任务，着眼于培养德智体美劳全面发展的社会主义建设者和接班人，坚持社会主义办学方向，坚持和运用系统观念，正确处理支撑国家战略和满足民生需求、知识学习和全面发展、培养人才和满足社会需要、规范有序和激发活力、扎根中国大地和借鉴国际经验等重大关系"，对教育强国建设提出了进一步的明确要求。教育部部长怀进鹏指出："要牢牢把握教育的政治属性、人民属性、战略属性，系统部署教育强国建设的战略任务和重大举措，形成我们推进未来教育改革发展的总纲和主线。"在此背景下，教育部于2024年发布了一系列政策文件，对近期的教育方针和具体措施进行了部署。

通过对一定年限范围内教育政策文本的总结分析，能够反映这一时期我国教育领域各个方面的关注重点与导向变化。本研究基于自然语言处理和统计分析等技术探索了教育政策文本挖掘方法，利用新手段对教育未来政策规划提供科学化、智能化、系统化、数据化的方法支持。研究通过量化方法分析政策文本，回望中央文件和教育部政策，深入挖掘其文本内容，分析教育政策的核心主题和发展脉络，有助于我们把握国家政策导向、演变规律和扩散路径，及时总结经验，把握时代脉搏。

2　研究方法

本研究选取了2024年1月1日至12月15日的教育部政策文献、国家重要报告、重要人物讲话和核心报刊文章等教育相关内容。研究主要从华东师范大学国家教育政策文献库中获取docx格式的原始数据集，在检索时对政策文件进行初步筛选（考虑到研究关注的重点在于分析提取年度教育政策主题，并且政策文本有一定的格式性），根据文件抬头与名称将职务任免、工程批复、学校更名等类型的政策文本剔除，经过这一步骤，本次研究最终确定了包含158份文件的数据集。其中，政府办公厅文件11份，教育部政策文件122份，教育部其他文件10份。此外，通过网络搜索得到重要领导人讲话、国家重要报告、核心报刊文章等内容总计15份。然后，研究对数据集进行了自然语言处理，包括分词、词性标注、去除停用词等步骤，将数据集转换为格式统一、内容干净的文本，以供后续分析处理。

本研究主要方法为：词频分析、TF-IDF关键词提取、多词语词频分析等。

3　词频与TF-IDF分析

研究对158份教育政策内容进行文本合并、分词处理、自定义关键词表和词频统计等处理，形成了2024年教育政策内容的词云图，见图1。

图1　2024年教育政策词云图

如图1所示，2024年的教育政策高频词汇主要包括招生、就业、服务、师范生、教育行政部门、教育强国、发展、考试、平台、毕业生、学位、研究生等。透过这些高频词，我们可以清晰地看出，这一时期的教育政策焦点主要聚集在师范生培养、毕业生就业、教育强国、研究生招生等主题，突出人才培养和教育高质量发展，并强调了与各类主体相关的管理、发展、服务、培养、指导等方面。

除了对政策内容进行词频统计，本研究还采用TF-IDF算法对教育政策内容的主题词进行了提取（主题词的得分越高，表明其在政策中的重要程度越大），表1截取了TF-IDF排名前20的教育政策主题词。结合该表我们可以发现，词频分析所揭示的几个核心关注主体也具有较高的TF-IDF得分，排名前列的关键词包括"就业""招生""服务""考试""师范生""教育强国""毕业生""学位""研究生"等。可以发现2024年的政策很大一部分聚焦于高等教育的研究生招生、毕业生就业和师范生培养等方面。此外,教育强国、人才培养、科技进步、高质量发展等主题也是政策关注的重点。

表 1　2024 教育政策主题词与 TF-IDF 得分(前 20)

主题词	TF-IDF 得分	主题词	TF-IDF 得分
招生	0.067 0	研究生	0.023 3
就业	0.043 5	考生	0.022 3
教育行政部门	0.040 7	育人	0.022 0
服务	0.032 9	资源	0.019 7
考试	0.032 2	公费	0.019 4
师范生	0.030 3	高质量	0.018 3
教育强国	0.026 6	人才	0.018 0
平台	0.024 3	新时代	0.017 7
毕业生	0.024 3	规范	0.017 4
学位	0.024 2	科技	0.017 1

3.1　高等教育

与高校相关的政策主要集中在三个方面:

第一,有序推进高校研究生招生。2024 年,教育部针对义务教育、普通高校、硕士研究生、继续教育、成人高校等各级各类教育发布了一系列招生工作的文件,博士、硕士学位授权点的新增显示了研究生的扩大招生,国家着力培养更多高学历、高素质人才队伍,为建设社会主义现代化提供坚实的人力基础。

第二,落实高校毕业生的高质量就业。习近平总书记强调,就业是最基本的民生,事关人民群众切身利益,事关经济社会健康发展,事关国家长治久安。党的二十大提出,要实施就业优先战略,强化就业优先政策,健全就业促进机制,促进高质量充分就业。高校毕业生是国家宝贵的人才资源,是促进就业的重要群体。与此同时,2024 届高校毕业生规模达到 1179 万,同比增加 21 万人,受经济发展、社会环境等多重因素影响,就业形势严峻复杂,高校毕业生面临着工作岗位减少,待遇降低等“就业难”的问题。在此背景下,教育部出台了多种政策以鼓励并支持高校毕业生顺利就业。

第三,强化高校科研创新力量。党中央强调,坚持创新在我国现代化建设全局中的核心地位,以科技创新推动产业创新,发展新质生产力。习近平总书记在全国教育大会上讲话时指出,要以科技发展、国家战略需求为牵引,着眼提高创新能力,优化高等教育布局,完善高校学科设置调整机制和人才培养模式,加强基础学科、新兴学科、交叉学科建设和拔尖人才培养;强化校企科研合作,让更多科技成果尽快转化为现实生产力。2024 年,教育部发布了一系列科研项目通知,主要包括教育部哲学社会科学创新团队建设工作、年度教育部哲学社会科学研究重大课题攻关项目和高校思想政治理论课教师研究专项、哲学社会科学研究专项(全国教育大会精神研究)、哲学社会科学研究专项(党的二十届三中全会精神研究)、建设科技小院及科技小院集群项目等。

3.2 教师发展

教师作为教育系统中不可或缺的主体之一，同样也是近期教育政策关注的重点。进一步对教育政策进行深入研究后发现，与教师相关的政策主要集中在三个方面：

第一，高素质专业化教师队伍建设。高质量教师队伍是教育强国建设的中坚力量。习近平总书记指出，“要把加强教师队伍建设作为建设教育强国最重要的基础工作来抓”，强调“强教必先强师”。教师是立教之本、兴教之源。2024 年 8 月，中共中央、国务院发布了《关于弘扬教育家精神 加强新时代高素质专业化教师队伍建设的意见》，提出强化教育家精神引领，提升教师教书育人能力，健全师德师风建设长效机制，深化教师队伍改革创新，加快补齐教师队伍建设突出短板，强化高素质教师培养供给，优化教师资源配置，打造一支师德高尚、业务精湛、结构合理、充满活力的高素质专业化教师队伍。同时，教育部注重优秀师范生力量的培养与补充，有序开展“优师计划”师范生就业和教育部直属师范大学公费师范毕业生就业工作，进一步深入推进实施国家优秀中小学教师培养计划(“国优计划”)，推动高水平高校为中小学培养研究生层次高素质教师，夯实拔尖创新人才培养基础。

第二，教师地位与待遇提升。在 2024 年全国教育大会上，习近平总书记强调，要提高教师政治地位、社会地位、职业地位，加强教师待遇保障，维护教师职业尊严和合法权益，让教师享有崇高社会声望、成为最受社会尊重的职业之一。2024 年 12 月，教育部等七部门印发《进一步加强尊师惠师工作的若干措施》，从医疗健康、文化提升、生活服务和住房保障等方面，就加强教师待遇保障，提高教师政治地位、社会地位、职业地位提出了一系列实际措施。教育部持续抓好尊师惠师政策落实情况，总结宣传各地尊师惠师工作的好经验好做法，并加强对各地指导，在全社会进一步营造了尊师重教的良好风尚。通过加强教师待遇保障，提高教师政治地位、社会地位和职业地位等措施的实施，可以有效激发教师的工作积极性和创造力，促进教育事业的持续健康发展。

第三，乡村教师队伍建设。2024 年，教育部连续发布了一系列教育政策，以加强乡村教师队伍建设和教育发展。2 月初，中共中央、国务院发布《关于学习运用“千村示范、万村整治”工程经验有力有效推进乡村全面振兴的意见》，提出加大对重点地区帮扶支持力度，持续开展教育干部人才“组团式”帮扶和科技特派团选派、高校毕业生“三支一扶”计划向脱贫地区倾斜。教育部在 5 月份组织开展农村义务教育阶段学校教师特设岗位计划实施工作，为特殊困难地区学校招聘教师，特别关注紧缺薄弱学科教师的补充；7 月份组织实施“三区”人才支持计划教师专项计划，向脱贫地区，重点向国家乡村振兴重点帮扶县、“三区三州”等地区选调优秀支援教师。通过提升乡村教师队伍规模和水平，促进乡村教育发展，提升乡村建设水平，加快农村现代化，更好推进中国式现代化建设。

3.3 基础教育

基础教育阶段相关的政策主要集中在四个方面：

第一，促进中小学生德智体美劳全面发展。2024 年，教育部组织开展了丰富多样的校园艺术体育文化活动，包括系列读书活动、经典诵读、艺术展演、学生运动会、科技竞赛等。通过多样化的文化、艺术、体育、科技类活动，帮助青少年培养兴趣爱好、增进知识、陶冶情操、增强体质,促进中小学生的全面发展而非智力的单一发展。

第二,特色教育实验试点。2024年,教育部开展了多项特色教育的试点工作,发挥区域学校独特的教学资源和特长领域,通过特色教育为学生提供更多元化的学习机会和选择。教育部选取了一批中小学人工智能教育基地作为试点,探索人工智能教学实践开展;为了建立健全学校家庭社会育人机制,积极推进协同育人体制机制改革创新试点,教育部开展了全国学校家庭社会协同育人实验区组织推荐工作并发布名单。通过探索和总结特色教育的经验和做法,为全面推广特色教育提供有益的参考。同时,特色教育的实施也有助于推动整个教育体系的改革与发展,促进教育高质量发展。

第三,保障青少年身心健康发展。2024年3月,教育部发布了《中小学校、幼儿园消防安全十项规定》,以促进中小学消防设施部署与管理;为了加强综合防控儿童青少年近视,教育部办公厅等三部门发布《关于切实抓牢幼儿园和小学近视防控关键阶段防控工作的通知》,2024学年还组织开展了两次全国近视防控宣传教育月活动;5月份,教育部开展了首个全国学生心理健康宣传教育月活动,通过形式多样的宣传教育活动,提升师生和家长心理健康知识水平和素养,推动学生心理健康工作提质增效,促进学生身心健康发展。

第四,学前教育普及普惠与义务教育公平。2024年1月,教育部认定了一批学前教育普及普惠县,持续推动学前教育的普及率和覆盖率。义务教育的优质均衡发展同样是我国基础教育关注的重点,2023年中共中央、国务院发布《关于构建优质均衡的基本公共教育服务体系的意见》,2024年教育部持续关注全国各地区的政策推进情况,公布了一批义务教育优质均衡发展县名单;为了全面加强义务教育招生入学管理工作,促进教育公平,教育部还组织开展了义务教育阳光招生专项行动,增强招生入学工作的科学性、规范性、透明度。在基础教育阶段,我国主要关注青少年儿童的教育公平问题,对学前教育和义务教育分别作出了详细的发展规划,有序推进基础教育的优质均衡发展。

4 多词语词频分析

在单个词语词频分析的基础上,团队进行了多个组合词的词频分析,绘制了可视化高频词内在关系构成的桑基图,如图2所示。

根据多词语词频分析的结果可知,在政策文本中高频出现的组合词包括“教育数字化”“毕业生就业”“高校招生工作”“智慧教育平台数字教育资源”“建设高质量教育体系”“教育现代化建设教育强国”“智慧教育”“教育信息化网络安全工作”“数字校园建设规范”等。这些高频组合词同样可以根据内容、学段和主体概括为几个方面。

在方针政策层面,高频词包括“建设高质量教育体系”“教育现代化”“建设教育强国”“教育数字化战略行动”等,对应我国近年来在教育领域的宏观布局与发展目标:实施教育数字化战略行动,坚持教育、科技、人才一体化发展,构建新发展格局,建立高质量教育体系,推动教育现代化建设教育强国。

在基础教育阶段,高频词主要有“数字技术教育教学深度融合”“智慧教育平台数字教育资源”“管理规范”等,对应在数字化转型的背景下,中小学智慧教育平台的广泛应用、对优质数字教育资源的关注、信息化与教学的深度融合。此外,2024年教育部开展了基础教育“规范管理年”行动,整治基础教育领域存在的违法违规、违背教育规律和教育功利化短视化行

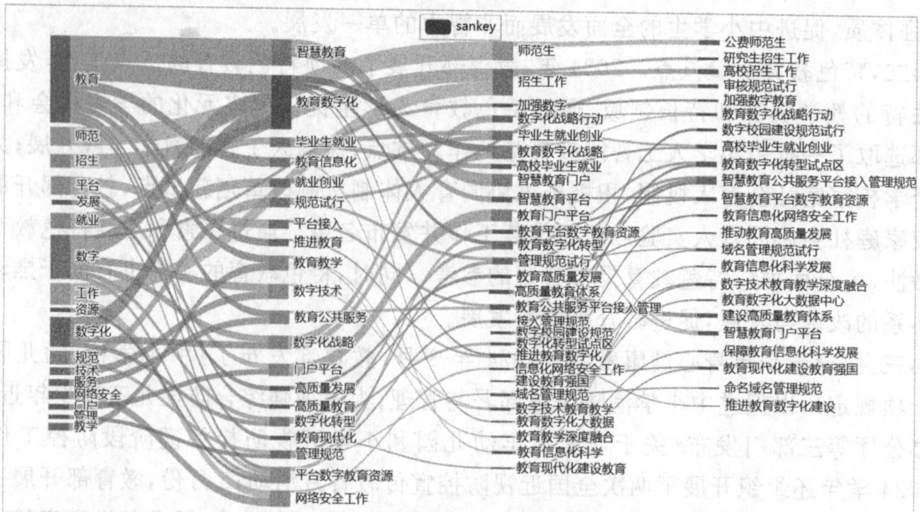

图 2　2024 年教育政策多词语词频图

为,提升学校管理能力和教书育人水平。

在高等教育阶段,高频词包括“研究生招生”“公费师范生”“高校毕业生就业创业”等,对应 2024 年的政策主要关注高校硕士、博士研究生的招生、培养和管理,高校毕业生的就业创业工作,定向委培学生的管理工作、科学研究项目的开展以及一些常态化的管理。

5　总结

在基础教育层面,教育政策主要关注青少年的德智体美劳全面发展,组织开展丰富多样的校园文化体育科技活动,推动家校社协同育人,开展人工智能、校园足球等特色教育试点,促进学生的综合素质发展。此外,教育部组织开展了各类主题教育活动,引导中小学生树立正确思想观念,同时推出系列政策以保障中小学生身体健康,内容涵盖校园消防安全、近视防控、心理健康教育等方面。

在职业教育方面,政策主要集中于深化现代职业教育体系建设改革,持续推动产教融合、职普融通、科教融汇,提高职业教育质量、适应性和吸引力。教育部举办了“职业教育活动周”、职业院校技能大赛、“技能成才 强国有我”系列教育活动,通过校企合作开展人才培养、科技研发,实现技能人才培养与产业发展的有机结合。

在高等教育领域,政策主要涵盖了高层次科技人才的培养和科研项目申报。政策关注了高校人才培养的全过程,稳步进行高校招生工作,适度扩大硕士、博士研究生招生规模,扎实推进各类科研项目的申报工作,建设国家精品课程与学科教材,强调高校思想政治教育,组织各类学科与创新创业竞赛,持续推动高校毕业生的就业创业。

此外,还有一些贯穿各个教育阶段的常态化政策。包括建设高素质、专业化的教师队伍,发扬教育家精神,提升教师地位与待遇;实施乡村振兴战略,为薄弱地区倾斜教育资源;建设大中小学智慧教育平台,开发优质教育资源;完善教育法律法规与标准规范;等等。

下篇 2024 年数字教育标准需求分析

1 标准需求与政策研究的由来

为响应教育部政策,更好地用标准服务于我国数字教育事业的发展,教育部教育信息化标准技术委员会于 2023 年设立了“标准需求与相关政策”研究组,组织标委会各委员、各单位委员分别于每年上半年与下半年提报数字教育标准需求分析报告。这些报告作为标准项目规划与标准体系调整的重要依据。

数字教育标准需求分析报告围绕教育部教育数字化战略行动,结合国际教育信息化政策趋势,梳理和分析我国相关教育政策,根据教育数字化转型行业现状和发展态势而编写。报告中给出标准主题、研究范围及核心内容,同时论证具体标准研制的迫切性和重要性。

2 标准需求与政策研究的必要性

我国教育政策对“数字教育标准”体系的构建和具体标准的研制,具有动态指导作用。

为了阐明教育政策对“数字教育标准”导向作用,我们简要地对我国教育政策进行总结性分类。

从内容颗粒度来看,我国教育政策包括了宏观政策、中观政策和微观政策。从政策有效期来看,我国教育政策分为长期政策、中期政策和短期政策。从适用范围视角来看,我国教育政策可分为针对基础教育、高等教育、职业教育以及终身教育的政策。从政策内容来看,可观测到与数字教育相关的政策覆盖范围十分广泛,包括数字教育资源类、教育专网与算力等基础设施类、人工智能教育大模型等前沿技术类、教育评价与科学决策类、师生数字素养类、大数据中心等数据相关类等。

在实际政策内容中,教育政策往往呈现以上各个维度的多跨与融合的现象,这恰恰符合教育工作内部要素的系统性和协同性特征。

3 2024 年数字教育相关政策与活动对标准需求的启示

2024 年是数字教育发展极为关键的一年,这一年教育政策对数字教育发展给出了更加明晰的导向,同时用于教育的人工智能大模型技术得到了显著应用,随之而来涌现了一批新的数字教育标准需求。

以下按时间顺序就本年度重要的教育政策与会议活动作出梳理与总结,以便展示教育政策导向下的数字教育标准化需求。

2024 年 1 月 30 日至 31 日,2024 世界数字教育大会在上海召开。大会闭幕式发布成果文件《数字教育合作上海倡议》(以下简称为《倡议》)[1]。《倡议》指出:一是推进数字资源共建共享,二是加强数字教育应用合作,三是强化数字教育集成创新,四是合作推动教师能力建设,五是协同推动数字教育研究,六是共商共议数字教育治理。作为中国面向全世界的最大规模的数字教育大会,大会的成果和观点对我国乃至世界教育数字化的推进起着重要的导向作用。“数字教育标准体系”已经覆盖了《倡议》中所提到的教育资源、教育应用、教育服务、教师能力、教育治理等领域,这些领域作为我国教育走向国际,进行国际交流合作的重点抓手,需要有更加国际化的标准给予支撑。在现有的数字教育标准体系框架下,教育部教育信息化标准委员会适时地组织了相应的标准项目,比如新型教材等教育资源标准项目、教育人工大模型等教育应用标准项目、师生数字素养等师生能力标准项目、高校数据分级等教育治理类标准项目,在实际中贯彻了与教育政策动态对接,与产业需要实时联动。

2024年7月18日,中国共产党第二十届中央委员会第三次全体会议通过《中共中央关于进一步全面深化改革 推进中国式现代化的决定》(以下简称为《决定》)[2]。在深化教育综合改革方面,提出多项具体举措,比如“加快建设高质量教育体系”“深化教育评价改革”“分类推进高校改革”“加快构建职普融通、产教融合的职业教育体系”“推进教育数字化,赋能学习型社会建设,加强终身教育保障”等。这些具体内容对数字教育标准的启发在于:要坚定不移地继续健全数字教育标准体系,并根据《决定》所提的重点内容针对性地增加新标准的研制以解决标准空白问题,修订优化现有标准以提高标准的适用度。为更好地用标准支撑教育综合改革的落地,有关单位适时地加强了“教育评价”“职业教育”“终身教育”等方面的标准的研制与修订工作。其中,“职业学校数据治理架构接口规范”“终身学习档案信息标准”项目正是用标准支撑职业教育和终身教育的良好体现。

《教育强国建设规划纲要(2024—2035年)》对我国教育及数字教育事业的发展提出了明确要求,此处就与标准研制密切相关的内容要点总结如下。(1)拓展实践育人和网络育人空间和阵地。探索课上课下协同、校内校外一体、线上线下融合的育人机制。加强青少年网络安全意识、文明素养、行为习惯等教育。(2)分类推进高校改革发展。建立分类管理、分类评价机制。(3)加快建设中国特色、世界一流的大学和优势学科。完善质量、特色、贡献导向的监测评价体系。(4)建设学习型社会,以教育数字化开辟发展新赛道、塑造发展新优势。构建以资历框架为基础、以学分银行为平台、以学习成果认证为重点的终身学习制度。加强教育资源共享和公共服务平台建设,建设学习型城市、学习型社区,完善国家开放大学体系,建好国家老年大学。加强学习型社会数字基础设施建设,建好国家数字大学。(5)实施国家教育数字化战略。建强用好国家智慧教育公共服务平台,建立横纵贯通、协同服务的数字教育体系。开发新型数字教育资源。建好国家大数据中心,搭建教育专网和算力共享网络。建好教育安全风险监测预警指挥平台。推进智慧校园建设,探索数字赋能大规模因材施教、创新性教学的有效途径,主动适应学习方式变革。推动优质慕课走出去。(6)促进人工智能助力教育改革。制定完善师生数字素养标准,深化人工智能助推教师队伍建设。打造中国版人工智能教育大模型,构建自主可控数据集,实施教育大模型应用行动。建设云端学校等。建立基于大数据和人工智能支持的教育评价和科学决策制度。加强网络安全保障,强化数据安全、人工智能算法和伦理安全。

4　近两年数字教育标准需求情况

标准需求的提出为标准项目的立项提供了依据,但标准项目的立项论证与审批不仅要根据标准的需求程度来决定,还需结合标准草案本身的准备程度以及市场需求的变化等多种因素来考虑。因此,一个标准需求的提出到立项,可能在当年完成,也可能顺延至下一年。此外,由于标准的需求和使用在一定时间范围内具有稳定性,甚至长期性,因此每一年新增的标准需求在数量上有可能呈现递减趋势。这种递减的趋势反而表明了数字教育标准空白点在逐渐减少,数字教育标准的成果在不断丰富,能作为数字教育事业参考的标准依据越来越多。

此处简要概述2023年的标准需求与立项情况。由于2023年首次开展标准需求收集工作,累积的标准需求得到集中性提报,收到的标准需求报告较多,共19份。标准需求覆盖了基础教育、职业教育、高等教育和终身教育四个阶段(大类);按教育信息化标准分类,基本涵盖了共性技术基础、参与方、内容与资源、环境/工具/平台、教育管理、教育数据、教育评估评价等领域。具体需求数量统计如下:

- 环境工具平台:5项。
- 教育数据:5项。
- 教育评价/评估:4项。
- 内容与资源:2项。
- 参与方:1项。
- 教育管理:1项。
- 共性基础:1项。

可以看出,2023年标准需求有两大趋势:(1)环境平台工具类仍旧作为主要需求领域;(2)教育数据和教育评价类需求明显增加。

2024年共收到合格的标准需求分析报告6份。其中,教育数据类3份、教育内容与资源1份、教育管理类1份、共性基础类1份。从2024年新提的6项标准需求中,仍然能看出教育数字化领域标准需求的迫切程度。

2024年标准需求清单如下:

- 信息技术 学习、教育和培训 在线课程体系的XML绑定规范;
- 高等学校数据分级和安全标准;
- 教师数字化教学行为元数据;
- 数字教育服务质量标准;
- 教育决策支撑系统标准;
- 基于5G技术的校园网建设、管理与使用标准。

参考文献

[1] 2024世界数字教育大会发布数字教育合作上海倡议[EB/OL]. 教育部网,[2024-01-31].

[2] 中国教育和科研计算机网. 二十届三中全会《决定》提出:深化教育综合改革 推进教育数字化[EB/OL][2024-07-22].

数字技术赋能教育年度发展报告（2025）

申丽萍[1]，李静[2]，李礼[3]，王旭亮[2]，袁婉君[3]，康雪婷[4]，
刘子韬[5]，胡婷玉[6]，陈浩[4]，王东[5]，罗信[6]，王洪军[7]，潘如玥[8]

（1. 上海交通大学；2. 国家开放大学；3. 科大讯飞股份有限公司；
4. 华为技术有限公司；5. 北京世纪好未来教育科技公司；
6. 广州视睿电子科技有限公司；7. 深信服科技股份有限公司；8. 清华大学）

2024 年，数字技术领域不断加速创新，迭代更新迅速，并深度融入各行业，特别是在生成式 AI、多模态整合、垂直领域深耕等方面取得了重要进展。诺贝尔奖连番垂青 AI，脑机接口试验成功，传统制造在摆脱重复劳作，无人驾驶的汽车已驶入商业化快车道，最新的 AI 计算芯片增强神经网络计算和张量计算为大模型开发提供了基础支持，更加智能的大数据平台、云平台、超融合存储、数据湖仓一体等技术消除了数据孤岛并实现了数据的自动发现、集成和治理，5G、IPv6＋、Wi-Fi7 等网络技术连接云、边、端，将海量数据传输到网络化算力基础设施。数字技术的发展为教育变革带了无限可能和机遇。

本分析报告由教育部教育信息化标准技术委员会“数字教育技术”研究组的各位专家共同完成。本报告针对当前最新数字技术热点，聚焦教育应用领域，在现有标委会预研究项目之外，对数字技术发展现状、数字技术 2024 年最新发展特点、数字技术对教育的影响进行了分析和介绍，并展望未来教育形态。

1　数字技术发展综述

1.1　数字技术成为驱动经济社会发展的核心引擎

以数字经济为引领的新一轮科技浪潮与产业革新正蓬勃兴起，数字化、网络化、智能化技术不断加速创新，并深度融入各行业，催生出众多新经济形态、新业态模式与新发展路径。数字技术更新换代之迅速、影响范围之宽广，正以独特的方式重塑经济组织架构，孕育新型生产关系，有力推动新质生产力的蓬勃发展。加速培育与壮大新质生产力，培养掌握数字技术的新质人才，是我国推动产业迈向高质量发展的关键举措与核心着力点，而数字技术已然成为驱动新质生产力发展的强大动力源泉。根据现有的研究，数字技术的分类主要集中在计算技术（IT 技术）、联接技术（CT 技术）、数据技术（DT 技术）以及智能技术（AI 技术）四个方面。这些技术堪比历史上的蒸汽机、内燃机和电力等通用性技术，不仅自身持续变革进化，源源不断地创造出先进生产力，还通过赋能各行各业，重塑生产组织模式，优化生产流程，提升生产效率，助力各行业驶入高质量发展的“高速路”。在 2024 年，计算技术（IT 技术）、联接技术（CT 技术）、数据技术（DT 技术）与智能技术（AI 技术）的融合与演进，正以前所未有的速度推动着社会的进步和变革。这些技术的发展趋势和应用

特点,不仅体现在技术的深度和广度上,更在于它们如何相互交织,共同构建一个更加智能、高效和互联的世界。

1.2 计算技术的最新动态

计算技术作为信息技术的核心,其发展直接关系到整个数字世界的运行效率和创新能力。2024 年,计算技术的发展趋势主要体现在以下几个方面。

1.2.1 边缘计算与物联网的深度融合

随着物联网(IoT)设备的普及和工业 4.0 的推进,边缘计算成为连接物理世界与数字世界的关键技术。边缘计算通过在数据源附近进行数据处理,减少了数据传输的延迟,提高了数据处理的实时性和可靠性。车联网(V2X)和智慧医疗(IoMT)作为边缘计算的重要应用场景,不仅提升了交通管理和医疗服务的智能化水平,也为工业物联网(IIoT)提供了新的解决方案。

1.2.2 空间计算与虚拟现实的创新应用

空间计算技术的发展为虚拟现实(VR)、增强现实(AR)和混合现实(MR)提供了强大的支持。三维建模与渲染技术的进步使得虚拟环境更加逼真,人机交互技术的发展则使得用户与虚拟世界的互动更加自然。这些技术在教育、娱乐、医疗等领域的应用,不仅丰富了用户体验,也为这些行业的数字化转型提供了新的动力。

1.2.3 智能算力基础设施蓬勃发展

首先,全球智能算力规模实现了显著增长,同比增长达到 136%,其增速远超算力总规模增速,智能算力逐渐占据重要地位。此外,智算服务市场年同比增长有望超过 80%,特别是与 AIGC 强相关的 GenAI IaaS、智算集成服务增速均超过 150%,显示出智算服务愈发强调精细化、专业化,模式趋向“算力+平台+模型”一体化供给。同时,我国大模型数量及规模快速增长,能力逼近 GPT-4,全球人工智能大模型数量达到 1 328 个,我国数量占比 36%,位居第二。这些进展表明,智能算力正在成为推动我国算力主赛道的关键力量,并且随着 AI 投资热潮的推动,智算产业进入了快速增长期。

1.3 联接技术的最新动态

联接技术是信息技术的神经网络,负责数据的传输和交换。2024 年,联接技术的发展主要体现在以下几个方面。

1.3.1 5G 和 Wi-Fi7 的普及

5G 技术的普及和 Wi-Fi7 的推出,为高速、低延迟的数据传输提供了强有力的支持。这些技术的发展不仅提升了移动通信的速度和稳定性,也为物联网设备的广泛连接提供了可能。IPv6+和 F5.5G 全光网络的应用,进一步增强了网络的承载能力和安全性,为数字世界的构建提供了坚实的基础。

1.3.2 POL 全光局域网的推广

POL(Passive Optical LAN)全光局域网技术的发展,为数据中心和企业网络提供了高速、可靠的连接解决方案。POL 技术通过光纤的直接连接,降低了网络的复杂性和维护成本，提高了网络的传输效率和安全性。这一技术的推广，对于提升企业网络的性能和降低运营成本具有重要意义。

1.3.3 网络技术的智能化

随着人工智能技术的发展，网络技术也在不断向智能化方向演进。通过引入AI技术，网络可以实现更加智能的流量管理和故障诊断，提高网络的运行效率和可靠性。这种智能化的网络技术，对于应对日益增长的数据流量和复杂的网络环境具有重要意义。

1.4 数据技术的最新动态

数据技术是信息技术的血液，负责数据的存储、处理和分析。2024年，数据技术的发展主要体现在以下几个方面。

1.4.1 数据服务层的智能化

数据服务层作为数据技术的核心，其智能化发展是2024年的一个重要趋势。通过引入智能物化、数据缓存和统一SQL引擎等技术，数据服务层可以实现更加高效和智能的数据存储、处理和分析。调度服务和数据血缘的管理，使得数据的利用更加高效和透明，为企业的决策提供了强有力的支持。

1.4.2 数据源层的多样化

随着数据来源的多样化，数据源层的管理变得更加复杂。数据库、消息队列和流处理、存储系统和数据集成等技术的融合，使得数据源层可以实现更加灵活和高效的数据管理。这种多样化的数据源层，对于应对日益增长的数据量和复杂的数据环境具有重要意义。

1.4.3 数据湖仓的统一管理

数据湖和数据仓库的统一管理是2024年数据技术的一个重要趋势。通过统一湖仓层的构建，企业可以实现数据的集中存储、管理和分析，提高数据的利用效率。这种统一管理的数据湖仓，有助于提升企业的数据治理能力，降低运营成本。

1.5 智能技术的最新动态

智能技术是信息技术的大脑，负责数据的智能处理和分析。2024年，智能技术的发展主要体现在以下几个方面。

1.5.1 大模型与智能体的创新应用

大模型与智能体的发展为智能技术的应用提供了新的可能性。生成式预训练模型、多模态大模型和AI智能体等技术的发展，使得智能技术可以更加灵活和智能地处理复杂的数据和任务。这些技术在对话式AI助手、知识图谱增强模型和自动代码生成工具等方面的应用，不仅提升了对应场景的智能化水平，也在降本增效方面提供了新的动力。

1.5.2 人机交互技术的多样化

人机交互技术的发展为智能技术的应用提供了新的可能性。语音用户界面（VUI）、触觉反馈技术和脑机接口（BCI）等技术的发展，使得人机交互更加自然和高效。情感计算和手势控制等技术的应用，使得人机交互更加智能和个性化。这些技术在教育、医疗、娱乐等领域的应用，带来了多样化的人机交互方式和创新型的业务模式。

1.5.3 智能技术的行业应用

智能技术在各行各业的应用是2024年的一个重要趋势。通过引入智能技术，各行各业可以实现更加高效和智能的运营和管理。例如，在教育领域，智能技术可以实现个性化的教学和评估；在医疗领域，智能技术可以实现精准的诊断和治疗；在金融领域，智能技术可以实现智能的风险评估和管理；在交通领域，智能技术推动了智能网联汽车和自动驾驶技术的发展。各行各业都迎来了智能技术赋能的新格局。

2024年的数字技术发展呈现出多元化和智能化的趋势。计算技术、联接技术、数据技术和智能技术的相互融合和创新应用，不仅推动了信息技术的快速发展，也为各行各业的数字化转型提供了新的动力。随着这些技术的不断进步和应用，我们有理由相信，未来的数字世界将更加智能、高效和美好。

2 数字技术2024年进展与趋势

本报告后续章节虽然没有全部覆盖当前所有最新数字技术，但也涵盖了基础设施、大数据技术、应用技术特别是人工智能等关键技术领域，以及新技术应用于教、学、管、考、评等各个教学环节(图1)。

2.1 基础设施技术层

随着信息技术的飞速发展，教育数字化已成为推动教育改革与发展的重要力量。完善的教育数字化基础设施是实现教育数字化转型的基石，可划分为基础硬件、基础软件和基础平台等要素。通过推进云、AI、计算等技术与教育行业需求融合创新，打造安全可靠、安全可控的基础设施，为教育行业提供高效、可靠、安全的数字化服务和强大的技术支持与保障。

2024年是教育数字化飞速发展的一年，在教育数字化基础设施建设方面也取得了显著的成就，亮点频出。在网络方面，高速网络与云平台让线上线下融合教学常态化，实现了优质教育资源的广泛共享，缩小了区域、城乡、校际的教育差距，如广东省深圳市宝安区利用OTN和5G技术构建天地双网双备教育网络，为605个办学单位提供高带宽、可弹性扩容的网络服务；f5g全光网因具有简架构、易演进、智运维和高可靠等优势，在南京农业大学、四川省营山县教育局等教育机构广泛应用。平台建设上，智能化管理平台与数据驱动的决策支持，提升了教育管理效率，为教育管理者提供了科学决策依据，促进了教育行业的整体发展。广东省深圳市宝安区教育系统通过建设数字能力中台、数据中台和业务中台，实现通用能力全赋能、数据打通和多终端适配应用融合。北京邮电大学打造以“初发”开放智能体平台等为代表的数字教育“应用库”，并建设数字化场景管理服务中台，提升数据整合与应用能力。在教学空间上，北京邮电大学打造“5G＋全息”远程互动型等智慧教室百余间，并启动建设大创新实践实训空间。温州职业技术学院携手华为开创全国高职院校首个“f5g全光实训室示范点”。这些成就从创新教学模式、变革学习方式、优化教育资源、提升教育管理效率等多方面，推动教育行业向高质量、个性化、公平化方向发展。

未来，教育行业ICT基础设施建设将呈现出多方面飞速发展。在服务器、芯片技术上，国产化比率显著提升，呈现出需求增长、与云计算融合、低功耗与高性能并存、集成化与多功

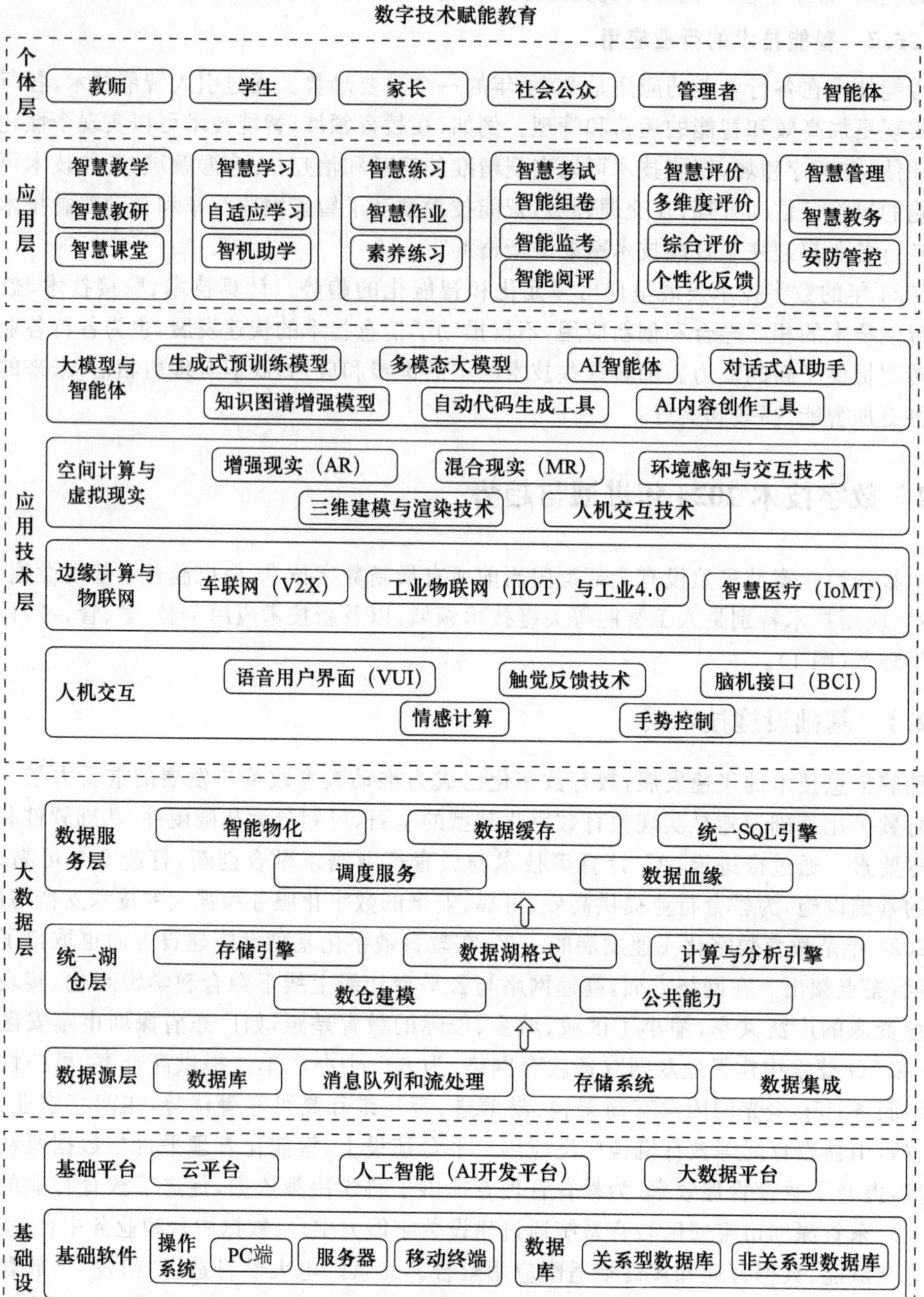
数字技术赋能教育
个体层
教师
学生
家长
社会公众
管理者
智能体
应用层
智慧教学
智慧教研
智慧课堂
智慧学习
自适应学习
智机助学
智慧练习
智慧作业
素养练习
智慧考试
智能组卷
智能监考
智能阅评
智慧评价
多维度评价
综合评价
个性化反馈
智慧管理
智慧教务
安防管控
应用技术层
大模型与智能体
生成式预训练模型
多模态大模型
AI智能体
对话式AI助手
知识图谱增强模型
自动代码生成工具
AI内容创作工具
空间计算与虚拟现实
增强现实（AR）
混合现实（MR）
环境感知与交互技术
三维建模与渲染技术
人机交互技术
边缘计算与物联网
车联网（V2X）
工业物联网（IIOT）与工业4.0
智慧医疗（IoMT）
人机交互
语音用户界面（VUI）
触觉反馈技术
脑机接口（BCI）
情感计算
手势控制
大数据层
数据服务层
智能物化
数据缓存
统一SQL引擎
调度服务
数据血缘
统一湖仓层
存储引擎
数据湖格式
计算与分析引擎
数仓建模
公共能力
数据源层
数据库
消息队列和流处理
存储系统
数据集成
基础设施层
基础平台
云平台
人工智能（AI开发平台）
大数据平台
基础软件
操作系统
PC端
服务器
移动终端
数据库
关系型数据库
非关系型数据库
基础硬件
芯片
通用计算芯片
AI计算芯片
存储
超融合存储
集中式存储
分布式存储
网络
IPv6+
F5.5G全光网络
POL全光局域网
Wi-Fi7
5.5G

图1　数字技术赋能教育框架图

能化以及定制化的发展趋势。网络等技术上,5G、Wi-Fi 7 等高速网络将广泛覆盖校园,实现高速稳定连接以满足多种教学需求,且物联网技术会与教育 ICT 深度融合,实现教学与校园设施的互联互通及智能化管理;云计算与数据中心方面,云服务将更普及,支持教育资源共享与协同教学,数据中心也将不断升级,为教学与决策提供数据支持;人工智能与教育深度融合,智能教学辅助可助力学生学习、减轻教师负担,教育机器人也将更多应用于教学与校园服务;信息安全保障体系趋于完善,通过安全技术升级与管理强化来保障数据安全和师生安全意识提升;同时,ICT 基础设施建设注重绿色化与可持续发展,运用节能技术设备降低能耗,加强设备回收利用,推动资源共享与协同以提高利用效率。

2.1.1 基础硬件

2.1.1.1 芯片

芯片是电子设备的"大脑",是服务器的核心组件,负责处理和传输信息,控制设备的运行。芯片的性能和功能直接影响着电子设备的性能、功耗、体积等方面。随着技术的不断发展,芯片的集成度越来越高,功能越来越强大,推动着信息技术的飞速发展和广泛应用。按照其设计用途,可以分为通用计算芯片与 AI 计算芯片。

- **通用计算芯片**:具备广泛通用性,以 CPU(中央处理器)提供算力,多应用于个人电脑和服务器中,旨在处理各种不同类型的计算任务,支持多样化的软件和应用程序运行。通用计算芯片 70%以上晶体管用于构建缓存单元和控制单元,计算核心从几个到几十个,适合复杂的逻辑运算,可以为教育行业提供高性能的计算和强大的存储能力,支持大规模在线教育平台、智能教育系统、教育学术研究和科学计算、虚拟实验室和远程实验平台、数据管理和分析等场景,支持各种教育行业应用的运行与发展。

- **AI 计算芯片**:专为人工智能应用设计,用于计算服务器,旨在加速机器学习、深度学习等计算任务,适用于计算密集型高并发任务,可以加速人工智能算法的执行,为智能教育应用提供强大的计算能力支持。AI 计算芯片以 NPU(神经网络处理单元)、GPU(图像处理器)或 TPU(张量处理单元)提供算力,形成异构计算架构,通过协同工作充分发挥各计算单元的优势,提高计算效率和性能功耗比。AI 计算芯片在教育行业中的应用场景广泛,能够显著提升教学质量和科研效率。首先,它能够支持大规模的数据分析和机器学习任务,帮助高校和研究机构快速处理和分析大量实验数据,加速科研成果的产出。其次,通过提供强大的计算资源,AI 计算芯片还能支持虚拟实验室的建设,使学生和教师能够在线上进行复杂的科学实验,克服实体实验室的资源限制。此外,它还能够支持在线教育平台的高效运行,确保高清视频课程的流畅播放,以及个性化学习路径的推荐,提升在线学习体验。AI 计算芯片还能为教育领域的人工智能应用提供支持,如智能辅导系统和学习效果分析,帮助教师更好地了解学生的学习情况,实现精准教学。

2.1.1.2 存储

存储在教育行业扮演着举足轻重的角色,全面覆盖教学、科研及管理等多个关键领域。在教学方面,它为丰富多样的多媒体教学资料、蓬勃发展的在线课程平台以及促进教育公平的开放式教育资源提供存储支持,有力推动教学资源的有效共享与利用;对于学生数据管理,从记录学习轨迹的电子学习档案,到基于学习行为分析的个性化学习建议,存储的数据为精准教学和学生成长提供依据;科研领域,实验数据和项目资料的长期稳定存储,是科研工作持续推进与成果传承的基石;校园管理与办公层面,行政办公文件的妥善存储保障学校日常运转，安防监控数据则守护校园安全；此外，虚拟实验室与模拟教学中的大量虚拟模型、场景及软件数据存储，为学生创造逼真实践环境，助力实践能力提升，全方位推动教育事业的发展与进步。根据其存储架构的不同，可以划分为超融合存储、集中式存储和分布式存储。

• **超融合存储**：超融合存储是一种集成了计算、存储和网络功能的先进技术，它将计算和存储资源整合在一起，通过软件定义的方式提供高度集成和优化的存储解决方案。超融合存储通过将计算和存储功能紧密结合，实现了更高的性能、更低的延迟和更高的可伸缩性。在教育行业，超融合存储可以搭载教学、办公、科研、计算资源池等虚拟化业务，展现出独特价值与广泛应用。在学校的日常教学中，它为丰富的多媒体教学资源，如高清课程视频、互动式课件等，提供高效存储与快速调用支持，确保教师能便捷地开展教学。在在线教育蓬勃发展的当下，超融合存储助力搭建稳定的在线学习平台，满足了大量学生同时访问课程、提交作业等需求，保障教学过程的流畅性。对于学生数据管理，从入学信息到学业成绩、成长记录等，超融合存储能安全存储并便于教师随时调取分析，以实现个性化教学。在科研领域，超融合存储可容纳高校科研项目产生的海量实验数据与研究资料，助力科研工作稳步推进。此外，在校园管理方面，行政文件、安防监控数据等同样借助超融合存储实现高效管理与长期留存，为校园的有序运转提供有力支撑。

• **集中式存储**：集中式存储将数据集中存储在一个或多个大型存储设备中，通过高速网络连接供多个用户或应用程序访问。这种存储方式适用于教育机构中对数据安全性和可靠性要求较高的场景，如学校的核心业务系统（如一卡通等核心数据库、学籍管理系统、财务系统等）的数据存储。集中式存储可以提供数据备份、容灾等功能，确保重要数据的完整性和可用性。

• **分布式存储**：分布式存储将数据分散存储在多个节点上，通过分布式文件系统或对象存储系统进行管理和访问。它具有高可扩展性、高可用性和容错性等特点，适合处理海量的教育数据，如视频安防等大流量业务、在线教育平台的视频资源库、大规模在线课程的用户数据等。分布式存储可以根据数据量的增长动态扩展存储容量，并且在部分节点出现故障时，仍能保证数据的正常访问和服务的连续性。

2.1.1.3 网络

随着 ICT 技术的不断发展，以太网、光网等有线网络，wifi、5G 等无线网络在教育领域的应用越来越广泛，学校的核心业务如教学、管理、科研、服务水平正在不断提升。这些技术为教育带来了许多便利，改变了传统的教学模式，提高了教育质量。此外，随着 AI 大模型在教育场景中的多元应用，网络连接云、边、端，将海量数据传输到网络化算力基础设施，为万物带来智能将成为网络承载的新型业务。

有线网络技术：

• **IPv6＋**：面向 5G 和云时代的智能 IP 网络技术体系，具备智能超宽、智能联接、智能运维三大特征。IPv6＋网络技术体系基于 IPv6 技术演进，包括了以 SRv6、网络切片、IFIT 等为代表的协议创新，和以网络分析、自动调优等网络智能化为代表的技术创新。

• **F5.5G 全光网络**：采用光纤介质，具有简架构、易演进、智运维和高可靠等优势。其架构扁平化，无源分光器取代了传统有源汇聚层，消除了网线的百米距离限制，节省了大量弱电机房空间和布线成本，同时降低了整网能耗。带宽可以从 10 Gbps 平滑升级到

50 Gbps 甚至 200 Gbps,支持动态调整带宽,满足智能教室和 VR/AR 沉浸式教学应用的需求。

• **POL 全光局域网**:基于 10 G PON 技术具有极简、全光、无源、长距、无扰、长寿等诸多优势,能够低成本打造"10G 入校"的网络环境。其网络架构简单,无需复杂的布线和设备,降低了建设和维护成本,同时支持长距离传输和高带宽接入,满足校园内各种网络应用需求。

无线网络技术:

• **Wi-Fi 7**:基于 IEEE 802.11be 标准,通过软件定义射频技术,实现了教学、办公等全场景的全无线连接,使教与学可以随时随地进行。它新增了 6 GHz 频段,并引入了 EHT320、4096 QAM、Multi-RU、Multi-Link Operation 等创新技术,使得最大传输速率比 Wi-Fi 6 提升了 2.4 倍,进一步增强了无线连接的潜力。Wi-Fi 7 能够智能识别多类型终端应用,实现多元化智慧教学、校园管理及服务。其三射频 AP 设计提升了用户并发率,确保视频播放、直播互动等业务用网流畅无卡顿。此外,Wi-Fi 7 还具备动态变焦功能,可以调整覆盖范围,使信号随人而动,保障移动教学、办公过程中零丢包、不掉线,为教育领域提供了更高效、更可靠的无线网络支持。

• **5.5G**:相比目前的 5G 能力,5.5G 可以带来 10 倍的网络性能提升,具体表现为:用户峰值体验从 1 Gbps 提升到 10 Gbps,更好地支持沉浸式和交互式业务;引入 Passive IoT 技术,连接能力从百亿提升到千亿;时延、定位、高可靠性能力均提升 10 倍;移动网络每传输 1 Tera Byte 数据排放的 CO_2 量降低至原来的十分之一;ADN 自动驾驶网络从 L3 级别提升到 L4 级别,网络运维效率提升 10 倍。这些性能提升将为教育领域带来更高效、更可靠的网络支持,促进智慧教育的发展。

未来教育行业必将以智能化为中心,AI 算力无处不在,走向"万物互联""万物智联"的时代。网络技术应用典型场景包括校园网络保障、教学效率的提高、教育资源共享的扩大、随时随地的个性化教学和教育信息化管理。

2.1.2 基础软件

2.1.2.1 操作系统

操作系统在 ICT 领域扮演重要角色,是计算机系统中的核心软件,它管理和控制计算机的硬件和软件资源,并提供给用户和应用程序一个统一的接口。信息技术的飞速发展将操作系统延伸到信息设备的各细分领域和智能终端,国内的操作系统也快速发展,在内核增强、安全性、可靠性、实时性、人机交互界面等方面取得了重要进展,积累了一批具有自主特色的技术成果。近年来,随着国内信息技术创新的不断推进,信创操作系统也发展迅速,成为国内信息技术自主创新的重要组成部分,在教育行业应用都有自己的特点和优势,适用于不同的应用场景和用户需求。部分国内主流操作系统在教育行业的应用情况如表 1。

表1 国内主流操作系统

操作系统名称	是否开源	内核	特点	应用场景	教育场景
OpenHarmony	是	Linux 内核和 LiteOS 内核	• 硬件互助，资源共享 • 一次开发，多端部署 • 统一 OS，弹性部署	• 智能终端 • 物联网设备 • 嵌入式系统 ……	• 智慧教室：多屏互动教学、环境智能感知、课堂行为分析 • 智慧图书馆：智慧电子多功能触控阅览桌、智能借还系统、图书导航系统 • 智慧实验室：可视化智能管理系统、智能实验设备 • 智慧体育、艺术教育、信息科技教育 • 可穿戴设备 ……
统信 UOS	否	Linux 内核	• 多架构支持 • 兼容性强 • 美观易用 • AI 赋能 • 版本多样	• 笔记本 • 台式机 • 一体机 • 工作站 • 服务器	• 基教领域：数字校园、智慧办公、智慧教学、创客教室、信息技术教学等 • 职教领域：校企联合，增强学生实用技能 • 高教领域：信创应用与创新联合实验室，开发信创课程，编撰教材
欧拉(penEuler)	是	Linux 内核	• 高性能优化 • 内核热升级 • 内存分层扩展 • 安全特性 • 可编程调度	• 服务器与云计算 • 边缘计算 • 嵌入式系统 • 数据库与大数据	• 智慧校园与云平台建设 • 教学资源平台 • 科研与实验高性能计算平台 • 虚拟化与远程教育 • 教育行业国产化产业升级
银河麒麟	否	Linux 内核	• 自主平台优化 • 云能力增强 • 可管理性强 • 高安全可用性 • 生态广泛	• 桌面 PC、笔记本 • 服务器 • 云计算 • 嵌入式系统	• 智慧教室 • 电子教室 • 智能平板 • 远程教学与在线教育 • 教育云平台

续表

操作系统名称	是否开源	内核	特点	应用场景	教育场景
鸿蒙操作系统(HarmonyOS)	否	Linux 内核和 LiteOS 内核	• 新一代微内核架构:高效调度、安全增强 • 统一开发语言 • 多模态交互支持 • 全场景协同体验 • 开放的开发生态 • 高效的开发工具	• 智能手机 • 平板电脑 • 智能穿戴设备 • 物联网设备 ……	• 智慧教室:多设备协同 • 终端互联 • 教育应用开发
金智教育 WE-OS	否	——	• 统一计算资源管理 • 应用开发与运行支撑 • 数据驱动的智能服务 • 安全与隐私保护 • 融合与协同能力 • 开放与兼容性 • 高性能云计算架构	• 服务器与数据中心设备 • 智能终端 • 网络设备 • 存储设备 ……	• 智慧校园应用集成 • 产教融合与社会服务 • 师生管理与服务 • 智能教学与科研支持 • 数据分析与决策支持 • 创新实践与人才培养 • 远程教学互动

2.1.2.2　数据库

在教育行业,数据库扮演着不可或缺的角色,它犹如一座庞大的知识宝库,存储着海量的数据资源。当前主流的数据库可分为关系型数据库和非关系型数据库。其中,关系型数据库,如 MySQL、Oracle、PostgreSQL、GaussD 等,具备严格的结构化设计和强大的事物处理能力,适用于金融、教学管理、企业级系统等需要高可靠性的场景。非关系型数据库,如 MongoDB、HBase、Neo4j 等文档性数据库,键值存储数据库和图数据库,则以灵活的数据模型和水平扩展能力,支撑大数据、教育复杂场景分析、实时应用等非结构化场景。

2.1.3　基础平台

2.1.3.1　云平台

云平台(IaaS,即基础设施即服务)是一种云计算模式,通过互联网向用户提供计算、存储和网络等基础设施服务。用户无须自行构建和维护硬件设施,而是按需租用云平台的资源,实现灵活扩展和高效管理。在教育行业建设云基础设施,需要综合考虑计算、存储、网络和安全等关键要素的规划与实施,并结合教育行业的实际需求进行应用部署。

(1) 计算资源建设

• 超融合架构:采用超融合技术(如深信服超融合)整合计算、存储、网络和安全资源,形成统一的资源池,支持高性能计算和低延迟场景。

• 弹性裸金属服务:对于高性能计算需求,如科研计算和虚拟仿真实验室,提供弹性裸金属服务,确保计算资源的高效利用。

• 容器化与编排：利用容器技术（如 Kubernetes）和云原生架构，快速部署和管理教学实验环境，支持大规模并发需求。

（2）存储资源建设

• 分布式存储：采用分布式存储技术，支持大规模数据存储和高可用性。例如，ZStack 提供的分布式存储解决方案支持多校区容灾和数据备份。

• 对象存储与文件存储：结合对象存储和文件存储，满足教学资源、科研数据和图书馆资源的多样化存储需求。

• 数据安全与备份：通过快照、CDP（持续数据保护）和双活数据中心技术，确保数据的安全性和可靠性。

（3）网络资源建设

• 软件定义网络（SDN）：采用 SDN 技术实现网络资源的灵活配置和自动化管理，支持虚拟化环境下的多租户隔离。

• 网络虚拟化：通过网络虚拟化技术（如 VLAN、VXLAN）实现校园内不同业务系统的隔离和高效互联。

• 安全组与访问控制：利用安全组功能控制东西向流量访问，确保网络层的安全性。

（4）安全体系建设

• 全方位安全防护：构建涵盖防火墙、入侵检测、虚拟补丁等在内的全方位安全防护体系，确保云平台的安全性。

• 数据加密与访问控制：对敏感数据进行加密处理，并通过 LDAP 统一认证和权限管理，确保数据访问的安全性。

• 安全合规：满足国家等保、分保等安全要求，确保教育云平台符合相关法规标准。

2.1.3.2　AI 开发平台

为满足 AI 特别是大模型开发，需要高效的智能开发平台，提供全流程的 AI 开发与推理服务，训练算法管理、作业管理、多开发框架支持、模型统一管理、服务按需部署能力，支持 GPU、CPU 的异构资源调度与统一管理，帮助用户快速创建和部署模型、管理全周期 AI 工作流，助力应用开发者快速完成模型开发与上线，部署各行业创新 AI 业务。

“一站式”开发平台提供的服务包括算法开发、模型训练、模型部署都可以在智能开发平台上完成。从技术上看，智能开发平台底层支持各种异构计算资源，开发者可以根据需要灵活选择使用，而不需要关心底层的技术。同时，智能开发平台支持 Tensorflow、Pytorch 等主流开源的 AI 开发框架，也支持开发者使用自研的算法框架，匹配用户的使用习惯。另外，智能开发平台还应能提供一些开发套件，配合大模型开发：

• 大模型开发套件：如自监督学习工作流，监督学习工作流（SFT），强化学习工作流（RLHF）等。

• 大模型应用开发套件：如应用开发框架、prompt 工程及插件工程等。

• 数据工程：包括数据撰写与标注功能等。

综上所述，智能平台作为数字化转型的核心组件，将发挥越来越重要的作用，在人工智能时代，将成为院校数字化转型的关键路径。

2.1.3.3 大数据平台

教育大数据平台利用大数据技术和人工智能技术来处理教育领域的数据,以提供更好的教育决策支持和个性化教育服务。它可以收集、存储、分析和应用各种与教育相关的数据,包括学生学习数据、教学资源、教师评价、学校管理等各个方面的数据。教育大数据平台技术主要如下。

- 数据采集和存储:通过各种方式收集教育数据,包括学生学习数据、教学资源、教师评价等,并将其存储在可扩展的数据库中。
- 数据清洗和预处理:对采集到的教育数据进行清洗和预处理,去除噪声和异常数据,使其更加准确和可靠。
- 数据分析和挖掘:运用数据挖掘和机器学习等技术对教育数据进行分析,发现潜在的模式和规律,提取有用的信息。
- 数据可视化和展示:将分析得到的数据结果以可视化的方式展示,如图表、报告等,方便用户理解和应用。
- 智能推荐和个性化教育:基于学生的学习数据和教育资源,通过智能推荐算法为学生提供个性化的学习建议和教育资源。

2.1.4 网络安全

2.1.4.1 网络安全威胁趋势

(1) 生成式AI加强的网络攻击活动需重点关注,同时AI技术自身安全问题也不容忽视

2024年,以ChatGPT为代表的生成式人工智能给各行业带来了生产力变革,人工智能快速落地的同时也带来了新的网络安全威胁。一方面AI可以为网络攻击提供便利,带来内容安全和数据安全方面的风险,如钓鱼邮件制作、恶意代码生成、虚假信息制造、非法数据处理等,甚至能帮助攻击者快速识别系统漏洞和创造更复杂的利用条件,增强网络攻击的能力和效率。另一方面AI自身面临的安全问题需加以重视,包括AI的滥用带来的隐私安全问题、以数据中毒为代表的对抗性攻击以及算法的偏差利用等。2024年各行业大模型涌现,然而,快速地推动大模型落地往往会使人们沉浸在AI的强大特性中,从而忽视掉AI本身存在的各种安全问题,若不加以处置和预防,使之被攻击者利用,将可能导致AI模型“中毒”,生产出有危害内容。

(2) 软件供应链安全风险将持续加大,需重点关注相关治理方法以应对不断增长的攻击

2024年,针对软件供应链的网络攻击在高级持续性威胁(APT)攻击中频繁发生,主要表现为针对开源组件项目中插入恶意软件依赖包和针对软件供应商的攻击以篡改合法程序。然而当前这两种主要的供应链安全威胁在国内外都还无法有效地杜绝,如何及时发现污染并快速遏制影响仍旧是主要的软件供应链安全问题。2024年攻击团伙针对软件供应链的黑灰产业链规模不断扩大,供应链攻击服务为攻击者提供有效的软件供应链攻击利用包和潜在受害者群体,降低了供应链攻击使用门槛。软件供应链攻击的影响规模不可忽视,且其已成为国家级对抗攻击的常用手段。在当前攻击威胁不断扩大的情况下,如何加强治理以应对威胁还需要持续关注和思考。

(3) APT扩展到移动终端,针对移动设备的情报窃取将成为间谍活动的趋势

2021年,以色列NSO集团的Pegasus飞马间谍软件监听多国元首和政界要员事件成为国际焦点。此事曝光后,针对移动参考链接设备的间谍情报活动引起了广泛关注。2023年,俄罗斯卡巴斯基曝光了针对iOS设备的新型隐秘式间谍活动,称为"三角测量行动",利用此次行动美国通过移动设备对全球进行无差别网络攻击。俄罗斯联邦安全局声明称,俄罗斯境内发现数千台苹果手机被植入未知恶意软件,还发现了使用其他国家号码和在俄罗斯注册的外交机构和大使馆的SIM卡的用户也受到感染,包括北约成员国、南非和中国等。针对移动设备的攻击已成为情报窃取活动的一大趋势,未来可能会看到向随身智能设备扩展的网络攻击,包括智能芯片、操作系统等。AI的应用将进一步帮助攻击者分析移动设备中采集的数据并形成用户画像,加剧网络间谍活动[1]。

2.1.4.2 AI推动网络安全发展

随着AI的快速发展,网络安全领域已逐步重视使用基于人工智能技术的威胁检测技术,以提升对未知和隐蔽威胁的检测能力。人工智能在安全检测与响应中的应用,主要通过使用机器学习、深度学习、自然语言处理、计算机视觉等技术,结合安全场景专家知识和数据进行自动化的风险建模和分析。这些技术可以帮助我们更好地理解网络威胁,预测网络攻击,防止网络攻击,提高网络安全防护效率。从传统的网络安全防御来看,在网络安全检测与响应过程中,不仅存在成效慢、防御能力弱的弊端,而且还会出现资源消耗大、带宽占比高的缺点,很难保障愈发复杂多变的业务系统的安全运行。国际数据公司(IDC)于2024年11月正式发布了《生成式AI推动下的中国网络安全软件市场现状和技术发展趋势(2024)》报告。报告显示[2],生成式AI在网络安全的用例主要集中在安全运营、应用安全、数据安全、风险/暴露面管理以及安全合规五大方向;在提升威胁检测效率、统一安全策略、智能策略编排、提高人效等方面具有重要意义。

• 传统网络安全设备难以检测高对抗、高隐蔽攻击,需提升安全运营效率。当前,万物互联、移动办公、云计算等技术逐步落地应用,业务复杂性提升,存在更多0day、Nday漏洞,给网络安全检测防御带来更多挑战;高级攻击平民化,高危漏洞多发,在利益驱动等形势下,更多攻击者具备高级攻击水平,能更轻易、普遍地利用隐蔽通信、白利用等高级攻击手段,开展入侵、勒索、数据窃取等攻击;黑客纷纷使用ChatGPT、FraudGPT等生成式人工智能技术,快速、低门槛地生成高对抗攻击威胁,对传统安全设备具备较强绕过能力。因此,安全检测防护能力需要提档升级,需利用生成式人工智能大模型技术,结合安全厂商积累的高质量威胁和安全数据,构建针对高对抗、高隐蔽攻击的检测防御能力。

• 面对海量告警信息,需精准定位真实攻击。大量安全设备部署在网络、PC、服务器等环境,每天累计产生数十万告警。但是由于传统安全设备检测研判能力不足,这些告警中存在大量重复告警、业务误报、网络扫描,真实攻击一般只占很小比例。传统态势感知、安全运营平台需要通过专家规则对告警进行归并,但难以针对是否攻击成功、是否针对核心资产等条件进行有效筛选,难以关联历史告警信息进行综合研判。准确的告警研判只能依赖安全专家,而安全专家受能力精力限制难以研判所有告警。因此,如何利用AI技术在海量告警中定位真实、需要重点关注的攻击,发现高隐蔽潜伏威胁,是需要进一步解决的痛点。

• 安全事件研判处置效率低、效果差,需提升处置能力。当前安全告警的研判和处置,需要安全人员在多个安全设备、数据源中进行比对,或通过调试工具、威胁情报等进行验证。

研判过程耗时长,能力要求高,极大受限于安全人员专业技术水平。平均来看,真实告警的研判时长在3～5小时,才能形成明确的研判结论和处置建议。但形成结论和建议后,攻击者已有充足时间进行内部信息收集或横向移动,进一步造成严重危害。通过大数据、云计算、机器学习等技术手段,对各种安全隐患进行实时监测、分析、预警,提前发现潜在的安全风险,第一时间准确遏制,保障生命财产安全。

• 网络安全专业技术人员不足,需提升安全人员各方面业务素质,全天候7×24小时智能值守。网络安全技术的不断发展,新技术、新知识迭代更新异常之快,当前网络安全专业技术人员少,专业能力不高,缺乏相应技术支撑及能力培养措施,现有技术人员的知识体系、实战能力、应急管理能力等急需"升级",并且在新技术、新常态的大趋势下,人才网络安全实战能力的培养必须长效化、高质量地持续进行。安全人员的时间和攻击研判能力难以保障,导致研判时间过长,效果不佳,即使定位到威胁,也难以快速准确地进行处置和加固。现有人员专业技术能力已逐渐无法满足日益严峻的网络信息安全面临的风险处置应对需求,需要借助生成式人工智能大模型技术,提升人员安全能力,优化威胁检测、研判全流程的效率和效果。

2.1.4.3 安全GPT

安全GPT是由"大模型算法＋威胁情报＋安全知识"训练而成,其实现的能力包括:大幅提升对流量和日志的安全检测能力,用户安全现状自动分析及建议生成,自动化调查、分析、研判提升安全运营效率,自然语言交互提高用户体验降低专业性要求。2023年,某公司推出了业内首个企业级网络安全垂直领域大模型"安全GPT",将大模型技术深入融合到具体的安全应用中,以自然语言交互的方式多维度秒速提供有效的响应建议,大大缩短平均修复时间,提升安全运营效率。安全GPT功能如下。

• 增强流量检测效果。通过大模型强大的推理和数据分析能力提高对流量和日志的检测能力,应用到XDR平台和态势感知等产品中。

• 高对抗钓鱼邮件识别。支持对二维码钓鱼、未知外部链接、加密附件等多种方式的高对抗钓鱼风险精准识别,通过对接邮件系统或邮件网关,从邮件内容的攻击意图、语气风格、敏感信息等方面进行综合语义理解,实现钓鱼邮件自动或半自动遏制。

• 对话式智能交互。通过对话的方式提供符合安全人员运营水平的差异化建议和运营路径,将海量告警的分析处置过程压缩到数分钟内。

• 托管式智能安全运营。黑客攻击往往发生在安全运营人员疲倦、休假、下班期间,安全GPT智能驾驶基于AlAgent技术构建自主行动的"虚拟安全专家",完成7×24小时告警处置闭环,解放运营人员双手。

• 数据类分级与风险监测。通过分析用户访问应用数据行为进行数据暴露面风险的实时监测,安全GPT可进行实时数据的分类分级,并大幅减少人工的干预,提升数据分类分级的效率;利用安全GPT自然语言对话优势,支持分钟级完成任意数据类型使用调查,快速掌握实时数据的动态流转情况,利用安全GPT的推理分析能力,支持异常风险上下文关联调查取证降低误报,能够覆盖数据跨域、数据滥用、数据越权、数据泄密等多种数据安全典型场景的分析和精准溯源。

2.1.4.4 发展趋势

2024年以来,以零信任、机密计算、隐私计算、弹性安全为代表的网络安全技术蓬勃发展并不断取得突破。与此同时，人工智能、区块链、5G、量子通信、物联网、大数据、云计算等具有颠覆性的战略性新技术突飞猛进，也为网络安全的攻防手段和管理提供了新的技术和思路。

• 零信任技术。零信任坚持“永不信任，持续验证”的理念，打破了传统网络安全防护模式的限制，对网络边界安全进行全新审视。零信任已从一个新兴安全理念逐步发展成为全球网络安全的关键方法和技术。

• 隐私计算。数据隐私性问题持续引起全球关注。以安全多方计算、联邦学习等技术为基础的隐私计算技术，作为数据隐私保护的重要技术受到了各行业的重视。研究人员针对隐私计算提出了多种高效的新方案，其中，具有鲁棒性和可安全聚合的联邦学习方案、安全模型更为精确的安全多方计算、更高效简洁而无须初始化的全同态加密方案等隐私保护技术的提出，进一步推动了隐私计算技术的全面发展。

• 机密计算。机密计算是涉及硬件安全、系统安全、数据安全等在内的一种新型安全计算模式，通过在基于硬件的可信执行环境（TEE）中执行计算来保护使用中的数据，其最终安全目标是在未来的网络数字空间内，所有的高安全应用程序都是基于硬件 TEE 的机密计算程序。

• 弹性安全技术。由于在各类不可信环境中进行数据处理、多方共享与数据分析的需求日渐提升，弹性安全技术已成为网络安全领域的新潮流，其目标是提升系统或网络的带菌生存和入侵容忍能力。《数字中国建设整体布局规划》明确提出要“筑牢可信可控的数字安全屏障”。面对技术发展带来的新安全威胁、新攻击手段、新应用需求，必须积极推动构建富有弹性的网络空间安全保障体系，提出实现弹性安全的新理念、新思想、新方法，综合运用并创新发展弹性公钥基础设施（PKI）、定制可信空间、移动目标防御、棘轮安全机制、拟态防御、可信计算、机密计算等技术。就拟态防御技术进展而言主要分为两方面：一是将拟态防御技术与网络弹性、6G 通信、系统安全等方向进行结合，强化内生安全能力，典型代表包括使用内生安全构造在网络弹性整个生命周期的赋能方法、针对 6G 安全问题提出的内生安全在 6G 空口和天地一体化场景中的应用解决方案、针对控制流劫持攻击提出的进程异构冗余执行系统等。二是对拟态防御技术进行形式化分析，典型代表包括使用 Verifast 定理证明器分别对拟态路由器的 TCP 协议代理和边界网关协议 BGP 代理的形式化验证。

• 量子计算技术。量子计算是结合了量子力学和计算机科学的一种新型计算方式。量子计算机突破了传统计算机的计算限制，可高效解决一些在经典计算模式下指数级困难的问题。量子计算的快速发展揭示了解决各种现实挑战的巨大潜力，在网络安全领域推动了后量子密码学的蓬勃发展，进一步加强了网络与信息安全体系的安全性。

• 生成式人工智能技术。近年来，生成式人工智能技术获得了快速发展。利用人工智能技术辅助开展网络空间的攻防对抗，已经成为网络安全领域的研究热点。以生成代码为例，基于生成式人工智能的代码生成工具方兴未艾。但是，人工智能自动生成的代码可能并不安全，一些生成的代码片段出现了严重的漏洞。生成式人工智能同样可以应用于漏洞自动化发现与修复工作。由“大模型算法＋威胁情报＋安全知识”训练而成的安全 GPT，将大模型技术应用于安全领域，可解决过去过度依赖人工的困境，重塑网络安全。

2.2 大数据技术层

数字化时代,大数据已然成为各行各业数字发展的基石。大数据技术是使用一系列非传统的工具来对大量的结构化、半结构化和非结构化数据进行处理,从而获得分析和预测结果的数据处理和分析技术。

随着生成式人工智能的进步和数据驱动决策的兴起,2024 年,大数据技术成为各行各业应对新挑战的关键技术,数据体系迭代加速,离线计算继续保持稳定高效,实时计算、数据湖方案在头部公司全面落地,行业标准初露端倪。现实世界中用于训练 AI 模型的数据几乎已经耗尽,高质量数据集与合成数据的应用是未来的解决方案,非结构化数据如今正在重新定义其在研究和应用的价值。边缘计算将颠覆传统的大数据分析模式,它让数据处理靠近数据源,减少数据传输延迟,降低带宽使用,实现实时分析和快速决策,提高运营效率。多云和混合云为大数据分析带来新的可能性,增加灵活性,优化工作流程,提高效率。

下面为大家介绍大数据相关技术,包括在智慧教育场景中的大数据技术架构设计(图 2)。

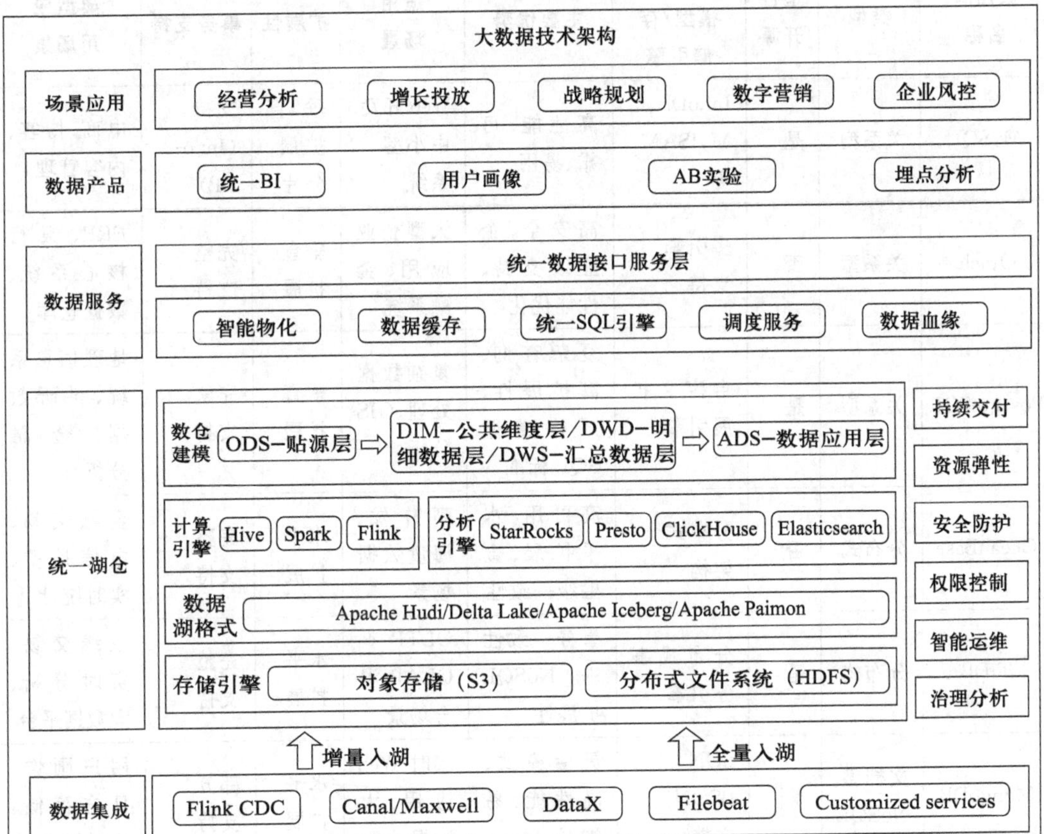

图 2 大数据技术架构图

通过对大数据技术架构中数据源、数据集成、统一湖仓建设、数据服务、产品与应用等的技术选型细致的拆解和分析,为教育工作者和技术开发者提供一个清晰的智慧教育大数据技术体系图景,推动智慧教育的进一步发展和应用。

2.2.1 数据源层

通常数据来自关系型数据库、非关系型数据库、消息队列、对象存储等存储介质,这些数据记录了企事业单位正常运转的关键信息,支撑其核心产品的正常运转,它们各具特点并广泛应用于各种场景。

2.2.1.1 数据库

在数字化时代,数据库作为数据存储与管理的核心组件,其选型直接影响系统的性能、扩展性和可靠性。当前主流的数据库可分为关系型数据库(RDBMS)、分布式数据库和NoSQL数据库三大类,各自针对不同场景。表2是国内外常见数据库及其类型和适用场景。

表2 国内外常见数据库

数据库名称	类型	是否开源	数据模型/存储引擎	主要优势	适用场景	扩展性	事务支持	典型应用场景
MySQL	关系型	是	InnoDB、MyISAM等	高性能、可靠、易用	Web开发、中小型系统	垂直扩展/分片	支持(InnoDB)	电商、博客、内容管理
Oracle	关系型	否	多引擎支持	高安全、企业级支持、性能优化	大型企业应用、金融系统	垂直扩展	完整支持	ERP、银行核心系统、数据仓库
PostgreSQL	关系型	是	自定义扩展引擎	复杂查询、高扩展性、严格遵循SQL标准	复杂数据处理、GIS、分析	垂直扩展	完整支持	地理信息系统、科研数据、金融分析
OceanBase	分布式	否	分布式架构	高可用、水平扩展、金融级一致性	高并发、海量数据场景	水平扩展	完整支持	金融交易、电信计费、实时统计
TiDB	分布式	是	分布式事务引擎	事务一致性+NoSQL扩展性	OLTP & OLAP混合场景	水平扩展	完整支持	在线交易、实时分析、大数据平台
MongoDB	文档型NoSQL	是	SON/BSON文档	灵活模式、高性能、易扩展	实时Web应用、大数据处理	水平扩展	部分支持	用户画像、日志存储、物联网数据
Elasticsearch	搜索引擎	是	倒排索引、文档存储	全文搜索、实时分析、高扩展性	日志分析、监控、搜索引擎	水平扩展	不支持	日志检索、商品推荐、安全分析

续表

数据库名称	类型	是否开源	数据模型/存储引擎	主要优势	适用场景	扩展性	事务支持	典型应用场景
HBase	列存储 NoSQL	是	基于 Hadoop 的列存储	海量非结构化数据、实时读写	大数据实时查询水平扩展	水平扩展	部分支持	时序数据、社交图谱、实时监控

2.2.1.2　消息队列和流处理

消息队列和流处理用于处理大量的数据,但它们的设计目标和技术特点有所不同。消息队列主要用于解决应用间的消息传递问题,强调的是可靠性、顺序性和事务性;而流处理则专注于数据的实时处理,强调的是低延迟和高吞吐量。Kafka 是 Apache 提供的分布式流处理平台,具备高吞吐量和高可用性,广泛应用于大数据实时处理、日志收集和事件流分析。Pulsar 是 Apache 孵化器项目,具有多租户、低延迟和高一致性,支持消息队列和流处理,适用于分布式消息系统。RabbitMQ 是基于 AMQP 协议的消息队列,具有高可靠性,支持多种协议且易于部署和管理,适用于异步任务处理和消息传递。

2.2.1.3　存储系统

存储系统涵盖了从对象存储到文件系统的不同类型。OSS(Object Storage Service)是阿里云提供的对象存储服务,具备高扩展性和可靠性,适用于存储和备份海量数据。MinIO 是高性能、开源的分布式对象存储系统,兼容 Amazon S3 API,适用于海量非结构化数据存储。文件系统用于管理和组织计算机存储介质上的文件和目录,典型的文件系统有 NTFS、EXT4 等。这些存储系统在性能、可扩展性和数据模型方面各有优势,根据具体需求选择合适的技术方案,可以有效提升系统的效率与可扩展性。

2.2.1.4　数据集成

数据集成是指将分布在不同数据源中的数据整合到一个统一的数据存储或数据仓库中,以便进行一致的访问和分析的过程。这一过程涉及从多个异构数据源(如数据库、文件系统、在线服务等)提取数据、转换数据格式以满足目标系统的规范,并加载数据到目标系统中,即通常所说的 ETL(Extract-Transform-Load)过程。随着技术的发展,数据集成的方法和技术也在不断进步,旨在提高数据处理效率、准确性和可扩展性。数据集成的关键组成部分包括三块内容:

- 数据抽取(Extract):从不同的源头收集数据。这些源头可能包括关系型数据库、NoSQL 数据库、云存储服务、平面文件等。此步骤的重点在于确保能够高效地获取所需的数据。
- 数据转换(Transform):将抽取的数据转换成适合目标系统使用的格式。这可能涉及数据清洗(去除错误或不完整的数据)、数据类型转换、应用业务规则、数据合并等操作。
- 数据加载(Load):将经过转换的数据加载到目标系统中,比如数据仓库或数据湖。此步骤需要保证数据的完整性和一致性,同时考虑到性能优化问题。

Flink CDC 是一个基于 Apache Flink 的变更数据捕获框架,它能够在不侵入修改源数据库的情况下,实时捕捉数据库的变化并将其传输到下游系统。这种方法不仅提高了数据同步的效率，而且减少了对源系统的性能影响，使得实时数据集成变得更加可行和高效。Flink CDC 适用于需要快速响应变化的数据仓库更新、跨系统数据复制以及构建实时数据分析平台等场景。

2.2.2　统一湖仓层

2.2.2.1　存储引擎

数据湖作为一种先进的数据存储架构，旨在容纳海量、多类型的数据以支持多样化的数据分析和处理需求。在这一架构中，对象存储与 HDFS（Hadoop 生态系统中的一个分布式文件系统）是两种关键的存储介质，各自拥有独特的优点和应用场景。对象存储专为管理和存储大量非结构化数据设计，每个存储单元即对象包含数据本身、元数据及唯一标识符。其主要特点包括：卓越的扩展性，能够从几 TB 轻松扩展至 EB 级别；灵活性高，适用于文档、图片、视频等多种类型的非结构化数据；通过多副本存储和纠删码机制确保数据的高度可用性和持久性。此外，对象存储提供了成本效益高的解决方案，尤其适合云环境下的按需付费模式。

HDFS 作为 Hadoop 生态系统的核心组件，特别适用于大规模数据集的处理。它通过将数据分块并分布在集群中的多个节点上，实现了对大数据分析所需的高吞吐量数据访问的支持。HDFS 的特点在于其优化了大文件的顺序读取和批量处理，使得它成为大数据分析和数据挖掘的理想选择。同时，HDFS 通过数据块的多副本存储机制提供容错能力和可靠性，并且可以方便地通过增加节点来扩展存储容量和计算能力。更重要的是，HDFS 与 Hadoop 生态系统中的其他组件如 MapReduce、Spark、Hive 等深度集成，构建了一个一体化的大数据处理平台。

在数据湖架构中，对象存储和 HDFS 根据各自的特性承担着不同的角色。对象存储因其高度的扩展性、灵活性和成本效益，成为存储各种非结构化数据的首选。而 HDFS 则凭借其高吞吐量、容错性及与 Hadoop 生态系统的紧密集成，在大规模数据分析和处理方面展现出独特的优势。根据具体的应用场景和需求选择合适的存储介质，不仅能够提升数据湖的效率和性能，还能最大化资源利用效率，支持更加复杂和多样化的数据分析任务。

2.2.2.2　数据湖格式

在数据湖格式的选择中，支持强大的表格管理、元数据管理和数据更新能力是关键考量因素。Apache Paimon 作为一个专为流批一体化数据湖场景设计和优化的开源数据存储和管理系统，在 2024 年底发布的 1.0 版本标志着其成熟度和稳定性达到了新的高度。Paimon 在多个方面展示了独特的优势，特别是在实时与批处理统一的能力上。它旨在高效处理实时数据和批量数据，提供强大的数据一致性保障，即使在数据变更频繁的环境中也能保持高效稳定。此外，Paimon 支持多种常见的数据格式（如 Parquet 和 Avro），并在数据格式适配和优化方面做得更为彻底，尤其适合需要高密度数据更新和插入操作的应用场景。

Paimon 的另一个显著特点是其高效的文件布局和优化机制，通过自动分区和元数据管理来提升查询性能，有效减少了查询过程中需要扫描的数据量，从而加快了查询速度。同时，Paimon 强调自动化管理和易用性，例如自动压缩和合并小文件等功能减少了用户的手动干预，提高了系统的整体效率。在元数据管理方面，Paimon 提供了分层架构的支持，不仅增强了扩展性和灵活性，而且确保了高效查询和快速更新的能力，这对于频繁变更和查询的场景尤为重要。此外,Paimon 致力于与大数据生态系统中的其他组件紧密集成,如 Apache Flink 和 Apache Spark,使其在流批一体架构上的优势更加突出。

总体而言,Apache Paimon 凭借其实时处理能力、先进的元数据管理、用户友好的自动化管理功能以及出色的性能和扩展性,在大数据应用场景中展现了极高的竞争力。尤其是在需要流批一体化处理的场景下,Paimon 不仅能够提供卓越的性能表现,还能无缝集成到现有的大数据处理流程中,使得数据湖解决方案更加完善和高效,这使得 Paimon 成了现代数据湖架构中一个非常有吸引力的选择。

2.2.2.3 计算与分析引擎

在大数据分析领域,选择合适的计算与分析引擎对于高效处理和分析海量数据至关重要。Apache Hive、Apache Spark 和 Apache Flink 是三个主流的大数据计算引擎,各自具备独特的优势和应用场景。Apache Hive 是一个基于 Hadoop 的数据仓库软件,其以 SQL 友好的 HiveQL 查询语言而闻名,非常适合熟悉 SQL 的用户进行大规模数据集的批处理任务。尽管 Hive 在实时处理能力上有所欠缺,但其高扩展性和灵活性使其成为数据仓库查询和分析的理想选择。相比之下,Apache Spark 作为一个统一的分析引擎,不仅支持内存计算以显著提升处理速度,还提供多功能性,覆盖从批处理到实时流处理、交互式查询和机器学习等多种任务。Spark 的易用性和丰富的 API 支持使得它成为多类型数据分析任务的通用平台。与此同时,Apache Flink 专为分布式流式数据处理设计,提供了强大的流处理原生支持,以及复杂的状态管理和容错机制,特别适合实时数据分析和事件驱动的应用场景。

除了传统的计算引擎,高性能分析数据库 StarRocks、分布式 SQL 查询引擎 Presto、列式数据库 ClickHouse 和搜索分析引擎 Elasticsearch 也提供了多样化的解决方案。StarRocks 作为一款开源 OLAP 数据库,通过采用列式存储、向量化执行和多级并行查询等技术,实现了快速高效的实时数据分析。Presto 则以其高并发处理能力和多数据源查询支持,成为跨多个数据源进行交互式查询的强大工具。ClickHouse 凭借其列式存储格式和对高性能分析查询的支持,成为处理 PB 级别数据量和复杂 OLAP 查询的最佳选择之一。而 Elasticsearch 则以其卓越的全文搜索功能和实时分析能力,在需要快速文本检索和数据分析的场景中表现出色,广泛应用于日志分析、搜索引擎等领域。

根据具体的业务需求和数据特性,选择最合适的计算与分析引擎能够显著提高数据处理的效率和效能。无论是需要快速响应的复杂分析任务,还是对海量数据的实时处理和查询,这些工具和技术都提供了强大且灵活的解决方案。通过合理配置和应用这些先进的技术和框架,企事业单位可以更好地挖掘数据价值,推动业务增长和创新。

2.2.2.4 数仓建模

数据仓库作为集中存储和管理大量数据的系统,是现代企事业单位进行数据管理和分析的核心工具。为有效地组织和处理这些数据,通常采用多层数据模型的方式,包括操作数据存储层(ODS)、明细数据层(DWD)、服务数据层(DWS)、维度表(DIM)以及应用数据层(ADS)。每一层在数据仓库建模中都扮演着独特且不可或缺的角色,从原始数据的整合与清洗,到数据的标准化、汇总及最终的应用支持,确保了数据的准确性和可用性。

在数据仓库的分层结构中,ODS 作为最底层,主要负责实时或近实时地整合来自不同业务系统的原始操作数据,为后续的数据处理奠定基础;而 DWD 则基于 ODS 的数据进行标准化、清洗和转换,保留业务过程中的详细记录,确保数据的一致性和完整性;接着,DWS

在DWD的基础上进一步对数据进行汇总和计算，通过预处理和聚合使数据适合于多维分析和快速查询；DIM通过提供描述性信息如时间、地点等，帮助构建多维数据模型，便于用户从不同角度进行数据分析；最后，ADS针对具体的业务应用和报表需求，精细化处理和组织数据，提供优化性能和直接面向业务决策的支持。

这种分层的数据仓库模型不仅使得数据处理流程更加有序，同时也提升了数据的可用性和灵活性，从而高效地支持企事业单位的数据分析和业务决策。通过对数据的逐步加工和细化处理，从最初的原始状态到最后满足特定业务需求的应用数据，数据仓库能够为企事业单位提供强有力的数据支撑，助力其在激烈的市场竞争中获得优势。

2.2.2.5 公共能力

统一湖仓架构还依赖于一些关键能力来支持其高效运行和管理，包括持续交付、资源弹性、安全防护等。持续交付通过自动化流程和版本管理确保数据和代码能够快速且安全地进入生产环境，同时支持快速迭代，使得新功能和修复可以迅速上线。资源弹性则允许系统根据实时工作负载动态调整计算和存储资源，不仅避免了资源浪费，还确保了在业务高峰期的性能需求，实现了成本优化。

统一湖仓架构强调安全防护、权限控制、智能运维以及治理分析的重要性。首先，安全防护涵盖了数据加密、访问监控和安全审计，确保数据在传输和存储过程中的安全性。其次权限控制通过角色管理和细粒度控制保障数据使用安全，防止未经授权的访问。再次，智能运维借助自动化和智能化手段提升系统的稳定性和效率，包括自动监控、故障自愈等功能，减少了人为错误并提高了运维效率。最后，治理分析通过建立数据质量、标准化和合规框架，保证数据的高质量和合规性，满足企事业单位的数据驱动决策需求。这些关键能力共同作用，集合持续交付、资源弹性、安全防护、权限控制、智能运维以及治理分析等多方面的技术优势，使统一湖仓架构成为了一个高效、灵活和安全的数据管理平台。

2.2.3 数据服务层

智能物化、数据缓存、统一SQL引擎、调度服务和数据血缘是数据服务层的几项重要技术，在提升数据处理性能、确保数据一致性和优化资源利用等方面发挥了关键作用。

2.2.3.1 智能物化

智能物化是一种通过自动化和智能化手段来优化查询性能的技术，它通过对查询结果的预先计算和存储，加快了数据检索速度并提升了用户体验。其主要特点包括自动预计算、成本效益分析以及实时更新机制。具体而言，智能物化系统能够基于历史查询记录和用户使用模式，自动识别出高频次执行的查询，并将这些查询的结果预先计算并存储起来，以便快速响应用户的请求，极大地缩短了查询响应时间。同时，该技术在选择要物化的表或视图时，会进行详尽的成本效益分析，确保在不显著增加存储成本的前提下，最大限度地提高查询性能，实现资源利用的最优化。

此外，为了保证数据的实时性和准确性，智能物化支持对物化结果的实时增量更新。这意味着当源数据发生变化时，系统能够仅针对变化的部分进行更新处理，而无须重新计算整个查询结果，从而有效减少了维护成本，同时也确保了所有用户看到的数据都是最新且准确的。这种能力使得智能物化不仅适用于静态数据环境，也能很好地应对动态数据场景，为用户提供了一致、可靠的数据访问体验。通过这种方式，智能物化技术为企事业单位提供了一个既高效又经济的解决方案，以满足日益增长的数据查询需求。

2.2.3.2　数据缓存

数据缓存是一种通过临时存储热点数据来减少数据读取和计算延迟，从而提高系统性能的关键技术。它主要通过高效读写、智能的缓存策略以及多层缓存体系来实现这一目标。首先，数据缓存利用高性能存储介质如内存或 SSD 来保存频繁访问的数据，这大大加快了数据的读写速度，减少了响应时间。其次，为了最大化缓存的效果，通常会采用 LRU(最近最少使用)或 LFU(最少频繁使用)等缓存淘汰算法，这些策略能够有效地管理缓存空间，确保最常用的数据留在缓存中，提高缓存命中率，进而提升系统整体效率。

此外，数据缓存还支持在不同层级部署，形成多层缓存体系，包括服务器级、应用级和数据库级缓存等。这种多层次的缓存结构进一步优化了系统的性能表现，使得每个层级都能针对其特定的工作负载进行优化。例如，应用级缓存可以直接服务于应用程序的请求，而不需要每次都访问后端数据库，减轻了数据库的负担；数据库级缓存则可以加速查询处理，降低磁盘 I/O 操作。通过这样的多层次架构，数据缓存不仅提高了单个组件的性能，也提升了整个系统的响应速度和处理能力，为用户提供更加流畅快捷的服务体验。这种方法特别适用于需要快速响应用户请求的高并发应用场景，有助于增强系统的可扩展性和稳定性。

2.2.3.3　统一 SQL 引擎

统一 SQL 引擎是一种先进的技术解决方案，通过提供一个单一的、统一的 SQL 查询接口来整合和处理来自不同数据源的数据，从而简化数据访问和分析过程。其核心特点包括多数据源支持、标准化查询以及查询优化。统一 SQL 引擎能够兼容多种类型的数据源，包括关系数据库、NoSQL 数据库以及数据湖等，实现了对跨源数据的无缝查询和整合，极大地提升了数据处理的灵活性和效率。这意味着用户可以轻松地从不同的数据存储中提取所需信息，而无须考虑底层数据源的技术细节。

该引擎使用标准 SQL 语法，这使得用户能够用他们熟悉的语言进行数据查询，不仅降低了学习成本，也减少了使用的复杂性。这种标准化的方式让更多的用户能够快速上手，无论是经验丰富的数据分析师还是刚刚接触数据分析的新手，都可以从中受益。此外，内置的查询优化器是统一 SQL 引擎的另一大亮点，它通过智能生成执行计划来优化查询性能，特别适合于处理复杂的查询请求和联邦查询。优化器能够自动识别最有效的数据访问路径，提高查询速度，并确保资源的有效利用。

该技术通过强大的多数据源支持、易用的标准化查询界面以及高效的查询优化机制，为用户提供了一个全面的数据查询解决方案。它不仅打破了不同类型数据源之间的壁垒，还大幅提升了数据处理的速度和准确性，帮助企事业单位更快地做出基于数据的决策，促进了业务的增长和创新。在当今数据驱动的世界里，统一 SQL 引擎无疑是提升企事业单位竞争力的重要工具。

2.2.3.4　调度服务

调度服务在数据处理生态系统中扮演着至关重要的角色，它负责管理和调度各种类型的数据处理任务，确保这些任务能够按时执行，并且系统资源得到高效利用。其主要特点包括任务编排、资源调度以及监控与报警机制。

首先，调度服务提供了强大的任务编排能力，支持复杂任务的编排和依赖关系管理，确保所有任务按照预定顺序和逻辑顺利执行。这种能力使得即便是高度复杂的任务流程也能被精确控制和管理，极大提高了任务执行的可靠性和效率。通过定义清晰的任务依赖关系，调度服务可以自动安排任务的执行顺序，避免了人工干预的需要，同时也减少了由于人为错误导致的任务失败风险。其次，资源调度是调度服务的另一大核心功能。根据任务的优先级、特定资源需求以及系统的实时负载情况，调度服务能够智能地分配计算资源。这一特性不仅优化了整体性能，还确保了高优先级任务能够在必要时获得充足的资源保障，从而提高整个系统的响应速度和处理能力。此外，通过动态调整资源分配，调度服务还能有效应对突发流量或负载高峰，保证系统稳定运行。最后，监控与报警机制为调度服务提供了必要的监督和支持。通过实时监控任务的执行状态，调度服务能够及时发现并处理异常情况，如任务失败、超时或资源不足等。一旦检测到问题，系统会立即触发报警，并采取相应的措施来解决问题，确保任务能够顺利完成。这种实时监控和快速反应的能力对于维护任务的可靠性至关重要，也为用户提供了额外的安全保障。

通过任务编排、资源调度以及监控与报警等关键功能，调度服务为企事业单位提供了一个全面且高效的解决方案，用于管理和优化数据处理任务的执行过程。这不仅提升了任务执行的成功率和效率，也为企事业单位的数据分析和决策提供了强有力的支持。在当前数据驱动的商业环境中，调度服务无疑是一个不可或缺的重要组件。

2.2.3.5 数据血缘

数据血缘是指对数据在其整个生命周期内，从创建或获取开始，经过一系列的处理、转换、存储直至最终使用过程中所经历的所有路径和变化进行跟踪和记录。这种追踪有助于深入理解数据的生成方式、传输过程以及使用情况，并且在数据管理和治理方面发挥着重要作用。其主要特点如下。

• 全链路追踪：数据血缘能够记录数据从最初的来源（源头）到最终的应用点（终端）之间的所有操作流程和路径，提供了一个全面的数据流向视图。这使得数据管理人员可以清晰地看到数据如何在系统之间流动，以及在这个过程中发生了哪些变化。

• 数据溯源：支持追溯数据的原始来源，同时也能够分析特定数据集的影响范围。这对于查找问题的根源非常有用，例如当发现数据错误时，可以通过数据血缘快速定位错误来源并采取修复措施。此外，它还能帮助评估数据变更可能带来的影响。

• 合规与审计：数据血缘对于满足合乎法律法规的要求至关重要。通过记录详细的数据操作日志和提供审核报告，确保了数据管理过程的透明性，使得企事业单位的数据处理活动可被审查。这不仅有助于企事业单位遵守相关的法规要求，也能增强内部治理能力，提升数据质量。

智能物化、数据缓存、统一 SQL 引擎、调度服务和数据血缘是大数据架构中的关键技术。智能物化和数据缓存优化了数据查询和处理性能；统一 SQL 引擎简化了跨数据源查询；调度服务保证了任务的高效执行；数据血缘提供了数据流转可追溯性和管理透明性。这些技术的综合应用，构建了一个高效、可靠和灵活的大数据处理平台，满足了数据驱动业务决策和创新的需求。

2.2.4 数据产品与应用

BI 平台、用户画像、AB 实验和埋点分析是现代企事业单位在数据驱动决策过程中依赖的重要工具和方法。

• BI 平台是一种集成化的工具，旨在帮助企事业单位通过数据驱动的方式进行决策。它能够从多样化的数据源中提取信息，并将其整合到一个统一的分析环境中，从而支持实时的数据分析和可视化展示。BI 平台通过提供直观的报表和仪表盘,使企事业单位能够迅速响应市场变化并优化业务流程。

• 用户画像是基于对用户行为及属性数据的深入分析而构建的数据模型,用以描述用户的特征与行为模式。该过程包括从各种渠道收集用户数据,使用高级分析技术识别用户的偏好、习惯等,并据此为用户提供个性化服务或产品推荐。这种方法极大地提升了用户体验和转化率,特别适用于电商和内容推荐等领域。

• AB 实验是一种有效的对比测试方法,用于评估不同版本的产品或营销策略的效果。它涉及设计多个版本、随机分配用户群体进行测试,并通过数据分析来比较各组表现,以确定最优方案。这种方法为企事业单位提供了科学依据,使其能够做出数据驱动的优化决策,广泛应用于网站优化、APP 开发以及营销活动效果评估等方面。

• 埋点分析是通过对应用内部的关键位置嵌入追踪代码,实现对用户行为事件的实时记录和分析的一种技术。首先需要定义想要追踪的用户行为,然后在应用前端实施埋点代码以采集相关数据。这些数据有助于理解用户的行为路径、热门行为以及可能存在的用户体验问题,对于优化产品设计和提升用户满意度至关重要。这种方法被广泛应用于用户行为研究、产品体验改进以及功能使用统计等领域。

BI 平台通过数据集成和可视化,提供全面的业务洞察;用户画像通过分析用户行为和属性,实现个性化服务;AB 实验通过对比测试优化产品和营销策略;埋点分析通过实时追踪用户行为,为产品优化和用户体验提升提供数据支持。这些工具和方法共同构建了一个强大的数据分析和决策支持体系,支持用户在激烈的市场竞争中保持优势。

智慧教育大数据技术依托统一湖仓架构,为教育行业的数字化转型提供了坚实的技术基础。通过将数据湖和数据仓库的优点结合在一起,统一湖仓架构实现了海量数据的高效存储和多样化数据的灵活分析,使教育数据不仅能够实时更新,还能通过先进的分析技术实现深刻的教育洞察。

我们可以预见,在未来,随着大数据技术和教育需求的不断演进,智慧教育将在自适应学习、个性化教学、精准教学资源配置等方面取得更显著的突破。不断发展的技术将进一步提高数据处理的速度和准确性,提升学生的学习体验,优化教育资源的使用效率。

同时,统一湖仓架构在教育大数据中的应用也将激励更多跨学科的合作,推动教育界和技术界共同面对数据隐私和安全等新挑战。通过不断创新与完善,智慧教育不仅将促进教育质量的全面提升,还将开启教育公平和终身学习新篇章,使学习能够更好地适应未来社会的多样化需求。

2.3 应用技术层

2.3.1 大模型与智能体

2.3.1.1 概述

大模型(Large Language Model,简称 LLM)是指具有数十亿到数万亿甚至更多可训练参数的人工智能模型,它是深度学习、GPU 硬件、大规模数据集等多种技术共同发展的产物。大语言模型的发展经历了从统计机器翻译到深度学习,再到预训练模型的三个阶段。早期的统计机器翻译方法基于统计学原理,但存在局限性。随着深度学习技术的发展,神经网络模型开始应用于自然语言处理领域,并逐渐发展出预训练模型,如 GPT、BERT 等。近年来，大语言模型的规模不断扩大，性能也不断提升。例如，OpenAI 的 GPT 系列，国内的讯飞星火、文心一言、通义千问、DeepSeek 等。

大模型所展现的强大能力实质上是深度学习中“量变引起质变”的结果。当模型参数量达到一定规模时，模型准确率会经历质的飞跃，这一过程被称为“智慧涌现”，即从原始训练数据中自动学习并发现新的、更高层次的特征和模式的能力。这些能力突出表现为通用的用户意图理解能力、强大的大范围上下文连续对话能力、智能的交互修正能力、内容的润色分类和总结能力、新内容的生成能力和多模态能力。大语言模型在自然语言处理领域具有广泛的应用场景，包括文本生成、文本分类、机器翻译、情感分析、对话生成和内容推荐等。这些应用可以用于内容创作、智能写作、舆情分析、信息检索、智能客服、知识查询等多个领域。

AI 智能体（Artificial Intelligence Agent，简称 AI Agent）旨在模拟人类或其他智能体的行为和决策过程。AI 智能体以大模型为核心智能引擎，能够在特定环境中运作，能够感知环境状态、处理信息、制定策略、执行行动，并根据反馈调整其行为。在教育领域，AI 智能体可广泛应用于个性化学习与智能辅导、智能评估与反馈、教学设计辅助等场景。

2.3.1.2　主要技术

（1）生成式预训练模型。生成式预训练模型（Generative Pre-trained Transformer，简称 GPT）是基于 Transformer 架构对大量未标注文本数据进行预训练的语言模型，旨在生成高质量、连贯且上下文相关的文本。Transformer 是一种自注意力机制的模型，它能够捕捉序列中不同位置的依赖关系，这使得它在自然语言处理（Natural Language Processing，简称 NLP）任务中表现尤为出色。GPT 的训练过程包括预训练（Pre-training）和微调（Fine-tuning）两个阶段。自从第一个 GPT 模型发布以来，GPT 系列经历了多次迭代，每一代模型都在性能和能力上有了显著的提升。GPT 在教育领域可以帮助学生进行写作、语言学习和知识探索，并根据学生的输入生成个性化的学习内容。

（2）多模态大模型。多模态大模型（Multimodal Large Model）是一种能够处理和理解多种类型数据的人工智能模型，这些数据类型通常包括文本、图像、音频、视频等。与传统的单一模态模型不同，多模态大模型的核心在于模态的融合与跨模态学习。它通过将不同模态的数据编码为特征向量，并利用跨模态交互模块学习这些模态之间的关系，最终通过解码器生成目标输出，如文本、图像或音频等。这种模型不仅能够处理单一模态的数据，还能将多种模态的信息进行融合，从而提供更丰富和准确的理解与生成能力。多模态大模型可广泛应用于视觉问答、图文生成、语音识别与合成、视频理解与生成等场景。

（3）AI 智能体。在人工智能的浪潮中，AI 智能体作为新一代的技术革命，正逐渐走进我们的视野。AI 智能体不仅仅是工具，更是连接复杂任务的关键纽带，它们能够理解自然语言、生成响应以及执行具体行动。相较于智能体（Agent），AI 智能体引入了人工智能技术，使得它能够动态适应并自主学习，具备更高的灵活性和智能水平。随着 AI 技术的进步，AI 智能体将在越来越多的场景中取代传统智能体，成为未来数字经济中不可或缺的组成部分。在教育场景中，AI 智能体可以承担助教、学伴和专家系统的功能，为师生提供个性化、精准化学习支持。

（4）对话式 AI 助手。对话式 AI 助手是一种基于人工智能技术的复杂系统，它通过自然语言处理（Natural Language Processing，简称 NLP）、机器学习（Machine Learning，简称

ML)、自动语音识别(Automatic Speech Recognition,简称 ASR)和文字转语音(Text To Speech,简称 TTS)等技术,能够实现与人类的自然交互。这种技术使 AI 助手能够理解用户的语音或文本输入,并以自然语言做出相应的回应,从而模拟人类对话的过程。对话式 AI 助手在教育领域应用非常广泛,如科大讯飞的星火语伴、华东师范大学的 EmoGPT、好未来的 MathGPT、谷歌的 Learn About 等。

(5) 知识图谱增强模型。知识图谱增强模型是知识图谱和机器学习技术的融合应用,旨在通过自动化的方式丰富和完善知识图谱。其核心思想是利用机器学习技术从大规模文本数据中抽取和推理知识,然后将这些知识与现有的知识图谱进行合并和拓展。这样一来,知识图谱就能够具备更多的实体、属性和关系,为用户提供更精准的知识查询和推理能力。知识图谱增强模型作为链接知识的引擎,为我们构建一个结构化、全面的知识网络提供了重要的支撑。它广泛应用于问题回答、智能搜索和决策支持等领域,为我们提供了更智能、准确的知识服务。如国家开放大学知识图谱平台,为学习者提供认知诊断和精准资源推荐,实现了大模型个性化英语教学创新实践。

(6) 自动代码生成工具。自动代码生成工具是基于代码大模型(Code Large Language Models)的智能化工具,是近年来人工智能领域的重要研究方向,其核心在于利用大规模语言模型(LLM)来生成、理解和优化代码。通过深度学习技术,从大量的代码数据中学习编程语言的统计规律和结构特征,从而能够执行代码生成、补全、解释、优化等任务。自动代码生成工具在教育领域极大程度提升了软件人才培养的质量,如北京邮电大学通过将自动代码生成工具与编程教学过程融合,为师生提供个性化的编程教与学助手,从而辅助教师高效编程教学和学生自主编程与学习。

(7) AI 内容创作工具。AI 内容创作工具是指利用人工智能技术自动生成文本、图像、音频、视频等内容的技术。这一领域涵盖了多种生成模型和算法,如生成对抗网络(GAN)、大型预训练模型(如 BERT 和 GPT 系列)等,通过学习大量数据来生成新的内容。包括:文本生成,如 AI 自动生成新闻报道、课件、小说、剧本、广告文案等;图像生成,如生成高质量的图像用于艺术创作、设计建模、虚拟场景构建等领域;音频生成,利用 AI 进行语音合成、音乐创作、客户服务等;视频生成,如微课制作、视频剪辑、特效制作等场景。

2.3.1.3 发展趋势

麦肯锡预测,到 2030 年前,可能有一半的工作时间将通过自动化技术得以节省,仅中国可能就有 2.2 亿个岗位面临转型,知识化的白领工作可能受到的冲击远大于蓝领工作。各行业数字化转型导致人才需求发生深刻改变,数字经济时代要求培养具有批判性思维和解决实际问题能力的人才。

(1) 教育专有大模型:从通用大模型到教育专有大模型,并开发特定场景的 AI 智能体,是人工智能大模型技术深化发展的重要趋势。这不只是在通用大模型基础上进行微调和优化,而是一种基于教育场景、开放模型架构的重大创新。教育专有大模型是指以通用大模型为基础,利用海量教育数据训练得到的,服务于教育领域各种任务的大型人工智能模型。它具备丰富的教育专业知识,以多样的教育数字化应用为驱动,通过统一交互对话界面向师生和社会学习者提供专业能力,并以 AI 智能体构建个性化、智能化的教学应用与服务。

(2) 多模态大模型:随着通用人工智能(Artificial General Intelligence,简称 AGI)渐行渐近,大模型将走向多模态。多模态是人类世界的本来面貌,AGI 的发展趋势一定是朝向多模态的。大模型技术将实现从文本、图像、视频，再到声、光、电，甚至分子、原子等各类模态，而且具备跨模态迁移的特性。多模态大模型在教学资源自动生成、AI拍题、教学行为分析、智能体测等方面有广泛的应用前景。

(3) AI技术普惠化：按照摩尔定律，大模型及AI芯片技术的发展将实现以更低的价格做出更好的产品，从而推动技术能力快速地落地和应用。2024年阿里云进行了三轮大模型降价，通义千问视觉理解模型全线降价超80%，火山引擎旗下豆包视觉理解模型价格为每千tokens输入价格为3厘。大模型作为教育领域的新型基础设施，将实现普惠化和规模化，为师生和社会学习者构建一个更加智能、互联和个性化的教学体验。

(4) 数据隐私和伦理问题的关注：在数据隐私方面，数据的收集、存储与使用环节易致师生隐私泄露，损害教育主体权益；在内容生成方面，大模型的幻觉问题可能生成错误信息误导学生；在责任界定方面，出现错误引导时责任主体难明确，且易引发学术不端争议；在价值观引导方面，可能传递偏差价值观，且缺乏人文关怀，不利于学生全面发展。为应对以上问题，相关主管部门和高校积极出台了相关的规章制度，如北京市有关部门发布了《北京市教育领域人工智能应用指南(2024年)》，复旦大学发布了《复旦大学关于在本科毕业论文(设计)中使用AI工具的规定(试行)》等。

2.3.2 空间计算与虚拟现实

2.3.2.1 概述

空间计算与虚拟现实是2024年以来快速发展的前沿技术领域，它们在多个方面相互交织，共同推动着人类社会的进步。空间计算起源于计算机科学与数学领域，旨在通过算法与模型，对现实世界的三维空间进行精确的感知、建模与分析。随着传感器技术、计算能力及人工智能的发展，空间计算逐渐从理论走向应用，成为实现精准导航、环境感知等任务的关键技术。而虚拟现实(VR)则源于20世纪60年代的计算机图形学研究，它通过创建一个虚拟的三维环境，使用户能够沉浸其中，获得与现实世界不同的体验。最初，虚拟现实主要用于军事模拟与训练，但随着技术的成熟与成本的降低，其应用范围迅速扩展到娱乐、教育、医疗等多个领域。

空间计算是一种全新的结合物理空间和数字技术的计算范式，通过虚拟与现实的深度融合，让计算系统能够理解、模拟和增强物理空间[3]。空间计算的核心技术包括三维建模、空间定位与追踪、环境感知与理解等。三维建模技术通过扫描现实世界中的物体与场景，生成精确的三维模型，为后续的空间计算提供基础数据。空间定位与追踪技术则利用传感器如陀螺仪、加速度计、摄像头等，实时获取用户或物体在空间中的位置与姿态信息，确保空间计算的准确性和实时性。环境感知与理解技术则结合计算机视觉、机器学习等方法，对周围环境进行分析，识别物体、场景及其相互关系，为智能决策与交互提供支持。虚拟现实则是利用计算机技术为用户提供一个可感知的三维空间虚拟环境。虚拟现实技术涉及计算机图形学、显示技术、音频处理、触觉反馈等多个方面。计算机图形学负责生成逼真的虚拟环境图像，显示技术如头戴式显示器(HMD)则将图像呈现给用户，提供沉浸式的视觉体验。音频处理技术通过模拟真实世界的声音传播，增强用户的沉浸感，而触觉反馈技术则通过特殊的设备，如触觉手套、触觉背心等，让用户能够“触摸”到虚拟环境中的物体，实现更加真实的交互体验。

空间计算与虚拟现实的结合，为各行各业带来了巨大的应用价值。在建筑与设计领域，通过空间计算可以对建筑进行精确的建模与分析，优化设计方案，而虚拟现实则可以让设计师和客户在建筑尚未建成时，就能够在虚拟环境中进行漫游与体验，提前发现潜在问题，提高设计效率与质量。在医疗领域，空间计算能够帮助医生进行精确的手术规划与导航，虚拟现实则可以用于手术模拟训练，提高医生的手术技能，同时也可以用于疼痛管理与心理治疗，为患者提供更加舒适的治疗体验。在教育与培训方面，虚拟现实技术可以创建各种虚拟实验室、历史场景等，让学生在沉浸式的环境中进行学习与实践，提高学习兴趣与效果。空间计算则可以用于教育空间的优化布局与资源管理，提升教学环境的智能化水平。此外，在娱乐与游戏领域，空间计算与虚拟现实的结合更是催生了众多新颖的游戏与体验，如虚拟现实射击游戏、探险游戏等，为用户提供了前所未有的沉浸式娱乐体验，推动了娱乐产业的发展与创新。

2.3.2.2 主要技术

空间计算和虚拟现实的主要技术可以由三部分组成：基础技术与数据，数据处理与显示，空间计算与交互(图 3)。首先通过基础技术如环境感知与交互技术收集多种模式数据，对收集到的数据进行处理，并得到多种指令，空间计算和虚拟现实平台和设备提供反馈与用户进行交互。空间计算和虚拟现实的主要技术可以概括为以下几类。

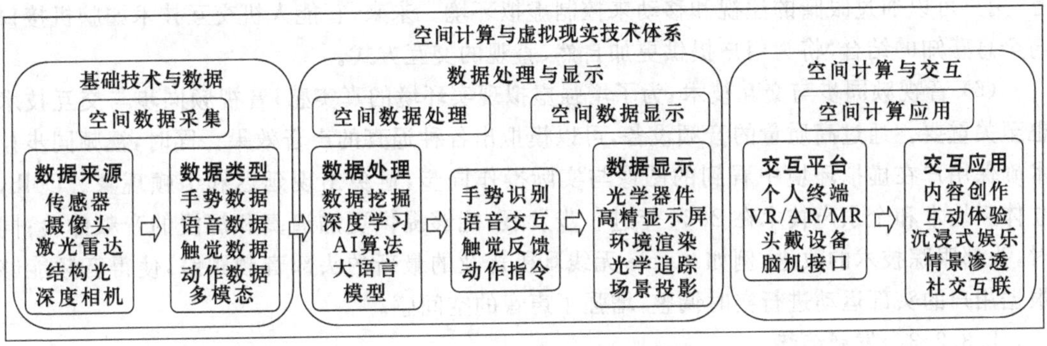

图 3 空间技术与虚拟现实技术体系

(1) 增强现实(AR)：AR 技术将数字信息叠加在现实世界中，用户可以通过智能设备如手机或眼镜，看到实时的数字投影。苹果公司的 Apple Vision Pro 和 Meta 公司的 Quest 3 都标志着其在空间计算领域的重要布局。英伟达在 2024 年 6 月提交了一项名为“无背光增强现实数字全息技术”的 AR 眼镜专利，该技术摒弃了传统的背光系统，采用数字全息和环境光干涉技术，通过特定的光学设计和基于深度学习的神经网络控制系统，实现了更为自然和清晰的虚拟图像呈现。

(2) 混合现实(MR)：MR 技术结合了虚拟现实和增强现实，将虚拟内容与现实场景无缝地融合在一起。这使得用户可以与虚拟物体进行交互，同时保持对现实环境的感知。最近，MR 硬件端的屏幕和算力芯片等部件有较大提升，如 pancake 折叠光路设计实现设备体积缩减；MicroOLED 有效提升像素密度与亮度，从而提升视觉效果。软件端应用广度也在不断扩展，开发者可实现相同应用无障碍迁移，例如主流开发引擎 Unity 推出 MetaOpenXR 和 Xcode 版本，分别可实现 Quest 系列产品和苹果 Vision Pro 的相应软件的开发和迁移。

(3) 环境感知与交互技术：空间计算技术能够实现对环境的精准感知(三维空间感知)和交互建模。通过传感器、摄像头以及激光雷达(LiDAR)、结构光、深度相机等传感器，系统可以基于手势识别、语音交互、触觉反馈等捕捉用户的动作、语音等指令，并进行实时分析和响应。除了传统的传感器、摄像头、激光雷达等，2024年还出现了更多样化的感知技术。如基于毫米波雷达的感知技术，可以实现更精准的物体检测和追踪；还有基于超声波的感知技术，能够在复杂环境中提供更稳定的感知效果。

(4) 三维建模与渲染技术：虚拟现实环境的构建离不开三维建模与渲染技术。通过专业的建模软件，如Unity、Unreal Engine等引擎，可以创建出各种复杂的三维模型。渲染技术则负责将这些模型转化为逼真的图像，为用户提供沉浸式的视觉体验。2024年以来，通过采用更高效的渲染算法和硬件加速技术，如NVIDIA光线追踪技术的优化，使得虚拟环境的渲染速度更快，图像质量更高；同时，云渲染和云边端协同渲染等技术的发展，也使得渲染任务可以更灵活地分配和执行。在三维建模中，物理模拟变得更加精细和真实。例如流体模拟技术能够更准确地模拟水、烟雾等流体的动态变化；碰撞检测和物理引擎的改进，也使得物体的运动和相互作用更加符合现实物理规律。

(5) 人机交互技术：虚拟现实系统中的人机交互技术主要包括头戴式显示器(HMD)、手柄、数据手套等设备。HMD为用户提供沉浸式的视觉体验，手柄和数据手套则允许用户在虚拟环境中进行操作和交互。此外，还出现了更多样化的交互方式，如基于眼动追踪的交互，用户可以通过眼睛的注视和移动来控制虚拟环境。未来，智能人机交互技术如脑机接口与全息感知的结合，将为用户提供更加自然、直观的交互方式。

(6) 音视频同步与交互技术：为了增强虚拟现实环境的真实感，音视频同步与交互技术也至关重要。通过高质量的音频设备，可以模拟出各种逼真的声音效果。同时，视频同步技术确保用户在虚拟环境中看到的图像与实际操作同步，避免出现延迟和卡顿现象。Dolby立体声技术和全景声技术在2024年进一步发展，能够提供更加逼真和沉浸的音频体验；同时，头部跟踪技术的改进，例如Apple无线耳机普及的最新的头部音频跟踪，使得音频能够根据用户的头部运动进行实时调整，增强了声音的空间感。

2.3.2.3 发展趋势

高德纳公司(Gartner)预测，到2033年，空间计算市场将从2023年的1100亿美元增长至1.7万亿美元[4]。人工智能技术的融合也将使空间计算在各行业中的应用更加智能化和个性化。综合来看，空间计算与虚拟现实有以下几点发展趋势：

(1) 普及化与低成本化：随着技术的不断进步和市场需求的推动，空间计算设备的成本将逐渐降低，使得更多的企业和机构能够负担得起并广泛应用。此外，随着5G技术的普及，低延迟和高带宽的网络可以支持更复杂的虚拟交互和多人实时协作。

(2) 智能化与个性化：通过AI算法，系统可以根据用户兴趣和关注领域，提供个性化的媒体内容和建议。

(3) 更真实的沉浸体验：随着显示技术、音频技术和触觉反馈技术的不断进步，虚拟现实将为用户提供更加真实的沉浸体验。例如，更高分辨率的头戴式显示器将使图像更加清晰细腻，空间音频技术可以模拟出更加逼真的声音效果，而触觉反馈设备则可以让用户在虚拟环境中感受到物体的触感。AR眼镜(如Apple Vision Pro)会逐步取代笨重的VR头戴设备，多模态交互(语音、手势、触觉等)让学生的学习过程更加自然和高效。

(4) 社交与协作功能的增强：虚拟现实技术将更加注重社交与协作功能的开发。在虚拟现实平台中，不同性别、民族、国家的用户可以在同一虚拟空间中进行实时互动和协作娱乐、学习。例如,在虚拟现实课堂中,学生可以与来自不同地区甚至全球的同学一起讨论问题、共同完成项目任务,教师也可以在虚拟环境中进行远程教学和辅导。

(5) 数据隐私与伦理规范的强化:随着空间计算与 VR 在教育中的广泛应用,如何保护用户隐私将成为关注重点。逐渐建立严格的数据使用和存储规范,并避免技术对用户产生心理和生理上的负面影响是需要重点关注的趋势。

2.3.3 边缘计算与物联网

2.3.3.1 概述

边缘计算是一种分布式计算架构,其目标是将数据处理和计算任务从远离数据源的中心服务器转移到数据源附近的“边缘”设备上[5]。通过减少延迟、降低带宽消耗,并提高系统响应速度,边缘计算可以更有效地支持实时数据分析和决策制定。物联网(IoT)是一种通过互联网将各种物理设备(如传感器、智能设备等)连接起来,使其能够进行数据交换和共享的技术。物联网的目标是通过智能设备的协同工作,实现自动化与智能化,改善生活和工作质量。

边缘计算和物联网是密切相关的技术,它们共同推动了智能设备和系统的创新(图 4)。物联网设备在采集和传输数据时,常常面临着大量数据需要处理和分析的挑战。在这种背景下,边缘计算作为解决方案之一,通过在离数据源较近的边缘节点(如传感器、网关、路由器等)进行数据处理,从而实现数据的低延迟和高效率处理。边缘计算和物联网的结合,使得设备能够在本地进行实时决策,而不必将所有数据发送至云端,显著提高了系统的响应速度和可靠性。边缘计算使得物联网设备不仅能完成数据采集和传输,还能够进行智能决策和自动化操作。

在 2024 年,随着 5G 技术的全面推进和人工智能的持续创新以及各行业需求的不断增长,边缘计算和物联网的结合迎来了新的机遇。5G 网络的低延迟和大带宽特性为边缘计算提供了强大的技术支撑,使得物联网设备能够更快速地交换数据,并实现实时响应。5G 网络能够以每秒数千兆比特的速度传输数据,同时其低至毫秒级的延迟特性,极大地提升了实时数据交换的效率,特别适用于需要即时响应的自动驾驶和智慧城市等应用。边缘计算与

图 4 边缘计算和物联网技术

物联网的深度融合不仅加速了数字化转型进程，还为未来科技创新带来了广阔的机遇。

2.3.3.2 主要技术

(1) 车联网

车联网(Vehicle-to-Everything，简称 V2X)通过无线通信技术连接车辆与周围的所有基础设施与设备，包括其他车辆、交通信号灯、路边传感器等，目的是实现信息的实时交换与互动，从而优化交通管理、提高安全性和支持自动驾驶技术的实现。在 2024 年，车联网技术已进入新的发展阶段，5G 的普及为车联网提供了更低的延迟和更高的带宽，使得车与车之间、车与基础设施之间能够更迅速地交换信息，推动了车联网在自动驾驶和智能交通中的广泛应用。

通过车联网，交通管理中心能够实时接收到交通流量、交通事故、天气状况等信息，并通过优化信号灯配时、调整交通流向来提升交通效率。尤其是在自动驾驶领域，车联网为自动驾驶系统提供了至关重要的实时路况、障碍物信息以及其他车辆的状态数据，极大提高了自动驾驶的安全性和精准性。与此同时，边缘计算的引入极大减少了车联网系统的数据处理延迟，确保车辆能够迅速响应路面变化和交通指令。尽管车联网发展势头强劲，但安全性和标准化问题依然是其面临的主要挑战，如何保障车辆与基础设施之间的数据安全，并推动全球统一的技术标准，仍然是行业亟待解决的问题。

(2) 工业物联网与工业 4.0

工业物联网(IIoT)是物联网在工业领域的广泛应用，通过智能传感器、设备互联等技术，推动生产效率的提升、停机时间的减少以及产品质量的保障。工业 4.0 的核心理念是制造业的数字化转型，而边缘计算在这一转型过程中起到了至关重要的作用。在 2024 年，工业物联网与边缘计算的结合，正在加速推进智能制造的发展，特别是在实时监控和预测性维护方面的应用取得了显著进展。

通过边缘计算，工业设备能够实时监控并分析生产状态，及时预警潜在的故障问题，提前进行维护，从而避免了由于设备故障而导致的生产停滞。智能化生产线通过物联网和边缘计算的结合，实现了自动化调整和优化，显著提高了生产效率。2024 年，随着 5G 技术的部署，工业物联网在设备互联、数据处理和远程控制方面变得更加高效和智能。工业 4.0 不仅仅是技术层面的转型，它还将推动整个供应链、生产模式、管理体系的深度变革。随着物联网设备和边缘计算的普及，制造业将朝着更加智能化、自动化、网络化的方向发展。

(3) 智慧医疗

医疗物联网(IoMT)俗称智慧医疗，是指通过物联网技术将医疗设备和健康监测工具与互联网连接，提供更智能化的健康管理、疾病监测和远程诊疗服务。在 2024 年，智慧医疗进入了一个全新的阶段，边缘计算在这一领域的应用正变得尤为关键，尤其是在实时健康数据处理和远程医疗支持方面的作用日益凸显。随着传感器、穿戴设备以及医疗设备的普及，IoMT 正在为个人健康管理、疾病预测以及医疗资源的优化配置提供全新的解决方案。

边缘计算的引入，使得医疗设备能够在本地进行数据处理，减少了网络延迟，提高了诊断的实时性和准确性。例如，在远程健康监测中，边缘计算帮助设备快速分析用户的健康数据，并在发现异常时立即向医疗机构发出警报，确保及时治疗。在手术过程中，边缘计算也支持手术机器人进行实时数据处理，从而提升了手术精度和安全性。然而，医疗物联网面临诸多挑战，尤其是在数据隐私和安全方面。医疗数据涉及大量敏感信息，如何保证数据的安全性和隐私性,如何避免黑客攻击和数据泄露,已成为智慧医疗发展的关键难题。

2.3.3.3 发展趋势

2024年,边缘计算与物联网正在进入一个全新的发展阶段,未来几年这两项技术将继续推动智能化变革,特别是在自动化、实时性、隐私保护等方面展现出巨大的潜力。随着5G、人工智能、大数据等技术的加速普及,物联网与边缘计算的应用场景正在向更广泛的行业和领域扩展,未来的发展趋势将在多个方面体现[12]。

(1) 网络基础设施的深化与边缘计算的结合将成为关键驱动力。2024年,随着5G网络的全面部署,物联网设备获得更高效的数据传输能力和更低的延迟,这为边缘计算的普及提供了坚实的基础。5G不仅在车联网、智能制造等领域发挥重要作用,还因其低延迟和高带宽的特点,满足了边缘计算对于实时数据处理的需求。未来,5G和边缘计算的协同作用将在城市智能化、自动驾驶、医疗健康等领域展现巨大的应用潜力。特别是在自动驾驶领域,5G和边缘计算的结合将极大地提升车辆对环境的实时感知与反应速度,为无人驾驶技术的推广奠定基础。

(2) 边缘计算的普及将进一步降低物联网对集中式云计算的依赖。未来,物联网设备产生的大量数据将不会完全传输到远程数据中心,而是在接近设备的边缘节点上进行处理。这种分布式数据处理方式不仅能减少数据传输的延迟,还能大幅降低带宽消耗。边缘计算将在支持低延迟、实时分析的应用中发挥更为重要的作用,如工业控制、智能安防、智能家居等领域。尤其是在一些关键任务应用(如实时交通监控、工业生产线的远程控制)中,边缘计算的低延迟处理能力将成为行业不可或缺的技术支撑。

(3) 人工智能和机器学习技术将发挥越来越重要的作用。随着深度学习、图像识别、语音处理等AI技术的不断进步,边缘计算不再仅仅处理数据,更具备了智能分析和决策的能力。未来,随着AI算法逐步嵌入物联网设备中,边缘计算将不仅承担数据处理任务,还能进行复杂的数据分析、模式识别和预测性维护。通过结合边缘计算与人工智能,智能设备能够在本地进行即时决策,减少对云端数据处理的依赖,提高整个系统的灵活性和响应速度。例如,智能安防系统在边缘设备上直接进行人脸识别或行为分析,极大地提升了安全性,缩短了响应时间。

(4) 保障用户数据安全和隐私需求快速发展。物联网设备和边缘节点上生成的大量敏感数据(如个人健康数据、金融交易数据等),如果直接传输至云端,可能面临泄露的风险[13][14]。边缘计算通过在本地处理数据,能够有效降低敏感数据外泄的概率,从而更好地保护用户隐私和安全。未来,随着隐私保护法规的加强(如GDPR等),更多的物联网和边缘计算解决方案将采用本地数据处理和加密技术,确保用户数据的安全性和合规性。

(5) 边缘计算与物联网的技术标准和互操作性提高。不同厂商的设备和平台往往使用不同的通信协议、数据格式和技术标准,这使得跨平台和跨设备的互联互通变得复杂。随着边缘计算和物联网设备的增多,如何在多样化的硬件和软件环境中实现标准化和互操作,成为未来发展的关键挑战之一。为了克服这一挑战,行业内亟须推动统一的技术标准和协议,促进设备和平台之间的协作。

(6) 行业应用的深入将成为未来发展的核心驱动力。在物联网和边缘计算的推动下,越来越多的行业开始进行数字化转型。智慧城市、智能制造、车联网、智能医疗等行业正在快速采纳这些新技术。未来,边缘计算和物联网的应用将不断向更细分、更复杂的领域扩展。例如,在工业领域,边缘计算和物联网将促进工业4.0的深入发展,通过实时监测和预测性维护提升生产效率和设备使用寿命。在医疗行业,边缘计算和物联网将推动智能诊疗设备的普及,提升健康监测和远程医疗服务的质量。

总的来说,未来几年物联网和边缘计算将继续深度融合,推动智能化社会的到来。从技术角度来看,5G、人工智能、数据隐私保护等将是推动这一发展进程的关键因素。从应用角度来看,自动化、实时性和数据安全将成为最重要的发展方向。随着技术的不断成熟和应用场景的不断拓展,边缘计算和物联网将在全球范围内推动各行业的数字化转型,迎接更加智能化、自动化的未来。

2.3.4 人机交互

2.3.4.1 概述

人机交互(Human-Computer Interaction,简称HCI)是研究人类与计算机、智能设备之间如何有效交流和互动的学科。随着智能硬件(如智能手机、智能手表、语音助手等)的普及,以及AI技术的不断进步,HCI正逐步从传统的图形用户界面(GUI)向更加智能化、多模态的交互方式发展。HCI的研究核心在于如何改善人类与计算机之间的互动效率、舒适度和自然度,使得用户可以更加便捷、直观地与计算机系统进行交互。

HCI的主要技术分为五大部分。首先是语音用户界面(VUI),它包括语音识别、自然语言处理和语音合成技术三个步骤,使得机器能够通过语音与用户进行交流。其次是触觉反馈技术,通过振动、力、温度、纹理反馈等,为用户提供更加丰富的触觉体验。再次是脑机接口(BCI),利用脑电图(EEG)或者侵入式BCI技术,实现人脑与机器的直接沟通。然后是情感计算,先进行情感识别,再进行情感反馈,增强交互的自然性和情感层面的交流。最后,具身智能强调感知与动作的结合,以及人机合作与交互,这涉及智能体的决策和协作,使得交互更加直观和高效。

2024年,HCI在多个方面取得了显著的发展。首先,VUI进一步成熟,语音识别的准确度和速度大幅提升,自然语言处理技术能够更好地理解用户的意图和语境,语音合成也更加自然流畅,使得语音交互更加高效和人性化。其次,触觉反馈技术不断创新,通过更精细的振动、力反馈以及模拟温度和纹理等手段,为用户提供了更加丰富和真实的触觉体验。再次,脑机接口(BCI)技术也取得了一定的突破,非侵入式BCI设备的便携性和舒适性得到改善,能够更准确地捕捉和解析脑电信号,实现更直接的脑机交互[15]。又次,情感计算技术也在不断进步,通过分析用户的语音、面部表情、生理信号等多模态信号,更准确识别用户的情感状态,并提供相应的情感反馈。此外,具身智能技术得到进一步发展,智能体的决策和协作能力得到整体提升,使得交互更加直观和高效。这些技术的发展共同推动了人机交互向更加智能化、自然化和多模态的方向发展,为用户带来了更加便捷、舒适和愉悦的交互体验。

2.3.4.2 主要技术

(1) 语音用户界面

语音用户界面(Voice User Interface,简称VUI)是一种人机交互技术,允许用户通过语音命令与设备或应用程序进行交互。它依赖于语音识别、自然语言处理、语音合成等关键技术,将用户的语音输入转换为计算机可以理解的指令,并生成相应的反馈。

• 语音识别技术(Automatic Speech Recognition,简称ASR):语音识别是VUI的核心技术之一,旨在将用户的语音输入转化为计算机可以理解的文本或其他形式的信息。2024

年语音识别技术在多模态融合方面取得了显著进展,通过结合视觉、触觉等多种感知信息,显著提高了在复杂环境下的识别准确率和鲁棒性,例如在嘈杂的汽车内部或多人同时说话的会议场景中,能够更准确地识别出目标用户的语音指令[16][17]。无监督学习方法在语音识别领域的应用也日益广泛,通过自监督学习模型,无须大量标注数据即可实现对语音特征的有效学习和建模,降低了数据标注成本,同时提高了模型的泛化能力,使其在面对不同口音、语速和情感表达的语音时,仍能保持较高的识别性能[18]。例如科大讯飞语音识别技术能支持 74 个语种方言的免切换,准确率高达 95%以上[19]。

• 自然语言处理(Neuro-Linguistic Programming,简称 NLP):在 NLP 方面,基于 Transformer 的模型,如 BERT、GPT 系列已经被广泛应用,极大提升了语音助手的对话能力和上下文理解。通过引入多模态信息和外部知识库,语音助手能够更好地理解用户的意图和情感,从而提供更加精准和个性化的回答,例如在医疗咨询场景中,能够根据用户的症状描述和历史病历,给出更为全面和专业的建议。自然语言处理技术的发展使得 VUI 能够处理更加复杂和自然的语音指令,提高了系统的智能化水平。

• 语音合成技术(Text to Speech,简称 TTS):语音合成是将计算机生成的文本转换为自然流畅的语音输出,让机器说话的技术。它将文本或其他形式的信息转换为语音信号,使计算机能够发出人类可以理解的声音。现有的语音合成技术包括基于规则的合成、拼接合成以及基于神经网络的合成,后者能够生成更为自然和富有情感的语音。语音合成技术在实时性和稳定性方面也得到了提升,通过优化算法和硬件加速,实现了低延迟、高精度的语音合成,满足了实时交互和大规模应用的需求,例如在在线客服和智能导航等场景中,能够快速响应用户的语音指令,提供流畅的语音交互体验[21]。当前的语音合成技术已经能够生成接近人类自然语音的音频输出,进一步提升了 VUI 的用户体验。

随着技术的不断发展,VUI 的准确性、自然性和多语言支持能力不断提升,未来将可能成为与智能设备交互的主流方式之一。例如,亚马逊公司的 Alexa、苹果公司的 Siri 和谷歌公司的 Google Assistant 都已具备相当强大的语音识别和自然语言处理能力,广泛应用于智能家居和日常生活中。

(2) 触觉反馈技术

触觉反馈技术起源于工业自动化领域,早期用于远程操控机械臂,为操作员提供操作手感反馈。电子游戏产业兴起后,游戏手柄震动功能开启大众消费级应用。当下,该技术已拓展至医疗保健、工业制造,尤其在教育领域逐渐崭露头角,成为创新教学的新兴力量。

触觉反馈技术通过模拟人类触觉感知来增强用户的交互体验。触觉反馈的应用涵盖了虚拟现实(VR)、增强现实(AR)、机器人、智能穿戴设备等多个领域。触觉反馈的形式可以是震动、压力、温度变化或触感模拟。触觉反馈技术借助特定机械或电子装置,依预设程序对人体皮肤触觉感受器施加振动、压力、摩擦力等物理刺激,使人体产生触觉感知。其依据人体触觉感知系统运作,皮肤感受器将外界刺激转化为神经冲动,传至大脑皮层体感区处理,进而让使用者感受到虚拟或远程环境的“触感”。

• 振动反馈:最常见的触觉反馈形式之一,应用于智能手机、游戏手柄等设备。通过更精细的振动模式和频率控制,能够模拟出更加丰富和真实的触觉效果,如模拟不同材质表面的摩擦感和纹理变化,显著提升了用户的沉浸感和交互体验[22]。主要依靠内置的微型电机作为动力源,通过控制电机的转速、启停时间等参数,生成不同频率与强度的振动。这种振动能够直接作用于人体与设备接触的部位，如手机在接收到通知时，电机快速转动产生短暂高频振动，提醒用户有新消息。

• 力反馈：通过施加特定的力感知来提供反馈，常见于VR设备中的手柄或手套，能够模拟触摸、抓取等动作的感觉。特别是在远程操作和精密操控方面，通过高精度的力反馈传感器和先进的控制算法，操作者能够准确感知到机器人末端执行器所施加和感受到的力，从而实现对机器人动作的精确控制，如在远程手术中，医生能够通过力反馈感知手术工具与组织之间的相互作用力，提高手术的安全性和准确性[23]。通常运用复杂的机械结构，如齿轮组、连杆机构，或者电磁装置，像电磁制动器、线性电机等。这些组件协同工作，能够精确模拟物体间相互作用时产生的力，如在飞行模拟训练设备中，通过电磁力模拟飞机操纵杆在不同飞行姿态下所受的阻力、弹力。当飞行员拉杆爬升时，操纵杆会反馈相应增大的阻力，与真实飞行操作手感相近。

• 触觉传感反馈：集成多种先进传感器，常见的有压力传感器阵列、电容式触摸传感器、温度传感器以及微机电系统(MEMS)传感器等。这些传感器分布在接触表面，实时采集触摸点的压力大小、分布，温度变化，表面纹理等丰富信息，并将其转换为电信号传输至控制系统。例如在高端触觉手套中，手指部位的压力传感器能精确感知用户抓取虚拟物体时的用力情况，掌心的温度传感器模拟触摸真实物体时的冷暖感受。能够高度还原真实世界的触感，为使用者营造近乎身临其境的触觉体验。在高端教育模拟场景，如文物修复教学中，学生戴上触觉传感反馈手套，触摸虚拟文物时，不仅能感受到文物表面的凹凸纹理，还能依据温度传感器反馈，感知文物材质的导热特性，仿佛直接接触真品，极大提升学习沉浸感与知识理解深度。

• 温度与纹理模拟：近年来，温度和纹理模拟技术也逐步应用于触觉反馈系统中。通过微型加热和冷却元件的精确控制，能够在触觉反馈设备上快速实现不同温度的模拟，如在虚拟现实体验中，用户可以感受到从炎热的沙漠到寒冷的雪山的温度变化，增强了环境的真实感和沉浸感。

(3) 脑机接口

脑机接口(Brain-Computer Interface，简称BCI)技术是指通过直接读取脑电活动，实现人脑与外部设备之间的交互。BCI技术是现代神经科学和计算机技术结合的产物，能够帮助用户通过大脑信号控制外部设备，尤其对于那些身体有障碍的用户具有重要意义。

• 脑电图(EEG)：脑电图是读取脑电活动的主要方式，利用电极阵列捕捉大脑神经元的电活动，通过信号处理与模式识别算法将其转化为控制指令。EEG信号具有非侵入性、实时性强等优点。通过大规模的EEG数据学习，解锁了大脑信号的通用表示能力，使得基于EEG的BCI系统能够更准确地识别和解码复杂的脑电活动，从而提高了对用户意图的识别精度[24]。

• 侵入式BCI：与EEG不同，侵入式BCI需要将电极直接植入大脑中，通过更精确的神经活动信号实现控制。2024年侵入式BCI技术在神经康复领域取得了重要突破，特别是在帮助中风及脊髓损伤患者恢复行动能力方面，通过精确的神经活动信号采集和反馈刺激，能够有效地促进患者受损神经功能的重建和康复。尽管侵入式BCI的准确度较高，但它的风险和伦理问题仍然是其发展中的难题。

BCI技术的应用不仅限于医疗领域，还包括增强现实、智能控制、机器人操作等领域。

随着脑电信号处理技术的发展,BCI将在多种场景下实现更自然的互动。

(4) 情感计算

情感计算是指通过分析用户的情感、心理状态或情绪反应,进而调整设备的响应方式,以提高人机交互的自然性和用户体验。情感计算的研究主要依赖于生理信号的采集与情感识别算法。

• 情感识别:通过面部表情识别、语音情感分析、生理信号(如心率、皮肤电反应等)捕捉等技术,识别用户的情感状态。基于深度学习的情感识别模型在处理复杂情感场景时表现出色,通过大规模数据训练,能够识别出更细微的情感变化,如在人机交互中,能够准确识别用户的微妙情绪波动,从而提供更加精准的情感反馈[25]。情感识别是情感计算的基础,旨在通过各种信号(如视频图像、文本、语音、生理信号等)来检测和分析人类情感状态。具体技术包括面部表情及情绪识别、情绪行为识别、文本情感分析、语音情感识别和生理信号识别等。

• 情感理解技术:情感理解是在情感识别的基础上,对情感状态进行更深入的分析和建模。情感模型构建基于心理学、认知科学等理论,来模拟人类情感的产生、发展和变化过程,这些模型有助于计算机更准确地理解和预测人的情感反应。多模态情感分析即对齐并融合文本、语音、视觉和生理信号等多种模态的信息,以增强情感理解与表达能力。不同模态的信息可以相互补充,提供更丰富的情感线索。

• 情感表达与情感反馈:通过对用户情感状态的理解,系统可以进行个性化调整。情感计算在个性化推荐系统中的应用日益广泛,通过对用户情感状态的实时监测和分析,能够动态调整推荐内容。如在音乐播放器中,根据用户的情绪变化推荐相应的情感音乐,提升用户的使用体验;在课堂中根据自动检测的学生状态及时调整教学等[26]。利用计算机技术,模拟人类的情感表达,生成具有情感色彩的语音、面部表情或文本。具体包括:利用文本生成模型生成具有特定情感的文本,使用情感语音合成技术生成有特定情绪语调的语音,以及使用3D建模和动画技术生成具有情绪表达能力(表情、动作)的虚拟角色。

(5) 手势识别

手势交互技术脱胎于人体和手部2D、3D视觉感知技术,包括人体检测、关键点感知、3D手部姿态估计、时序手势分类识别。这些技术构成了计算机视觉人体领域的基石,致力于深入解析和模拟人体和肢体各部位的动态行为、姿态变化和形体特征。完善的手势交互需要实现对于操作者手部动作的精确实时感知,以及微动作的高精度识别,依赖一个全面、集成的感知视觉技术平台。

一个好的手势交互设计,需要满足实时、精准和自然三个基本要素。人体的手部本身十分灵活且肌肉众多,可以快速做出动作,因此实时性是最基本的设计要求,一般需要至少30～60帧的算法速度才可以满足需求。同时,为了实现长时间的手势交互,减少疲惫感,需要尽量选择微动作而非大幅度的运动,因此对于算法的准确性和稳定性也提出了非常高的要求。同时,作为一种新型的人机交互方式,为了减少用户的学习成本,交互动作需要设计得足够自然和简单,方便用户快速上手和熟悉功能,应该在设计时避免出现较多复杂的交互动作。

一个手势交互系统需要支持的交互功能一般包含三种:静态手势识别、射线交互、动态手势识别。静态手势识别指手部姿势不发生变化的手势检测,比如五指张开、握拳等姿势,一般用于作为命令式的触发。射线交互一般用于进行远景屏幕操作，通过手部指向的方向模拟光标投影到屏幕中，实现类似鼠标的移动，结合手势识别可以实现单击、双击、右击等效果[27]。动态手势识别用于识别一段时间内动态变化的手势动作序列，例如上下左右滑动手掌，手指捏合等动作。为实现上述交互设计要求和交互功能，手势交互技术包含的人工智能技术点如下：

• 图像预处理技术：开发高效的图像预处理流程，包括视频去噪、帧提取和标准化处理，旨在提升后续识别模型的准确性和可靠性。

• 2D人体检测技术：感知手势交互的前提是识别操作人。该技术需要一个2D人体检测模型，该模型能够迅速识别图像中的所有人物及其双手在图像中的位置。相比一般的通用人体检测模型，这一技术需要实现每个人和自己的左右手的对应关系，从而为上层应用中的主控人选择以及手势交互和识别提供判断依据。

• 关键点定位：利用先进的关键点检测模型，精确识别手部各个骨关节的位置。同时需要适应多环境、多光照条件、高动态模糊等成像条件，以及人体和手部互相遮挡的复杂应用场景。

• 3D手势姿态估计：基于手部图像和关键点信息，利用端到端重建算法和3D解算优化，实现手部3D模型的重建和3D关键点的估计，实现从2D图像中直接预测手部3D姿态、形状、手指弯曲状态等信息。利用这一技术实现手势动作和姿态的精确捕捉与还原，从而可以提供手部指向方向、手势分类等语义信息，支持上层交互设计。

• 时序手势分类：手势交互除了需要单帧静态手势识别，还需要支持多种动态手势，提供自然的手势，如滑动、打开等交互信息。

• 模型端侧轻量化：一个好的手势交互设计还需要交互反馈机制，支持手部微动作。因此响应结果的实时性非常重要，而云端部署方案因为延迟较高，并不适合精细化的手势交互。因此部署手势交互算法，需要在端侧对模型进行轻量化优化，达到实时的30～60帧的算法推理速度，提高使用者的交互体验。

• 高精尖的相机阵列采集系统和自动化数据标注技术：以确保数据的高效获取和精准标注。鉴于数据对于深度学习方法的重要性，利用多视角和连续时间的耦合信息，实现自动化的人体和手势3D标注，将极大提高数据标注的效率和质量，为深度学习模型的训练提供强有力的数据支持。

(6) 具身智能

具身智能(Embodied Intelligence)是指通过智能体与物理环境的互动，模拟人类认知和感知能力的技术。具身智能通常结合机器人学、人工智能、计算机视觉等技术，能够使机器人或智能系统具备自主感知、决策和执行能力。

• 感知与动作的结合：具身智能强调智能体在环境中通过感知和行动实现自主学习和决策。在软机器人领域，通过集成多模态感知和灵活的动作执行能力，实现更加自然和有效的机器人行为。例如，软机器人能够通过触觉和视觉信息的融合，自主识别和抓取不同形状和质地的物体，展示了在复杂环境中的适应性和灵活性[28]。另外，具身智能系统在动态环境中的实时学习和适应能力也得到了提升，通过与环境的持续互动，能够快速调整感知和动作策略，以应对突发情况和新任务。这种动态学习过程使得具身智能系统在自主导航、目标追踪等任务中表现出色，提高了任务执行的效率和成功率[29]。

• 人机合作与交互:具身智能也强调人与智能体之间的互动与合作。通过自然语言处理、姿势识别等技术,用户可以与智能体进行更为直观和自然的互动。具身智能系统在协作任务中的角色分配和协调能力也得到了优化,能够根据任务需求和人类伙伴的能力,自动调整自身的行为和任务分工。这种高效的协作模式在团队合作任务中,如救援行动和科研探索中,显著提升了整体任务的完成效率和质量[30]。

2.3.4.3 发展趋势

(1) 多模态交互

多模态技术通过整合视觉、语音、触觉等多维度数据与情境感知能力,实现更自然、低门槛的智能人机协作。2024 年多模态交互技术在多个方面取得了显著进展。例如,语音识别技术的准确性和实时性进一步提升,能够更好地理解用户的语音指令和语境;手势识别技术也更加精准和灵活,可以通过更复杂的动作和姿势来实现丰富的交互功能。此外,眼动追踪技术的应用也更加广泛,能够准确捕捉用户的视线和注意力,为交互提供更直观的输入方式。

(2) 智能化与自适应能力

未来的人机交互系统将具有更强的智能化和自适应能力。系统将能够根据用户的行为、情绪、偏好等因素自动调整交互方式,提供个性化的服务。例如,语音助手能够根据用户的情绪调整语气,智能家居系统能够根据用户的生活习惯自动调节温度和光线。在智能家居领域,自适应的交互系统可以根据用户的习惯和偏好自动调节家居设备的运行状态。如智能空调系统能够根据用户的语音指令和室内外环境变化,自动调整温度和风速,提供更加舒适的居住环境;在办公领域,自适应的办公软件可以根据用户的工作习惯和任务需求,自动调整界面布局和功能推荐,提高工作效率[31]。

(3) 隐私与伦理问题的关注

随着人机交互技术的日益复杂化,隐私与伦理问题将成为关键挑战。用户的大量个人信息被收集和处理,如语音数据、行为习惯、生理特征等。这些数据的敏感性和价值性较高,一旦泄露或被滥用,将严重威胁用户的隐私安全。如何保护用户隐私、确保数据安全将是未来研究的重点[32]。2024 年,人机交互系统在收集和处理用户数据的过程中,面临数据泄露和滥用的风险。为了应对这些挑战,相关企业和机构加强了对隐私保护技术的研发和应用,如一些人机交互技术提供商在产品设计和数据处理过程中,遵循最小必要原则,只收集实现功能所必需的用户数据,并对数据进行匿名化、加密等处理,以降低隐私风险。同时,伦理规范的制定和监管也在加紧进行和不断完善,以确保人机交互技术的发展符合社会伦理和道德标准。

(4) 跨领域融合与应用

人机交互技术的跨领域融合将会带来更大的创新空间。人机交互技术与物联网的融合,使得智能家居设备能够更加智能地响应用户的指令和需求,实现设备之间的互联互通和协同工作。此外,人机交互技术与大数据技术的结合,可以更好地分析和理解用户的行为模式和偏好,为用户提供更加个性化和精准的服务。跨领域的技术融合催生了许多创新的人机交互应用。在医疗领域,人机交互技术与虚拟现实、增强现实技术的结合,为患者提供了沉浸式的康复训练和心理治疗体验。在教育领域,人机交互技术与人工智能技术的融合,使得在线教育平台能够根据学生的学习情况和反馈,提供个性化的教学内容和辅导[33]。这些跨领域的应用创新，不仅提升了人机交互的实用性和价值，也为相关行业的发展带来了新的机遇和挑战。

3 数字技术赋能教育

3.1 数字技术驱动教育高质量发展成为普遍共识

当前，人工智能、大数据、网络及高性能计算等技术迅猛发展，不仅深刻改变了人才需求和教育形态，同时也影响到教育的理念、文化和生态。一直以来，教育部高度重视并积极推进信息技术与教育教学深度融合，聚焦新时代人才培养的新需求，构建与国家经济社会和教育发展水平相适应的教育信息化体系，支撑引领教育现代化发展，形成新时代的教育新形态、新模式、新业态。

3.1.1 基于数字技术的人机协作带来教育系统性变革

计算机和互联网的出现极大地扩张了人脑处理信息的容量与速度，改变了人类仅靠个体思维的认知方式，使得人的“内脑”与“外脑”联合行动，从而具备人机合一的思维特征，人机结合会逐渐成为现代人认识世界的基本方式。高等教育要使学生适应这种人机结合的认知方式，养成基于数字技术的学习习惯、学习风格、学习方式和工作方式。进一步来说，人与人的关系已经从物理空间拓展到了数字空间，未来的教育必须能够培养学生具有数字化的社会交往能力和基于数字空间的自我认知能力。数字技术的不断创新也为育人方式的改革提供了可能。搜索引擎支持学生轻易获得海量的资源和知识，将其从重复性的记忆、抄写等简单的认知活动中解放出来；由互联网构成的虚拟空间，可以为身处不同时空的学习者和教学者提供同步和异步交互支持；各类社交软件使得学生、教师、学校、企业、社会等教育活动中的利益相关者之间的联系更加便捷；大数据和区块链的发展也使得教育管理和评价能够更加精准、可信任；借助人工智能技术开发智能学伴、智能导师等，为差异化教学和个性化学习提供有效支持。总之，数字技术的不断创新不仅影响人类的认知方式和人际的关系，也会给教育机构的育人方式变革提供技术基础，必然会导致高等教育机构教与学方式的系统性变革。

3.1.2 GenAI 的迅猛发展引发全球广泛关注

随着 ChatGPT 的推出，生成式人工智能（Generative Artificial Intelligence，简称 GenAI）迅速崛起，吸引了全球范围内的广泛关注。GenAI 作为人工智能技术的最新突破以及新质生产力的典型代表，不仅是引领新一代产业变革的关键力量，也为经济社会发展注入了强劲动能。GenAI 的自然语言理解、内容生成和逻辑推理等强大能力，可以与相关行业融合，赋能千行百业。2023 年 7 月，国家网信办出台的《生成式人工智能服务管理暂行办法》强调，要坚持发展和安全并重、促进创新和依法治理相结合的原则，采取有效措施鼓励生成式人工智能创新发展。2024 年 3 月，政府工作报告明确提出开展“人工智能+”行动，打造具有国际竞争力的数字产业集群。围绕 GenAI 的产业生态正在蓬勃发展。

3.1.3 我国高度重视人工智能对教育的深刻影响

在教育领域，国家高度重视人工智能对教育的深刻影响，积极推动人工智能和教育的深度融合与创新。早在2017年国务院发布的《新一代人工智能发展规划》中就提出，开展智能教育，利用智能技术加快推动人才培养和教学方法改革，构建新型教育体系。2024年1月，怀进鹏部长在2024世界数字教育大会上提出，将实施人工智能赋能行动，促进智能技术与教育教学(AI for education)的深度融合，推动以智助学、以智助教、以智助管、以智助研。2024年3月，教育部正式启动了人工智能赋能教育行动。2024年7月，怀部长再次提出要打造中国版人工智能教育大模型，探索大规模因材施教、创新性与个性化教学，更好满足群众“上好学”的需要。GenAI的出现将推动人类文明进入人机协同的新范式和新阶段，也为教育带来颠覆性变革。但是从当前行业发展及学术研究现状来看，GenAI教育应用仍处于起步阶段，虽然讨论度高但实际潜能尚未充分发挥。因此，迫切需要厘清技术应用推广的关键问题，提高教育主体对GenAI的技术认知和应用技能，明确GenAI教育应用的多元场景，同时关注GenAI技术伦理风险应对，加快推进GenAI在教育中的合理运用。

3.1.4 GenAI在教育中的应用创新活跃

近年来，无论是在具体实践还是在学者研究中，越来越多的区域、学校、教师和学生尝试在教育教学中应用GenAI，或辅助教学设计，或进行个性化学习，或赋能教育评价和管理，新兴实践经验和案例不断涌现。随着大模型、知识库、检索增强、智能体、虚拟数字人等GenAI技术的不断发展，其教育应用也在迭代更新，适用教育领域的细分技术和场景应用工具逐步落地。GenAI在教学、学习、评价、管理和科研等多个方面创造了众多典型的应用场景，不仅辅助教师优化了教学方法，丰富了师生学习体验，还有效推动智能技术赋能教育评价，提升了教育管理效率，并在科研工作中发挥了重要作用。

随着数字技术的迅猛发展，教育领域正在经历深刻的变革。从智慧教学到智慧管理，数字技术不仅提升了教育的质量和效率，还为学生和教师带来了全新的体验和机遇。以下主要介绍数字技术在智慧教学、智慧学习、智慧考试、智慧评价、智慧科研和智慧管理等方面的具体影响。

3.2 数字技术赋能教学应用场景

3.2.1 个性化与互动性的提升

数字技术的应用使教学过程更加个性化和互动化。通过大数据分析，教师能够深入了解学生的学习习惯和成绩表现，从而制定针对性的教学方案。这种基于数据的教学方式不仅提高了教学效率，还增强了学生的学习兴趣和参与度。

在线教育平台能够实时收集和分析学生的学习数据，根据其掌握情况调整课程内容和难度。每位学生都能在适合自己的节奏下学习，避免了传统课堂中“一刀切”的问题。此外，智慧教学促进了师生之间的互动。在线讨论区、即时通信工具等平台让学生可以随时与教师和同学交流，形成良好的学习氛围。教师也能通过这些平台及时了解学生的疑问并给予指导，确保每位学生都能得到充分的关注和支持。

3.2.2 教育环境智能互动

(1) 语音助手智能互动。智能语音助手可以在课堂教学场景中帮助教师点名、答疑、布置作业等。语音控制系统实现教师语音控制教室内的各种设备，如视频播放、课件切换，声音克隆技术允许使用特定的声音录制教学内容，例如用著名教育家或历史人物的声音来讲解课程,从而提高学生的学习兴趣和注意力。未来的教育环境可能会实现无缝的语音交互,学习者可以在任何时间、任何地点通过语音与学习资源和系统进行交互,例如查询课程信息、预约图书馆座位等。

(2) 智慧教室智能交互。教师可以通过手势控制教学设备,如PPT翻页、放大缩小图片、视频播放等,无须手持任何设备,更自然地与学生互动。配合高精度设备,教师和学生可以利用手势直接在电子白板上书写、标注,与其他学生进行更直观的交流。多模态融合将手势交互与语音识别、面部识别、眼动追踪等其他交互技术相结合,提高交互的准确性和自然性,使用户能够通过多种方式与教育系统进行交互,获得更全面的学习体验。

(3) 虚拟现实交互。在虚拟现实教学环境中,学生可以通过手势直接与虚拟对象进行交互,如在化学实验中通过手势操作分子模型,降低实验风险,增强团队协作的效率和效果。结合虚拟现实技术、语音技术可以为学习者提供沉浸式的学习体验,在学习历史或地理时,学生可以进入虚拟的历史场景或地理环境,通过语音与虚拟角色互动,获取知识和信息。多模态融合技术将视觉与触觉、听觉深度融合,构建全方位感知学习环境。例如,在虚拟历史课堂中,学生既能视听感受古代风貌,又能触摸文物质感,多感官协同强化知识记忆。跨学科教育应用中,触觉反馈推动跨学科知识融合,以仿生学课程为例,学生触摸仿生模型理解结构原理,同步学习生物与工程知识,培育综合素养。

3.2.3 教学设计智能生成

(1) 教学设计方案生成。在提示词的支持下,大模型利用其专业能力,在教育知识库中检索相关的信息和数据,基于设定生成框架,进而生成具体的教学设计方案,包括教学目标、教学重难点、教学过程和学习评价方法等关键内容。

(2) 教学设计优化建议生成。大模型可以基于长文本能力,识别并提取教师上传的教学方案中的关键信息,根据设定的评估标准和模型对教案的各个组成部分进行评估,生成具体的优化建议,如教学目标的调整、教学方法的改进、评价方法的优化等,帮助教师提升教学设计的整体质量。

3.2.4 教学资源协同共创

(1) 资源高效检索。在语言交互界面(Language User Interface,简称LUI)的支持下,大模型能够理解教师通过自然语言输入的资源需求,从现有的教材、教学材料、在线课程等资源中提取关键信息,快速输出对应的资源。通过RAG技术的引入,大模型与外部数据库资源相结合,实现互补效果,大幅提升回答结果的准确性和相关性。教师还可以利用大模型对知识点进行组织和联想,更好地把握知识点的内涵和外延,提升生成资源的丰富性和延伸性。

(2) 跨模态资源生成。跨模态资源生成主要包括文本到图像、文本到音频、图像到文本、图像到视频等。大模型在接到教师输入的文本信息后,抽取其中的关键信息,利用跨模态资源能力在不同类型媒体内容之间建立语义关联,合成新的教学资源。通过以上过程,大模型可以将某一形式的教学资源转换成其他多种模态,使得教学资源更加生动和灵活,从而适合不同学习风格和偏好的学生,并为存在视力障碍或其他特殊情况的学生提供帮助。

(3) 课程知识图谱搭建。基于课程日常教学中教材、教学音视频、教学课件等材料,大模型提取和分析其中的关键信息并进行相互比对,在元知识库等辅助下形成课程知识图谱,清晰呈现图谱内不同知识点间的关联关系、知识点属性等,为课程资源建设奠定坚实的基础。

(4) 课堂实录资源结构化。实时语音转录将教师的讲解实时转化为文字,帮助学生更好地理解和记录课堂内容。大模型能对不同课型的授课内容进行理解分析和提炼总结,生成结构清晰的课堂实录视频和文本,以图文并茂的形式展示课堂脉络,作为学生课后复习巩固、教师教学反思和教育教学研究的重要资源。

3.2.5 人机协同课程互动

(1) 创设互动情境。数字技术支持教师创设个性化的互动情境,通过虚拟数字人技术实现与学生的角色扮演和场景模拟互动,使得互动活动的内容和形式更加生动有趣。在创设互动情境时,教师可以选择使用现有的数字人或自行创建数字人,从形象、声音、动作与表情等方面进行定制,增强数字人的真实感和互动性,使其更加符合课堂情境。

(2) AI 助教或学伴互动。大模型可以在课堂上实现与师生的实时互动,在课堂教学中充当助教或学伴角色,为师生提供教学过程的交互式支持,如解答学生的疑问、提供即时的反馈等。

(3) 智能化课堂观察。智能化课堂观察系统利用语音声纹识别技术记录课堂中的教学情况,为教学质量的提升提供数字化的支撑。智能助教通过识别学生的情感状态,提供个性化的教学支持。当检测到学生感到困惑时,助教可以调整教学内容或提供额外的解释。情感计算技术分析学生在学习过程中的情绪变化,帮助教师了解学生的学习态度和心理状态,优化教学策略。心理健康教育中,情感计算技术监测学生的情绪状态,及时发现潜在的心理问题,并提供相应的心理支持和干预。全球化背景下,情感计算将加强对跨文化情感的理解和识别,帮助不同文化背景的人们更好地进行情感交流和沟通。

3.2.6 科学实验智能助教

(1) 实验设计方案生成。科学教育大模型能够高效识别和理解教材内容与教师输入的相关信息,在科学教育知识库中检索相关内容,链接与之对应的实验设计方案,有效辅助教师进行实验设计和准备。实验设计方案包含了实验目的、实验准备、实验步骤、实验预期结果,以及实验注意事项、实验教学引导、实验观察引导等内容。

(2) 实验伴随指导。科学教育大模型可以在实验过程中作为智能助教,理解并实时回答学生提出的问题,提供操作指导和原理解释等帮助,精准推荐相关学习资源,促进实验的顺利开展,提升学习体验。推荐的学习资源可能包含实验原理解释和实验演示视频等。

(3) 实验评估建议。科学教育大模型能够理解学生的实验报告,通过分析学生实验数据中的模式和趋势,判断其实验结果的合理性和准确性,诊断学生的实验操作情况,并据此输出评价意见和针对性的建议,促进学生实验技能的提升。

3.2.7 智能化课堂分析

(1) 多模态数据识别。基于 GenAI 的课堂教学分析系统能够集成教师、学生的多模态数据。通过语音识别、姿态识别、表情识别和脑数据识别等技术,采集包括师生行为、师生言语、教学设计和教学特征等数据,将其转化为结构化数据以便进行智能分析,为教师改进教学方法、学生优化学习提供可靠依据。同时在教室可安装实时反馈评价数据与结果的电子显示屏或客户端,以便教师在课上实时获得系统的反馈数据,及时调整教学内容与方法。

(2) 课堂智能分析。多模态数据分析大模型负责对输入的多模态数据进行分类和识别，建立起针对教师、学生、课程三大主体映射关系的训练模型，并训练大量的数据集和测试集，同时引入人工标注进行矫正，提升模型的精度和可靠性，实现对课堂教学进行智能解析。如专家评课垂直大模型集成众多教育专家的评课经验和标准，通过"大规模预训练+下游任务微调"方式训练专家评课语料库，实现模拟专家评课内容的生成应用。

(3) AI 分析助手。在大模型已预设的分析维度和框架之外，教师或管理者可以根据自身的需求输入具体的指令，让 AI 分析助手提供关于课堂教学内容、教师教学、学生学习情况的针对性分析和数据统计。基于 GenAI 的 AI 分析助手可以提供数据挖掘和预测分析，通过建模和算法优化，帮助教师或管理者发现隐藏在数据中的模式、趋势和关联性，为教学决策提供预测性支持，并且支持实时指令输入和分析，能够快速生成反馈和建议。

3.3 数字技术赋能学习应用场景

3.3.1 个性化答疑辅学

(1) 多类型自学资源。智慧学习强调学生的自主学习能力，数字技术为此提供了丰富的资源和灵活的方式。无论是在线课程、电子书籍还是各类教育应用程序，学生都可以根据自己的兴趣和需求选择合适的学习内容。这种自主性不仅提升了学生的学习动力，还培养了他们的自我管理能力。通过设定个人学习目标和进度，学生能够更好地掌控自己的学习过程。数字技术提供的多样化学习方式，如视频、音频、互动游戏等，使学习变得更加生动有趣。在智慧学习环境中，教师的角色转变为引导者和支持者，帮助学生克服困难并提供必要的支持。这种角色的转变不仅提高了学生的参与感，也增强了他们对知识的理解和应用能力。

(2) 自适应学习规划。借助大数据与人工智能，个性化学习方案得以实现。根据学生的学习进度、能力和偏好，系统定制专属的学习路径，精准帮扶学习困难点，实现个性化提升。深度学习技术的发展使得语音技术能够更准确地分析学习者的语音数据，从而更好地理解学习者的语言水平、学习习惯和偏好，为学习者提供更加个性化、兴趣化的学习内容和路径。多模态融合技术创新进一步提升了情感识别的准确性和鲁棒性，结合面部表情、行为和语音等信息，更全面地捕捉人的情感状态，使教师能够更好地理解学生的情绪变化，及时提供心理支持和指导。

(3) 个性化问题答疑。问题答疑由学生发起对话。学生在自主学习过程中产生疑问时向大模型提问，大模型首先提取问题的关键词，再基于 RAG 技术，先从一个庞大知识库检索高质量的相关信息，最后基于高质量的相关信息生成更相关和更有意义的回答内容。基于大模型能力的答疑可以满足学生的个性化学习需求，从而提高学生的学习效率和质量。

(4) 启发式练习辅导。练习辅导可由大模型发起对话。针对学生练习过程中出现的错误，大模型首先基于学科专业能力和学科试题库数据，针对学生错题快速确定答题步骤，再利用文本生成能力逐步向学生进行启发式提问，最后根据学生的回答内容进行多轮引导，帮助学生完成错题的纠错和改正。基于大模型能力的启发式辅导可以启发学生自主思考并解决练习错误，提高学生的思考能力和解决问题能力。

3.3.2 启发式阅读助手

(1) 启发式引导。即通过提问的方式来引导学生对阅读文本进行思考。大模型首先可以利用其问题生成能力生成基于阅读目标的问题,对学生进行多轮启发式提问,然后利用其教育专业能力对学生的回答进行评估和分析,并提供个性化反馈,最终引导学生完成正确的回答。基于大模型的启发式引导可以促进学生进行深度阅读,提升学生的阅读学习质量。

(2) 过程式伴读。即塑造开放自由式的问答环境,在阅读过程中对学生产生的问题和困惑进行解答,大模型基于 RAG 技术,结合接入的字词和阅读等专业知识库,对学生提出的字词和理解等问题进行识别和检索,然后利用其文本生成能力生成回答。通过以上过程,大模型可以帮助学生便捷地解决阅读中的问题,提升阅读效率和阅读体验。

3.3.3 情境化口语语伴

(1) 情境对话。当学生进行口语对话练习时,大模型凭借其对话和翻译能力,结合语音识别、语音生成和虚拟数字人等多模态技术,为学生提供场景化的交互对话环境,根据学生的口语信息,提供个性化实时口语反馈,与学生完成多轮口语对话。基于大模型的情境对话可以增加对话环境的真实感,提高学生口语练习的沉浸感。

(2) 对话纠错。学生在进行口语对话过程中,大模型利用其语法分析和检错能力,对学生回复的英语口语内容进行语法分析和错误检查,并实时反馈错误点和修改建议,帮助学生针对性提高口语语法薄弱点,提升语言学习效率。

(3) 对话翻译。学生在口语对话过程中,当不理解大模型回复的英文句子时,或不知如何用英文表达句子时,可以利用大模型进行翻译。相较于传统机器翻译,基于大模型的翻译技术可以有更高的翻译效率,并理解文本的上下文语境和语义,还可以进行专业领域的翻译,提高了翻译结果的准确性、流畅性和通用性。

(4) 对话练习报告。学生在完成口语对话练习后,结合口语评价标准,大模型可以从语法准确性与多样性、词汇丰富性、发音、流利性和连贯性等多维度生成评语,并给出个性化提升建议,还能根据本次对话主题推荐相关口语学习资源,形成个性化的口语练习报告。

(5) 口语评测分析。在家庭学习场景中,智能口语评测系统可以分析学生的发音,提供准确的发音纠正和改进建议。语音合成技术还可以用于生成个性化的绘本,家长可以通过语音输入故事内容,系统会根据语音内容自动生成图文并茂的电子绘本,提供更真实的语言学习环境。例如,趣配音功能可以帮助学生模仿特定的声音,提高口语发音的准确性和自然度。此外,智能学习软件结合触觉反馈,在语言学习时能依发音正误给予震动提示,或依语法、语调规则以不同节奏震动辅助记忆,增添学习趣味性与互动性。

3.3.4 自助式编程学习

(1) 代码编写。大模型在学生编写代码的过程中,能够提供丰富的代码知识问答服务,如自动生成代码片段、代码补全,以及提供代码参考示例,从而提高学生的学习效率和编程技能。

(2) 代码调试。基于大模型的代码调试不仅包括自动纠错和智能修改,还涵盖了生成测试用例和自动化测试等方面。一方面,大模型能够自动检测代码中的潜在问题,如语法和逻辑错误,并提供相应的提示和建议。另一方面,大模型可以根据学生提供的场景描述和预期性能要求,自动生成相应的性能测试用例,提升测试效率。此外,大模型还可以自动生成相应的测试脚本代码,以提高自动化测试的效率和准确性。

(3) 代码解释。基于大模型的理解和推理能力,能够提供深入的代码解释功能,从而帮助学生更好地理解代码逻辑和功能。常见的代码解释有两种方式：第一，即时解释复杂代码，阐明每行代码作用及相互关系，适用于单片段及多文件项目。第二，自动添加注释，嵌入简明注释，提供概览性信息，便于快速理解代码的整体功能。

(4) 代码翻译。大模型具备代码翻译能力，将代码从一种编程语言翻译成另一种语言，帮助学生在不同的平台或环境中复用代码。大模型进行代码翻译时，能够处理代码中的语法和语义细节，确保在转换过程中尽可能少地丢失信息。

3.3.5 陪伴式心理辅导

(1) 心理状态评估。心理大模型可以通过视频、语音、文字等多模态方式的交互式对话，收集学生的必要信息数据，包括基本情况、表情、语速语调和交流内容等。经过对这些数据的深入分析，心理大模型可以准确地评估学生的心理状态。

(2) 情感对话生成。情绪感知对话生成模型(Emotion-aware Chat Machine，简称EACM)能够识别和理解用户的情绪，并据此生成带有特定情感的对话回复，这使得心理大模型在对话中更加贴近学生情感需求，有效提升心理疏导的效果。同时，根据学生的回答和反应，心理大模型能够动态调整对话策略。

(3) 心理指导与建议。心理大模型具有丰富的心理学知识，可以实现简单的心理咨询，并能够根据用户的个人背景、心理状况和需求，结合专业知识库提供个性化的心理指导与建议。如果心理大模型检测到学生出现严重情绪问题或危机，会及时转介给专业心理辅导师或心理健康机构进行进一步干预。

3.3.6 特殊群体智能关爱

对于特殊群体，数字技术同样带来了显著的帮助。

(1) 自闭症儿童。自闭症儿童对触觉敏感，特制的触觉安抚毯和抱枕可以在其情绪波动时给予舒缓刺激，而互动式触觉平板游戏则能引导其完成任务，提升注意力、手眼协调与社交互动能力。通过非侵入式脑机接口技术，可以捕捉儿童大脑中与社交相关的脑电信号，结合人工智能算法，进行实时闭环反馈训练，以促进大脑神经可塑性，并提高传统行为训练的效率。

(2) 视障学生。视障学生也能从新技术中受益。触觉图形显示器将图文转化为凸起触觉图案，配合阅读软件实现触摸阅读；可穿戴触觉导航设备帮助其自主出行，拓宽学习和生活的范围。这些创新不仅提升了特殊群体的学习体验，也为他们融入社会创造了更多机会。

(3) 听障学生。听障模式文本对话等功能，通过多语种智能语音技术，让更多听障人士“看见”声音，共享美好生活，实现自身价值。利用此技术开发的新型输入法无障碍模式为听障人群铺设了通向互联网世界的“盲道”等。

3.3.7 实时反馈与个性化训练

(1) 借助触觉反馈手套与虚拟实验软件，学生可以在虚拟环境中进行科学实验模拟。中学化学、物理实验常受器材、场地、安全限制，实操机会少。通过虚拟“握持”实验器具，感知物质混合温度变化、化学反应剧烈程度，可以大幅提升实验教学效率，强化原理理解。此外，在立体几何学习中，利用3D打印触觉模型或VR数学教学软件，学生可以触摸虚拟几何体感知其特征，具象化抽象知识。这些工具帮助学生更好地理解和掌握复杂的概念，将理论与实践紧密结合。

(2) 随着柔性、轻便、低成本可穿戴触觉设备的发展,如智能触觉手环实时反馈学习状态、知识提醒,全身触觉套装助力沉浸式远程教学,让学习突破时空限制。手势交互在虚拟现实(VR)和增强现实(AR)教育中的应用将进一步深化和拓展。学生可以通过手势在虚拟环境中进行直观的操作和学习,如在虚拟实验室中进行科学实验、在虚拟历史场景中进行历史学习、在地理学习中通过手势在虚拟地图上进行探索、在艺术学习中通过手势与虚拟艺术品进行互动和创作等。这将为学生提供更加沉浸式和互动性强的学习体验,进一步推动智慧练习的普及和发展。

(3) 数字技术使得练习过程更加高效和个性化。通过在线练习平台,学生可以随时随地进行自我测试,并获得实时反馈。这种即时反馈机制使学生能够迅速了解自己的错误并进行改正,从而加深对知识点的理解。智能练习系统会根据学生的表现自动调整题目的难度,确保每位学生都能在适合自己的水平上进行训练。这种个性化的练习方式不仅提高了学习效率,还增强了学生的自信心。同时,教师可以通过数据分析全面监控学生的练习情况,了解每位学生在不同知识点上的掌握程度,从而制订更具针对性的辅导计划。这种方式使得练习不仅是重复性的任务,而是一个持续改进和提升的过程。

3.4 数字技术赋能考评应用场景

3.4.1 多样化试题生成

(1) 试题素材生成。试题素材是组成试题的重要部分。在多选题干扰项生成场景中,大模型能够根据多选题的题干背景文本、题目问题以及正确选项,有效创建在语法、语言流畅性、与问题的相关性以及干扰正确选项的能力方面均表现出较高质量的干扰项候选集。在阅读理解问题生成场景中,大模型可以有效提取和理解大量阅读文本数据中的语义信息,生成句法流畅、符合阅读文章主题或情景、有正确答案的交互式阅读理解问题。在主观题情景材料生成场景中,经过包含课本、报纸、论文和各种参考素材语料微调的教育大模型能够帮助教师生成形式与内容主题上创新,且具有教育意义的主观题情景材料。

(2) 自动试题生成。基于大模型的试题助手可以根据选定试题学科、类型、考查知识点、难度等级等信息来批量生成试题;或者根据解析教师上传样例试题的文字内容、公式、图片等来生成相似解题技巧、知识点内容的新试题。

3.4.2 智能化作业批改

(1) 智能评分。基于预设的评分标准,特别是在语言类作业的批阅中,批改系统能够保持评估的一致性与客观性,减少由于人为因素导致的评分偏差,确保每位学生的作业都能得到标准化评分。例如,智能批改系统可以利用从作文中提取词汇丰富度、句子结构复杂度、语法错误率等特征,通过已评分作文数据训练的大模型得到评分结果。

(2) 高阶反馈。基于大量同题作业大数据、高分作答以及作业评分标准数据训练的大模型,可以结合学生错误或者不准确的作答内容特征生成高阶反馈。以语言类作业为例,高阶反馈从篇章结构、文章立意和构思、内容连贯性等给出学科知识图谱以及核心素养能力特征的可视化图表。

(3) 智能资源推荐。通过教育专用的调优大模型解析作业,识别学生在特定知识点上的掌握程度以及可能存在的学习障碍,根据学生的学习进度、偏好以及认知风格等特征,推荐个性化学习资源，包括习题练习、阅读材料或模拟测试等，帮助学生进行薄弱知识点专项练习。针对班级共性问题，智能批改系统给教师推荐知识讲解和能力拓展习题，巩固提升班级学生的知识点掌握和能力素养，并提供相应的综合练习讲评讲义。

3.4.3 智能化口语测评

(1) 虚拟数字人模考。在实时对话中，虚拟数字人考官能够结合口语测评技术，根据考试真题改编情景对话、话题讨论等贴近日常交流的题型，模拟还原考试全流程，帮助考生熟悉口语评测环节。除此之外，虚拟数字人考官能够呈现出丰富的表情、神态、手势等非语言信息，模拟真实机考场景中与考官的交互，增强考生的互动性体验。

(2) 模考报告生成。大模型可以根据考生的口语对话文本记录，生成包括考生回答的发音、语法多样性与准确性、词汇丰富性、流利性与连贯性四个维度的评分、作答解析以及改进建议的模考报告，科学全面地对考生的口语能力进行评估。

3.4.4 伴随式素养评价

数字技术的发展使得评价变得更加全面和动态。通过对日常作业、课堂参与、项目成果等多方面数据的收集，可以形成对学生能力更为全面的评估体系。这种动态评价机制不仅关注学业成绩，还重视学生综合素质的发展。

(1) 评价方案设计。教育专用大模型可以辅助教师依据《义务教育课程方案/课程标准(2022 年版)》中的课程要求以及核心素养的评价意见，结合教师设定的具体学段以及评价目标信息，设计包括学生知识、思维能力、学习品质、社会责任等方面的素养评价标准、指标、工具和计划，推荐学生活动群以及点评项目等评价工具，支持写实计分、主观评价、表现性评价等，从而建立更具科学性的核心素养评价方案。

(2) 伴随式评价数据采集。在学生核心素养评价实施过程中，特别是动态、复杂性高的学习活动中，智能评价系统可以高效获取评价文本、语音数据、学生作品图片的数据，完成采集和数据汇聚。评价形式包括电子徽章评价、写实评分评价和作品智能评语，伴随式记录学生学习表现，从而有效推动全面的评价数据采集。在此基础上，智能评价系统汇聚整合实时数据并对接各平台，确保学生素养过程性评价数据的完整性、实时性以及交互同步。

(3) 评价结果生成。智能评价系统可以根据积累的徽章评价、计分评价以及作品评价等活动数据，依据教师设定的标签数据或者文本、语音交互编辑生成智能评语。大模型对不同种类数据，从文本、语音、图像等方面分析学习者特征要素的准确表征，结合学生素养标准从基础知识掌握与基本技能运用、思维能力和情感态度价值观等层面，自动生成智能评语。除此之外，还可以根据教师设定的人设、数据、字数等基础信息标签，生成定制的评语，并支持教师根据提示框架，从情景问题与目标、重要性描述、模型角色定位与输出样式四个方面与系统进行高质量提示交互，生成个性化评语。

3.5 数字技术赋能科研应用场景

3.5.1 加速科学成果发现

(1) 新药物研发。传统药物研发周期长(平均 10～15 年)、成本高(数十亿美元)，且成功率低(约 90%的候选药物在临床试验中失败)。AI 可将药物研发周期缩短 60%以上，成本降低至传统方法的 1/10，并推动个性化药物和罕见病治疗的发展。如由 DeepMind 开发的 AlphaFold 通过深度学习模型,仅凭氨基酸序列即可预测蛋白质的 3D 结构。在 2020 年的 CASP14 竞赛中,其预测精度达到实验水平(RMSD 误差约 1Å)。目前已预测了超过 2 亿个蛋白质结构,极大加速了靶点发现。

(2) 新材料研发。新材料开发依赖"试错法",需合成并测试大量候选材料。传统实验方法周期长(一种材料从发现到应用需 10～20 年),且受限于人类经验。AI 使新材料发现速度提升 100 倍以上,例如将锂电池电解质的开发周期从数十年缩短至数月,加速了清洁能源、半导体等领域的突破。

3.5.2 学术文献高效研读

(1) 文献解读。大模型或搭载了大模型的科研助手能够批量处理文献,自动生成文献综述、文献主旨、论点分类以及对比分析等信息,辅助文献归纳、整理和分析,帮助研究者深入探索专业领域。具体来说,大模型或科研助手将非结构化的文献转换成结构化文本,解析出摘要、方法等模块。捕捉语义和上下文信息,提取研究主题、结论和论点,基于预创建的模板生成文献解读报告或综述,分析文献相似点和不同点,生成对比分析报告。

(2) 文献问答。通过回答针对特定文献内容提出的问题,大模型或科研助手可以结合研究者的问题和选择的引文内容来生成回答。为了提高检索增强生成的效果,避免内容"幻觉",大模型还可以引入思维链的方法。此外,通过深度学习和自然语言处理技术,大模型可以更好地翻译专业文献中的复杂概念,确保专业术语翻译的准确性。

3.5.3 智能写作全面辅助

(1) 研究思路生成。大模型或科研助手可以提供思路启发、假设生成、方法建议和框架拟定等方面的辅助和参考,帮助研究者克服瓶颈,理清思路。首先,它可以分析专业知识库中大量的文献和数据,帮助研究者快速了解前沿研究。其次,它能够根据输入的关键词或问题,生成初步的研究假设和问题框架,启发研究者思考,从而提出原创性想法。此外,通过分析研究主题和已有文献,它还能够生成逻辑性强、结构合理的框架,协助拟定写作大纲,提供写作要点和思路,帮助研究者明确文章的主线和论点。

(2) 文章编辑与校对。大模型或科研助手可以辅助修改和润色学术文章,具体来说,它可以根据研究者的提示词定制化地提升文章的质量和专业性。它还可以优化篇章布局和语法句式,识别文本逻辑漏洞,提高文章的逻辑严谨性和专业性。此外,它还能够对文本进行多语言翻译,帮助研究者纠正语法、拼写和标点错误,提供专业词汇和表达建议,以满足各领域期刊的征稿要求。

3.6 数字技术赋能管理服务应用场景

3.6.1 管理应用对话生成

(1) 应用创建。当管理者或教师需要创建管理应用时,可以与搭载在低代码平台上的智能体展开自然语言交流,完成目标应用的搭建。这种简单直接的操作过程简化了管理应用开发过程,进一步降低了应用开发的门槛,让更多了解区校实际业务需求的管理者或教师参与到应用创建过程中。

(2) 应用编辑。当管理者或教师想要对创建的管理应用进行修改和微调时,可以直接对智能体提出修改或优化需求,完成应用的编辑优化。这种操作方式降低了应用维护和更新的成本和难度，使得低代码开发具有更快的迭代速度和更高的灵活性。具体来说，智能体可以参考意图清单识别编辑需求中的编辑意图，然后基于编辑意图对目标应用进行编辑，得到编辑后的目标应用。

3.6.2 问答咨询智能高效

(1) 业务咨询。大模型可以快速提供准确的信息和个性化的咨询服务，高效解答用户疑问，提升用户咨询体验。具体来说，大模型能够准确把握用户意图，提高搜索结果和回答的匹配度和针对性。大模型还能够提供文字、文档、链接、音频等多模态答复，确保用户可以直接查看原始信息，提高信息的准确性和可信度。此外，数字人技术与大模型的结合还能使用户感受到与真实人类交流一样的自然感，有效提升用户满意度和咨询质量。

(2) 业务指引。当用户遇到不熟悉或操作复杂的业务流程时，大模型可以提供清晰的步骤引导，帮助用户高效完成业务办理。具体来说，大模型可以结合用户的搜索历史和已有提问，预测用户可能感兴趣的问题，并引导用户提问，从而提供更加贴近需求的回答。此外，它还能智能唤醒对应的业务应用或推送业务应用入口，引导用户完成相应的线上业务办理。

(3) 业务办理。大模型能够根据用户提供的信息自动生成表单，从而提高业务办理效率。具体而言，大模型可以从与用户的对话中提取关键信息，或借助 OCR 技术从用户上传的图片或文档中提取文本，并将其转化为结构化的表单信息。最终，通过预定义的表单模板，大模型将提取的信息自动填入相应的表单字段，从而简化操作流程，自动引导用户完成业务办理。

3.6.3 行政办公效率提升

(1) 公文撰写。基于大模型的公文助手能够通过处理相关人群提供或生成的数据或信息，自动生成内容规范、质量高的各类公文，包括通知、决定、报告和批复等。此外，它还支持对内容的润色、扩写和续写，自动提取历史模板或根据预设的格式模板进行格式校验，提高公文撰写的规范性。公文助手还具备智能化的文档审核功能，能够自动检查文档中的错误和不规范之处，识别敏感词汇，减少人工审核的时间和精力。

(2) 智能会议。会议策划阶段，大模型可以根据主题和提示词生成完整策划方案，包括会议环节、时间安排等。会议进行时，基于大模型的会议助手可提供同声传译服务，确保与会人员能够跨语言交流。此外，会议助手还能生成结构清晰、要点明确的会议记录，支持全文摘要、章节速览、发言人总结、多语种翻译和关键信息提取等功能，有效提升会后信息回顾和决策效率。

(3) 数字职工。融合机器人流程自动化(Robotic Process Automation，简称 RPA)、低代码和大模型技术打造的数字职工具有处理复杂工作任务的能力，适用于招生、教务排课和财务等各个环节。它能自动化处理教育管理中的大量重复性任务，显著提升工作效率。同时，它能实现教育管理系统间的数据联动与集成，减少手工数据输入错误。此外，它还支持通过自然语言生成流程，降低流程创建难度和维护成本。

3.6.4 管理数据智能分析

(1) 数据采集与汇聚。搭载在校园管理平台上的数据分析助手可以自动完成数据的汇聚和整理，减少人工操作的时间和错误，为后续的数据分析和决策提供可靠的数据基础。具体来说，数据分析助手可以自动提取智能设备采集的数据或者管理者上传的表格、视频、音频、图片、文本等材料,然后通过智能识别和解析技术,将其中的非结构化数据进一步转化为结构化数据,便于进一步处理和使用。

(2)数据分析与挖掘。数据分析助手可以根据管理者输入的数据分析请求,采用合适的数据分析方法,生成相应的数据分析结果。此外,它还能够挖掘数据背后的深层信息,识别数据间的潜在模式和复杂关联,揭示传统方法难以觉察的信息,为管理者提供更为精准的数据洞察和决策支持。

(3)数据可视化与解释应用。数据分析助手可以通过调用各类可视化工具,将数据分析结果生成易于理解的图表,并将提取的特征和分析结果转化为解读报告,帮助管理者迅速获取有价值的信息。此外,管理者也可以通过自然语言对话方式获取个性化、有针对性的解读和建议,辅助管理决策。

4 人工智能助力重塑未来教育形态的展望

生成式人工智能在技术逻辑、技术成果、技术意义等多个方面实现了重大突破,为教育数字化转型带来了新机遇和新驱力。生成式人工智能与未来教育的深度融合,将重塑人类教育与学习形态,具体表现在教育主体关系、教学工具、教育资源、教学方式、教育评价和伦理治理等方面。

4.1 推动人机协同走向人机共生,促进教育主体关系转变

人工智能推动人类与机器合作协同,走向人机共生。人机共生是人机协同的更高级阶段,意味着人类与机器之间"取长补短",机器对于人类智能不是简单的辅助、增强,而是充分发挥融合潜能,实现更深入、更高层次的交互、协作与共融,将人类智能与机器智能有效协调、有机融合为智能整体,形成 $1+1>2$ 的效果。一方面,生成式人工智能促使人类与机器的关系性质发生改变,两者共同生长并在交叉迭代升级过程中相互启发和赋能,共同创造生成新的教育内容增长点。另一方面,人类与机器的不断发展和高层次互动也将持续生成新的数据语料,以人脑启发类脑,赋能人工智能算法,深入解析人机关系交互的教育计算和神经认知机理,从而引起群体智能的涌现。

人工智能促进教育主体关系从"师—生"向"师—生—机"转变。随着机器智能化水平的不断提升,传统"师—生"之间的二元主体关系逐渐被打破,构筑起基于"师—生—机"的三元主体结构。一方面,生成式人工智能对于师生主体具有赋能作用,如可以扮演虚拟专家、智能助教、数据分析助手等角色助力教师专业发展,也可以扮演智能导师、口语学伴、辩论对手等角色促进学生个性化成长,实现"师师有助教,生生有学伴"。另一方面,师生主体要积极拥抱"机器"主体,首先,应"学人工智能",了解生成式人工智能的基本原理和应用场景,提升技术应用能力;其次,要"用人工智能",师生掌握合理使用生成式人工智能的方法,实现技术的科学赋能;最后,要"与人工智能一起学",在借助生成式人工智能提升教学效果的同时,引导技术适应性发展,实现双向互构、深度融合。

4.2 加快研发教育专有大模型,多模态逐渐成为主流

教育专有大模型是生成式人工智能赋能教育数字化转型的必然选择。虽然通用的大语

言模型对于教育领域的变革与转型具有重要的价值,但大部分教育任务具有“非程式化”特点,自动化难度更高,在能力、价值、数据、算法等方面还面临一系列严峻挑战,因此,大语言模型在教育场景的融合应用中,对知识准确度、意识形态的可控性与安全性以及面向学科学段的适配性有着更高要求。将未经专业教育数据集特定训练的现有大语言模型应用于教育领域,易出现算法、数据偏误问题,可能干扰教师和学生的学术判断与决策,生成的知识可能存在逻辑结构缺失问题,还可能引发对话内容歧视、特定人群歧视等不良现象。目前,学科领域大模型正处在研发应用的关键时期,需进一步提升训练数据的质量和规模,尤其是将先进教育理念、教育深度知识和教育核心场景的真实需求深度嵌入算法模型的底层架构,并结合学习者需求进行更新迭代,从而实现学科领域大模型的实践落地。

具备多模态内容生成能力的教育大模型更能满足教育应用需要。图片、音频、视频等多模态教育资源有利于对宏观和微观事物、抽象事物进行生动直观表达,对复杂过程进行简化呈现等,可以促进学生理解和激发学生兴趣。当前,很多学校和教师已经开始使用大模型生成多模态的教育资源来辅助教学,兼具多种模态教育资源生成能力的大模型能更好满足教师实际需要。多模态数据处理将成为教育大模型的重要应用方向。随着人工智能技术与教育教学融合的日益深入,交互式学习、探究式学习等学习理念不断普及,教学方式趋向于更加丰富和多样化,课堂实录、视频作业等多模态数据在教育数据中的占比将不断上升,大模型对多模态数据的处理能力也将随之不断提升。

4.3 赋能生成式教学资源供给,创新优质资源个性化配置

教学资源生产方式正从人工创造向智能生成转变。数字资源是教育数字化的关键要素,当前我国数字化教学资源开发呈现出多方开发主体协同、多类用户参与、多种共享模式并存的特点,但也存在优质资源体量不足、资源类型不够丰富、资源开发效率有待提高、资源质量难以保障等瓶颈问题。结合生成式人工智能所展现出的内容生成快速性、同步性以及多端性智能生成能力,通过人机协同参与资源开发,有望突破当前瓶颈,推动教育资源开发向批量化、海量化、高效化方向发展,促使人力投入更多地转向科学把控与创意生成领域。

在智能时代,教学资源获取方式从传统的“人找资源”向“资源找人”转变。当前,网络数字教学资源存在质量参差不齐、逻辑关系不明确、供给机制不完善等问题,给教学资源的检索、筛选和利用带来极大挑战,增加了师生的认知负荷。在教育数字化实践中,如何从注重教学资源生成转向面向师生需求和资源定制化服务,已成为用户关注的核心问题。生成式人工智能区别于搜索引擎的资源检索方式,通过对数字教学资源的智能化聚合与重组,生成具有良好结构框架和语义逻辑的教学内容并进行精准推送,实现教学资源获取方式从被动分发向主动推荐转变,实现需求驱动、个性化资源服务。

4.4 重塑智能化教与学方式,增强师生有效教学新动能

生成式人工智能能够激发教学创新潜能,助力教师实现教学减负与提质增效。当前,教师在工作中面临繁重的备授课及相关工作压力,以及数字化转型下掌握新技术、新设备的技术门槛压力,急需有效解决方法。生成式人工智能高质量的内容生成能力契合教师日常工作需求,在教学设计、课堂教学、课后辅导、作业设计与批改等教学环节均可提供支持,如一键生成教案和课件、拓展课堂知识内容、启发学生自主探索、自动提炼学生作文要点进行批

改等,减轻教师日常工作负担。同时,生成式人工智能降低了人机交互难度,通过网络平台即可开展对话交互,解决了教师面临的技术压力问题。

生成式人工智能创新对话式学习方式,促进学生个性化学习和高阶思维培养。在数字时代,学习模式正从标准化向个性化、从被动接受向主动探究、从供给侧向需求侧转变。生成式人工智能可发挥对话式交互特性,从与学生的多轮对话中挖掘学习情境和任务要求,生成文本、图像、视频、音频等多形态学习材料,为学生学习提供支持。同时,还能基于学生的学习水平、学习风格、知识背景等特征,为学生推荐适合的学习路径和学习任务,生成定制化学习支架,提升学生的协作、创造和批判性思维能力,激发学生学习动机和潜能,实现更高水平的个性化学习。

4.5 强化素养导向评价理念,深化多元协作评价方式

在评价理念方面,应进一步强化从知识本位向“知识＋素养”本位的转变。教育评价对教育发展具有重要导向作用,面向数字社会人才培养需求,教育的目标是培养具有独立思考能力、正确价值观和判断力的人,发展核心素养,而非单纯获取和记忆特定知识。因此,要树立“知识＋素养”的评价理念。生成式人工智能强大的信息整合能力加速了信息获取和知识传授过程,传统知识评价难以适应信息过载的现实需求。在评价实践中,应关注学生的信息应用能力和高阶思维能力发展,构建更为全面的综合素养评价体系。同时,生成式人工智能可回答的陈述性知识本身并非评价重点,真正有效的学习与考核内容应具备高阶性与开放性,与真实问题情境相关,并注重考查学生的创新意识与能力。

在评价内容和方式上,“人际＋人机”协作的方式有助于实现综合性评价。针对传统评价多采用结果性评价、依赖评价者个人经验、评价反馈不及时且方式单一等问题,生成式人工智能为评价改进提供了新的赋能手段,强调人际合作与人机协同的综合评价。在评价内容方面,固定式知识问答转变为开放式问题解决,学生通过“人际＋人机”的多方互动沟通协作形成综合解决方案,使传统以试卷为主的结果评价转变为情境化、问题式的综合型评价。在评价方式方面,生成式人工智能发挥其动态性、多模态和伴随式等特征,在师生、生生等人际评价基础上增加机器评价辅助,可在持续的人机交互对话中进行数据采集、自动化内容批改和评价,综合分析学生的学习情况和表现。

4.6 统筹智能教育应用创新,推动人工智能向善发展

当下,伦理先行的治理架构初步搭建,引导生成式人工智能朝着有益方向发展迫在眉睫。一方面,明确 AI 辅助教学的定位,不能取代教师在情感交流、品德塑造、价值观引导方面的关键作用。另一方面,智能教学工具设计需遵循透明性原则,保证算法可解释。如自动评分系统应清晰说明评分指标及权重,避免算法黑箱带来的不公平,保障教育评价公正可信。为更好应对这些 AI 伦理挑战,需持续开展跨学科研究,融合教育学、伦理学、计算机科学等多学科智慧,制定与时俱进的动态伦理准则,确保人工智能在教育变革中,坚守公平、隐私保护、尊重人性的原则,推动教育朝着更包容、高效、人性化的方向迈进,实现教育普惠 。

为了更好地鼓励和促进技术革新与有效应用,建立包容创新、安全可控、审慎发展的政策和制度环境已成为当务之急。包容创新的环境是激发技术活力的土壤,政策应为各类创新主体提供广阔空间,鼓励教育科技企业、科研机构与学校深度合作,在一定范围内进行探

索性实践,支持利用新技术开发多样化的教育产品,如智能课程设计、个性化学习平台等。安全可控是技术应用的基本保障,政策与制度必须明确技术应用中的安全责任,确保教育数据的安全性与隐私性。严格规范数据收集、存储、使用与共享流程,防止数据泄露与滥用。对智能教育系统的算法进行审查与监管,避免算法偏见和错误决策,保障教育公平。审慎发展则要求在技术推进过程中保持理性,政策制定应充分考量技术对教育生态的长期影响,避免盲目跟风,在引入新的教育技术时,深入分析其对教师角色、学生学习体验以及教育公平性的潜在影响,确保技术的发展与教育的本质目标相契合。

展望未来,生成式人工智能与教育的深度融合前景无限。在技术不断革新与完善的进程中,教育形态正在经历全方位重塑。从人机关系迈向共生,到教育环境的智能升级,再到教学资源的个性化配置、教与学方式的创新、评价体系的优化以及伦理治理的强化,每一步都昭示着教育迈向更优境界的坚实步伐。

随着教育专有大模型的研发推进,以及人工智能在教学各环节的深度渗透,教师将从繁琐工作中解脱,专注于更具创造性和人文关怀的教育活动;学生也能在个性化、智能化的学习环境中,尽情释放潜能,培养高阶思维与综合素养。而在政策护航下,包容创新、安全可控、审慎发展的环境将不断催生更多教育科技创新成果。持续的跨学科研究也会为人工智能伦理筑牢根基,确保技术始终服务于人的发展。

在各方共同努力下,人工智能必将推动教育实现质的飞跃,构建一个更加公平、高效、充满人文关怀的教育生态,让每一位学习者都能在这场变革中收获知识、实现梦想,奔赴充满希望的未来 。

(致谢:在此向参加教育数字技术研讨、为本文档提供案例和素材,以及对本报告提出修改建议的各位专家和单位委员代表表示感谢)

参考文献

[1] 冯登国,连一峰. 2023 年网络空间安全科技热点回眸[J]. 科技导报,2024,42 (1):232-244.

[2] IDC. 生成式 AI 推动下的中国网络安全软件市场现状和技术发展趋势[R/OL]. 国际数据公司网,[2025-02-01].

[3] 工业和信息化部元宇宙标准化工作组. 空间计算发展报告(2024 年)[EB/OL]. 发现报告网,[2025-02-01].

[4] Gartner. 2025 年十大战略技术趋势[EB/OL]. 高德纳网,[2025-02-01].

[5] Muhammad O S,Daniel K,Jayaram R,et al. Cloud-LoRa:enabling cloud radio access LoRa networks using reinforcement learning based bandwidth-adaptive compression[C]// 21st USENIX Symposium on Networked Systems Design and Implementation,April 16-18,2024,Santa Clara,CA,USA. Clara:USENIX Association,pp. 1959-1976.

[6] Gong C,Zheng Z,Wu F,et al. Delta:a cloud-assisted data enrichment framework for on-device continual learning[C]//Proceedings of the 30th Annual International Conference on Mobile Computing and Networking,2024:1408-1423.

[7] Ye S,Zeng L,Chu X,et al. Asteroid:resource-efficient hybrid pipeline parallelism for collaborative DNN training on heterogeneous edge devices[C]//Proceedings of the 30th Annual International Con-

ference on Mobile Computing and Networking,2024:312-326.

[8] 中国信息通信研究院云计算与大数据研究所.边缘计算产业发展研究报告(2024 年)[R/OL].中国信息通信研究院网,2024-11-08[2025-02-01].

[9] 工业和信息化部办公厅.工业和信息化部办公厅关于推进移动物联网"万物智联"发展的通知[A/OL].中国政府网,2024-08-29[2025-02-01].

[10] 中商产业研究院.2024 年中国物联网行业市场前景预测研究报告(简版)[R/OL].中商情报网,2024-02-19[2025-02-01].

[11] IDC. Worldwide edge spending guide [R/OL]. 国际数据公司网,[2025-02-01].

[12] Telenor IoT,Omdia. 2024 年物联网趋势预测报告[R/OL]. Telenor IoT,[2025-02-01].

[13] Schiavo L L,Gines G A,Andres G S,et al. CloudRIC:open radio access network (O-RAN) virtualization with shared heterogeneous computing[C]//Proceedings of the 30th Annual International Conference on Mobile Computing and Networking,2024:558-572.

[14] Frieß J,Gattermayer T,Gelernter N,et al. Cloudy with a chance of cyberattacks: dangling resources abuse on cloud platforms[C]//21st USENIX Symposium on Networked Systems Design and Implementation,April 16-18,2024,Santa Clara, CA,USA. Clara:USENIX Association,pp. 1977-1994.

[15] 肖松,程和平,吴朝晖,等.脑机接口技术发展现状及未来展望[J].科学与社会,2024,14(3):1-25.

[16] Wang H,Pan J,Liu C. Research development and forecast of automatic speech recognition technologies[J]. Telecommunications science,2018,34(2):1-11.

[17] Mehrish A,Majumder N,Bharadwaj R,et al. A review of deep learning techniques for speech processing[J]. Information Fusion,2023,99: 101869.

[18] Deshmukh A M,Chalmeta R. User Experience and Usability of Voice User Interfaces: A Systematic Literature Review[J]. Information,2024,15 (9): 579.

[19] 讯飞教育技术研究院. 2024 智能教育发展蓝皮书:生成式人工智能教育应用[R]. [2025-02-01].

[20] Labrak Y,Bazoge A,Morin E,et al. BioMistral: a collection of open-source pretrained large language models for medical domains[C]// Findings of the Association for Computational Linguistics: ACL 2024. Bangkok Thailand, August 11-16, 2024, 2024 Association for Computational Linguistics: 5848-5864.

[21] Gong C,Wang X,Cooper E,et al. ZMM-TTS: zero-shot multilingual and multispeaker speech synthesis conditioned on self-supervised discrete speech representations[J]. IEEE/ACM Transactions on Audio,Speech and Language Processing,2024,32:4036-4051.

[22] Mallouk N,Roshanfar M,Fekri P,et al. A brief review on recent advances in haptic technology for human-computer interaction: force,tactile,and surface haptic feedback[C]//2024 7th International Conference on Information and Computer Technologies (ICICT),Honolulu,HI,USA,March 15-17, 2024,pp. 34-39.

[23] Pacchierotti C,Prattichizzo D. Cutaneous/Tactile haptic feedback in robotic teleoperation: motivation,survey,and perspectives[J]. IEEE Transactions on Robotics,2024,40:978-998.

[24] Jiang W B,Zhao L M,Lu B L. Large brain model for learning generic representations with tremendous EEG data in BCI[C]//The 12th International Conference on Learning Representations(ICLR 2024).

[25] Saadawi H F T,Das B,Das R. A systematic review of trimodal affective computing approaches: text,audio,and visual integration in emotion recognition and sentiment analysis[J]. Expert Systems with Applications,2024,255:124852.

[26] Ashwin T S,Guddeti R M R. Automatic detection of students' affective states in classroom environ-

ment using hybrid convolutional neural networks[J]. Education and information technologies, 2020, 25 (2):1387-1415.

[27] Moon G, Yu S, Wen H, et al. Interhand2. 6m: a dataset and baseline for 3D interacting hand pose estimation from a single RGB image[C] //Computer Vision-ECCV 2020:16th European Conference, Glasgow, UK, August 23-28, 2020, Proceedings, Part XX 16. Springer International Publishing, 2020: 548-564.

[28] Zhao Z, Wu Q, Wang J, et al. Exploring embodied intelligence in soft robotics: a review[J]. Biomimetics, 2024, 9(4) : 248.

[29] Sun F, Chen R, Ji T, et al. A comprehensive survey on embodied intelligence: advancements, challenges, and future perspectives[J]. CAAI Artificial Intelligence Research, 2024 (3):9150042.

[30] Liu Y, Chen W, Bai Y J. Aligning cyber space with physical world: a comprehensive survey on embodied AI[J]. arXiv preprint arXiv:2407. 06886, 2024.

[31] 李基锦. 2024年中国人机交互式设备行业的市场发展现状及发展趋势分析[EB/OL]. 中研网, 2024-05-16[2025-02-01].

[32] 2024年中国人机交互市场现状调研与发展前景预测分析报告[R/OL]. 产业调研网,[2025-02-01].

[33] 2024—2030年中国人机交互行业发展深度调研与未来趋势预测报告[R/OL]. 产业调研网,[2025-02-01].

数字教育标准应用案例年度分析报告（2025）

杜婧[1]，王皖斌[1]，沈舒尹[2]，李栋[3]，郝方园[4]，潘如玥[1]，杨勇[1]

（1. 清华大学；2. 南开大学；3. 锐捷网络有限公司；4. 青岛伟东教育科技有限公司）

为促进教育数字化转型，全国信息技术标准化技术委员会教育技术分技术委员会于2024年启动了标准创新与应用项目立项和优秀案例遴选的工作。本文概述了项目申报规则、总体进展和各项目组的工作情况，分析了2024年度118份有效提交标准应用案例的情况。这些案例覆盖教育信息的多个领域，从多个维度凸显了数字教育技术标准在教育数字化转型中的重要支撑性作用。

1 综述

1.1 工作背景

为了进一步推动信息技术标准助力教育数字化转型，促进标准应用推广，提升试点示范效应，支持教育数字化国家战略的实施，全国信息技术标准化技术委员会教育技术分技术委员会暨教育部教育信息化技术标准委员会（简称“标委会”，英文缩写为CELTSC）于2024年3月启动了2024年度标准创新与应用项目申报与立项工作，并在往年相关工作的基础上，进一步优化应用案例申报工作机制和优秀案例遴选模式，以更高效和科学的方式推动教育技术标准的落地实施和创新发展。

1.2 申报规则

2024年度标准创新与应用项目申报与遴选工作分为“标准创新型项目”和“标准应用型项目”2个类别进行，各单位可以从分属2个类别的共19项国家标准、行业标准或规范文件（表1）中选择相关标准（规范）的应用案例进行项目申报。

其中，“标准创新型项目”的申报，应由相关标准的第一或第二起草单位牵头，邀请一个或多个应用单位进行联合申报，应用单位需要为项目提供与该标准相符合的应用案例进行支撑。“标准应用型项目”的申报则由相关标准的应用单位牵头，经标委会委员推荐，并由申报单位邀请相关标准起草单位和起草专家进行联合申报。申报项目中可以存在多个标准的应用，项目成员也可以同时涵盖多个标准的起草单位。

本年度参与申报并立项的项目建设时间为2024年4月至2024年10月。建设期满后，标委会统一组织项目结题验收，具有典型推广示范效应的项目将参与年度标准创新与应用优秀案例的评选。

同时，本年度申报规则要求，申报单位在项目建设期间应积极支持标准应用及推广工作，至少组织一次经验交流与推广宣传活动，力争培育建设一批高质量标准应用优秀案例。

表1 2024年度标准创新与应用项目相关标准(规范)汇总

项目类型	序号	应用标准编号及名称
标准创新型项目	1	教科信函〔2021〕14号 高等学校数字校园建设规范(试行)
	2	20232407-T-469 信息技术 学习、教育和培训 移动学习终端功能要求
	3	GB/T 36642—2018 信息技术 学习、教育和培训 在线课程
	4	GB/T 42411.1—2023 信息技术 学习、教育和培训 在线课程体系 第1部分:框架与基本要求
	5	20243358-T-469 信息技术 学习、教育和培训 在线课程体系 第2部分:基础教育课程数据模型
	6	20243357-T-469 信息技术 学习、教育和培训 在线课程体系 第5部分:职业教育课程数据模型
	7	20243355-T-469 信息技术 学习、教育和培训 在线课程体系 第3部分:高等教育课程数据模型
	8	GB/T 36342—2018 智慧校园总体框架
	9	GB/T 36447—2018 多媒体教学环境设计要求
	10	T/SAIA 0013—2023 教育通用人工智能大模型系列标准 T/SAIA 0013.1—2023 教育通用人工智能大模型 第1部分 总体框架 T/SAIA 0013.2—2023 教育通用人工智能大模型 第2部分 信息模型 T/SAIA 0013.3—2023 教育通用人工智能大模型 第3部分 数据规范 T/SAIA 0013.4—2023 教育通用人工智能大模型 第4部分 测评规范 T/SAIA 0013.5—2023 教育通用人工智能大模型 第5部分 教学应用要求
	11	GB/T 36354—2018 数字语言学习环境设计要求
	12	GB/T 43438—2023 信息技术学习、教育和培训 中小学教师信息素养评价指南
标准应用型项目	1	GB/T 29802—2013 信息技术 学习、教育和培训 测试试题信息模型
	2	JY/T 0646—2022 教师数字素养
	3	JY/T 0633—2022 教育基础数据
	4	JY/T 0637—2022 教育系统人员基础数据
	5	JY/T 0639—2022 中小学校基础数据
	6	JY/T 0641—2022 智慧教育平台 基本功能要求
	7	JY/T 0650—2022 智慧教育平台 数字教育资源技术要求

1.3 项目总体情况

2024年度项目工作自3月份启动以来经历了三个阶段。2024年3月至5月为案例申报与立项期,2024 年 4 月至 10 月为案例项目建设期,2024 年 11 月启动标准应用案例的申报及预评审工作,并于 2024 年底完成标准应用案例遴选(图 1)。

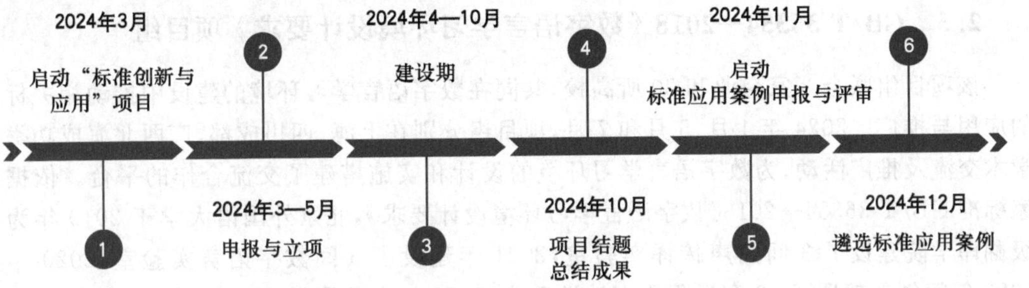

图 1　2024 年度"标准创新与应用"项目工作周期

在本年度项目申报与立项期,标委会共收到了 47 份项目申请书,经过严格的评审与筛选,最终确定"标准创新型项目"推进 12 项标准的应用试点及进一步研制,"标准应用型项目"推进 7 个标准的应用。

2　各项目组案例建设及工作情况

2024 年度案例项目建设期间,11 个项目组在各自申报的标准(规范)组合支撑的基础上,开展了富有成效的应用项目建设工作,并根据各自相关标准的应用特点和领域特色,组织了包括学术交流、人才培训、经验推广等一系列活动,为高质量标准应用案例建设做出了富有成效的工作。

2.1　《高等学校数字校园建设规范(试行)》和 20232407-T-469《信息技术 学习、教育和培训 移动学习终端功能要求》项目组

该项目组联合 6 家企业和 165 所高等学校共同参与。2024 年 5 月至 9 月期间,项目组累计组织了 11 次会议和研讨活动,积极开展了两轮数字校园建设评价指标体系的研究。结合调研结果,项目组对原有的数字校园建设评价指标体系进行了进一步修订和完善。此外,工作组还编制了《数字校园建设评价指标体系工作组讨论稿》和《数字校园建设测评指标-德尔菲专家咨询报告》,为数字校园建设的评价工作提供了详细指导。在此基础上,国家标准计划项目 20232407-T-469《信息技术 学习、教育和培训 移动学习终端功能要求》在 2 家参编单位的应用试点,进行了进一步的修订和完善,最终形成了征求意见稿。项目组还推荐了 87 个优秀应用案例,为各高校提供了可供借鉴的实践经验。

2.2　GB/T 36342—2018《智慧校园总体框架》和 GB/T 36447—2018《多媒体教学环境设计要求》项目组

该项目组联合 8 家产学研用相关单位,共同致力于相关标准应用工作的研究与实践。2024 年 5 月和 11 月,项目组分别在四川成都和山东曲阜组织召开了 2 场学术交流活动,为智慧校园建设和教育技术创新提供了交流平台。此外,从 4 月 20 日至 6 月 16 日,项目组成功开展了第四期"教育技术工程师"培训,为教育领域技术人才的培养注入新动力。同时,项

目组还推荐了6个优秀应用案例，为智慧校园和多媒体教学环境的设计与应用提供了有力支持和经验借鉴。

2.3 GB/T 36354—2018《数字语言学习环境设计要求》项目组

该项目组联合3家企业和30所高校，共同在数字语言学习环境的建设中推动相关标准的应用与推广。2024年4月、5月和7月，项目组分别在上海、四川成都、广西北海成功举办学术交流及推广活动，为数字语言学习环境的设计和实施搭建了交流合作的平台。依据国家标准GB/T 36354—2018《数字语言学习环境设计要求》，北京外国语大学于2019年为高级翻译学院建设了3间同声传译实验室，2021年建设了5间数字语言实验室，2020年至2023年间创新部署了13套远程语言教学系统，2023年在英语学院建设了2间智能写作翻译实验室，2024年在高级翻译学院新增了2间同声传译实验室。同时，北京大学、上海外国语大学、广东外语外贸大学、武汉大学等多所高校也按照国家标准部署了百余套实验系统，为数字语言学习环境的标准化建设提供了示范作用。项目组还推荐了7个优秀应用案例，为其他高校及相关单位的建设提供了宝贵经验。

2.4 GB/T 43438—2023《信息技术 学习、教育和培训 中小学教师信息素养评价指南》项目组

该项目组联合1家企业，依托相关标准，推出了“新兴技术助力教育生态重构”“新时代教师的责任与使命”等15门课程，这些课程已广泛应用于2024年继教网的信息技术教师培训中，帮助基础教育教师提升信息素养和普及先进的教育技术应用。此外，针对新时期教育需求，项目组还开发了12门新课程，内容涵盖“数字技术与数字技术特点”“如何利用信息检索工具有效获取信息”“常见资源管理软件的使用”“常用学校数字化设施介绍”等，进一步拓展了教师的信息技术知识和应用能力。通过多次举办教师信息化能力提升培训班，有效地支持了教师在信息技术时代提升自身素养，推动教育信息化发展。

2.5 T/SAIA 0013—2023《教育通用人工智能大模型系列标准》项目组

该项目组联合21个产学研用相关单位，共同推动教育通用人工智能大模型系列标准的应用实践。2024年6月，项目组在广东珠海成功举办了教育通用人工智能大模型标准研讨会，约40名与会专家学者共同就教育领域中人工智能大模型的标准化进程进行了广泛且深入的探讨和交流。2024年7月6日，《教育人工智能大模型数据治理与共享技术标准白皮书》在2024世界人工智能大会的语料主题论坛上正式发布，为教育行业的人工智能应用提供了技术指南和治理框架。目前，该系列标准已形成了包括总体框架、信息模型、数据规范、测评规范和教学应用要求等部分在内的完整体系。本项目组共推荐了7个典型的应用案例。

2.6 GB/T 36642—2018《信息技术 学习、教育和培训 在线课程》和GB/T 42411.1—2023《信息技术 学习、教育和培训 在线课程体系 第1部分：框架与基本要求》项目组

该项目组联合5个产学研用相关单位，共同研制了2套XML绑定规范，分别为《信息

技术 学习教育和培训 在线课程元数据 XML 绑定规范》和《信息技术 学习、教育和培训 在线课程体系 XML 绑定 第1部分:框架与基本要求》。这些规范为在线课程和课程体系的数据交换与集成提供了标准化的解决方案。依据这些绑定规范,相关企业将高中化学课程“东哥说化学”和高中数学课程“高一数学培优微课”转化为 XML 格式示范案例,展示了规范在实际应用中的有效性。为了进一步推动规范的推广与应用,项目组于 2024 年 5 月和 11 月分别在线上召开了在线课程、在线课程体系标准绑定规范的研讨会和在线课程体系标准第1～5 部分的 XML 绑定规范的研制会议,推动了标准化工作深入开展。

2.7 20243358-T-469《信息技术 学习、教育和培训 在线课程体系 第2部分:基础教育》(在研)和 20243357-T-469《在线课程体系 第5部分:职业教育》(在研)项目组

该项目组联合 4 所职业学校及 5 家出版单位,成功制定了基础教育在线课程体系标准和职业教育在线课程体系标准的信息模型及其 XML 绑定指南,该工作为在线课程体系的标准化建设提供了详细的技术规范,推动了教育信息化的发展。为了提高教育工作者的操作便捷性,项目组还开发了在线课程体系 XML 文件校验工具,使得课程体系的 XML 描述文件能够更加高效、准确地进行检验。作为示范,项目组选择了上海市中等职业学校供用电技术(新能源与电力新技术)专业的课程体系,并将其转化为 XML 格式的示范案例。为了进一步推广和应用这些标准,项目组于 2024 年 5 月和 11 月在线上举办了在线课程及在线课程体系标准绑定规范的研讨会和课程体系系列标准创新应用推广工作会议,就标准的实施细节、技术应用以及创新推广进行了深入探讨。

2.8 20243355-T-469《信息技术 学习、教育和培训 在线课程体系 第3部分:高等教育》(在研)项目组

该项目组联合 9 个产学研用相关单位,成功制定了一套系统且灵活的高等教育课程体系标准信息模型,为课程体系的数字化描述和数据交换提供了规范化支持。为了进一步推动标准的应用,项目组开发了在线课程体系 XML 编辑工具原型,简化了用户操作,使教育工作者能够更加便捷地创建、编辑和管理课程体系的 XML 描述文件。这一工具为课程体系的数字化转化提供了重要的技术支撑。作为示范应用,项目组选择了清华大学、北京邮电大学、华东师范大学和国家开放大学等多所高校的课程体系,并将其转化为 XML 格式,展示了标准的实际应用效果。为了推动这些标准的广泛应用,项目组于 2024 年 11 月在线上举办了课程体系系列标准创新应用推广工作会议,深入探讨了标准的创新应用及推广策略,进一步推动了高等教育课程体系的标准化与数字化进程。

2.9 GB/T 29802—2013《信息技术 学习、教育和培训 测试试题信息模型》和 JY/T 0646—2022《教师数字素养》项目组

该项目组联合 22 个产学研用相关单位,基于《教师数字素养》标准条款,完成了生成式人工智能智能课堂产品及五育评价教师画像的产品升级,进一步优化了教学工具的智能化水平。通过将标准应用案例推广到上海、武汉、合肥、天津、湖南、四川等多个区域的学校,推动了教育信息化的普及和发展。此外,项目组还成功实现了 4 个省级考试系统和 11 个地市

级考试系统的落地应用,这些系统已全面服务于学业水平考试的所有科目,累计为超过 500 万名考生提供了服务。项目组推荐了 6 个典型的应用案例,展示了标准化在不同教育场景中的创新应用与实际效益。

2.10 JY/T 0633—2022《教育基础数据》JY/T 0637—2022《教育系统人员基础数据》和 JY/T 0639—2022《中小学校基础数据》项目组

该项目组联合 5 个产学研用相关单位,共同开展了"沈阳教育管理公共服务平台"建设,致力于构建以"沈阳教育数字基座"为核心的教育应用融通与数据融通支撑体系。该平台旨在推动沈阳市教育信息化的深度融合,提升教育管理与服务的效率和质量。2024 年 6 月 28 日,项目组召开了"沈阳市教育数字基座应用推广启动会",标志着平台建设的正式启动。会议期间,项目组还召开了 2 次专项研讨会,针对平台的应用推广和技术实施进行了深入讨论与交流。通过这一项目,沈阳市的教育管理体系实现了更加高效的数据共享与应用整合,推动教育现代化进程。项目组还推荐了 1 个典型的应用案例,展示了数字基座在教育管理中的创新应用与成效。

2.11 JY/T 0641—2022《智慧教育平台 基本功能要求》和 JY/T 0650—2022《智慧教育平台 数字教育资源技术要求》项目组

该项目组联合 4 个产学研用相关单位,共同推动了广东省出版集团数字出版有限公司自主研发的"粤教翔云数字教材应用平台"建设,该平台为广东省超过 1.9 万所义务教育阶段学校、1600 多万师生提供了优质、正版、权威的教学与学习服务。平台的应用大幅提升了教学资源的获取和使用效率,为广东省基础教育数字化转型提供了有力支撑。2024 年 1 月至 9 月,项目组通过网站、社交媒体等渠道发布了 268 篇宣传内容,有效提高了公众对教育行业标准应用的认知度,进一步推动了标准的普及与推广。在职业教育领域,广州番禺职业技术学院完成了"珠宝玉石标本特色资源数据库"的建设,并将实训课程与考证、大赛技能点融合,升级为"珠宝鉴定智能实训平台"。该平台现拥有 32 门在线课程、6 000 多个微课素材及上万个学习资源,为珠宝鉴定领域的教学与实训提供了丰富的数字资源和实践支持。项目组还推荐了 2 个典型的应用案例,展示了数字化教材平台与智能实训平台在教育实践中的创新应用和良好效果。

3 优秀应用案例推荐情况

3.1 标准应用总体情况

在上述各项目组工作的基础上,2024 年度共收到了来自 7 个项目组的 260 家单位的参评意向,经过初步筛选,共组织 118 份有效案例材料获提交。此 118 件案例涉及 CELTSC 已发布标准规范类文件或相关预研项目应用共 9 项。应用案例所涉及的标准化建设领域广泛,涵盖了"网络建设""网络安全""数据治理""数字素养""智慧教育平台""语言教学环境"等 20 个方面的建设内容,在教育信息化建设领域具有较高的应用指导和参考价值。

在优秀应用案例所涉及的标准、规范类文件或标准预研项目中,被涉及次数最多的是

《高等学校数字校园建设规范(试行)》,共计 86 次,占全部被应用次数的 72.88%。

其余标准及标准预研项目中,占比最高的为 T/SAIA 0013—2023《教育通用人工智能大模型系列标准》和 GB/T 36354—2018《数字语言学习环境设计要求》,分别被应用 8 次,分别占全部被应用次数的 6.78%;GB/T 36342—2018《智慧校园总体框架》被应用 6 次,占比 5.08%;JY/T 0646—2022《教师数字素养》被应用 5 次,占比 4.24%;20232407-T-469《信息技术 学习、教育和培训 移动学习终端功能要求》被应用试点 2 次,占比 1.69%;JY/T 0650—2022《智慧教育平台 数字教育资源技术要求》和 JY/T 0641—2022《智慧教育平台 基本功能要求》在 2 个项目中被同时应用,占比 1.69%(2 项标准共记作 2 次应用);GB/T 29802—2013《信息技术 学习、教育和培训 测试试题信息模型》被应用 1 次,占比 0.85%(图 2)。

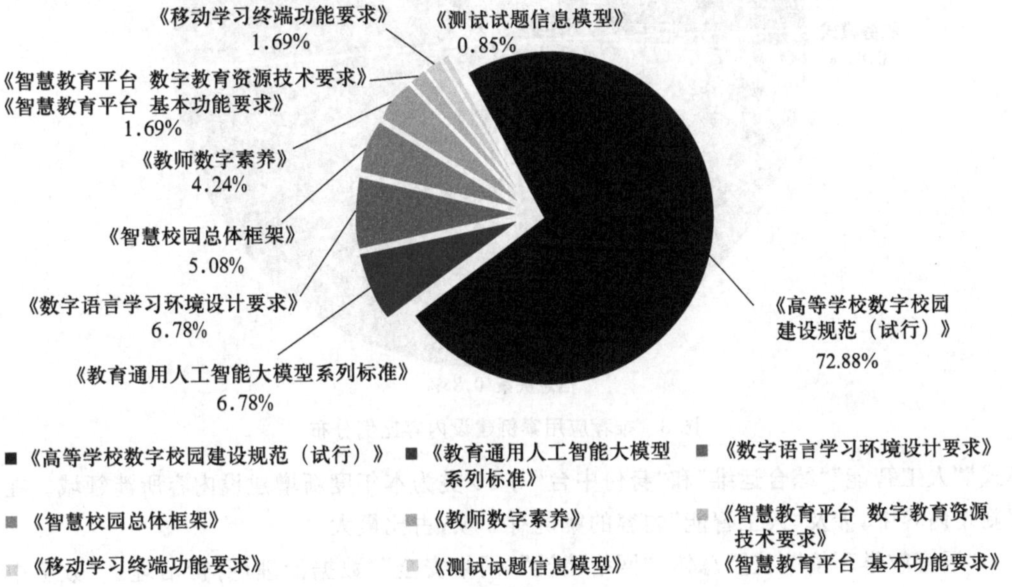

图 2 优秀应用案例参考标准及规范类文件分布比例

3.2 案例所涉建设内容

2024 年度全部 118 件获推荐优秀应用案例所涉及的内容覆盖了教育信息化建设的多个方面。经统计,包括“测试试题”“数字素养”“智慧教育平台”“语言教学环境”“学习空间”“开发平台”“校园总体”“网络建设”“信息决策”“网络安全”“服务模式”“数据治理”“人工智能”“数字中台”“物联网”“综合运维”“身份中台”“云桌面”“信创教学”和“学习终端”等共计 20 类。

其中,涉及“网络建设”内容的案例最多,共 29 件,占全部案例 24.58%。涉及案例占比较多的建设内容还有“网络安全”“数据治理”“数字中台”“语言教学环境”“校园总体”和“人工智能”等主题(图 3)。

3.3 2024 年度案例所涉建设内容与上年度数据的比较分析

相较 2023 年度推荐应用案例所涉及建设内容,从数量上看,2024 年度所涉范围 20 类,较上年度的 15 类建设内容,推荐应用案例的覆盖面显著扩大。

其中“测试试题”“数字素养”“智慧教育平台”“学习空间”“开发平台”“信息决策”“服务

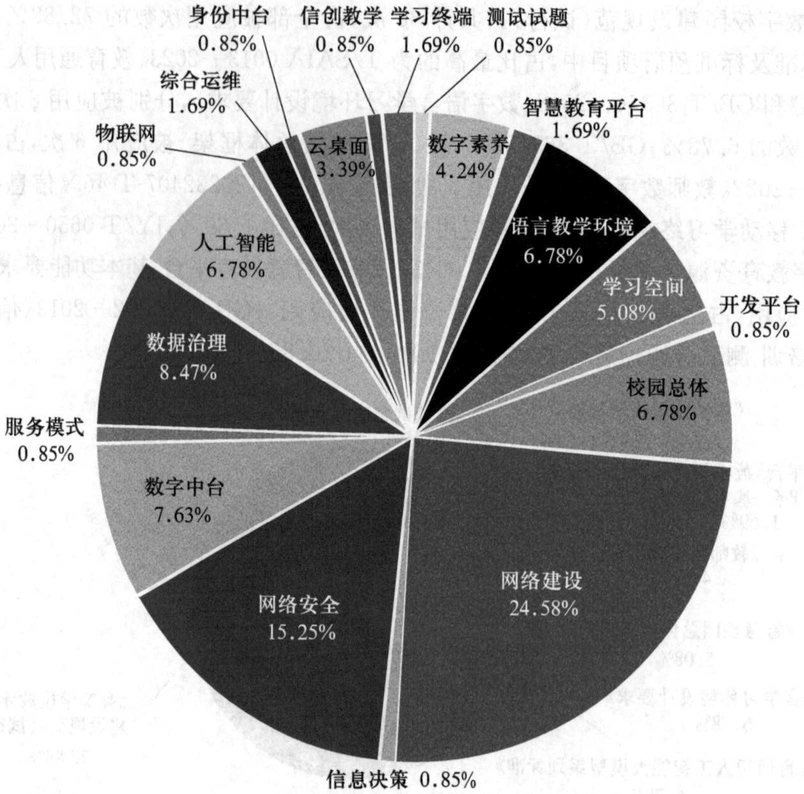

图 3 推荐应用案例建设内容比例分布

模式”“人工智能”“综合运维”和“身份中台”等 10 类为本年度新增建设内容所涉领域。在全部新增内容中，涉及“人工智能”内容的案例有 8 项，占比最大。

“语言教学环境”“校园总体”“网络建设”“网络安全”“数据治理（身份治理）”“数字中台（数据中台）”“物联网”“云桌面”“信创教学”和“学习终端（电子课本）”等 10 类内容在连续 2 个年度都有所涉及（图 4）。其中，“网络安全”“数据治理（身份治理）”和“语言教学环境”等 3 个方面在本年度全部案例中的占比明显上升。“校园总体”“数字中台（数据中台）”和“网络建设”等 3 类内容在本年度全部案例中的占比呈现下降趋势。2023 年度案例曾涉及的“数字资源”“微服务”“数字诊断”“智慧教室”和“智慧实训室”等 5 类内容则没有出现在本年度的推荐案例中。

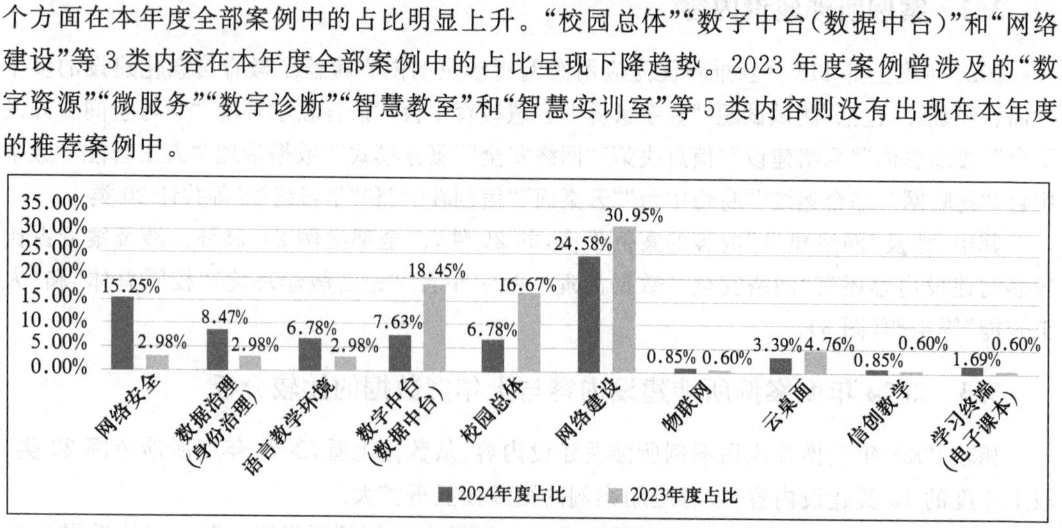

图 4 连续 2 个年度案例均涉及的建设内容主题比较

2024 年度 CELTSC 数字教育标准应用案例项目建设与优秀案例的遴选，展现了教育技术标准在推动教育数字化转型中的关键作用。本年度项目涉及领域广泛，从基础教育、职业教育到高等教育，从智慧校园、数字语言学习环境到人工智能技术的应用，各项目组依托标准化框架，协同多方力量，产出了一批具有示范效应的高质量标准应用案例。这些成果为优化教育资源配置、提升教育质量和推动教育公平提供了科学路径，同时也彰显了标准化在教育信息化建设中的重要价值。

未来，CELTSC 将继续推动教育技术标准的落地应用与实践推广，将教育技术标准化工作与教育数字化战略深度融合，为实现教育强国目标提供有力支撑。

参考文献

[1] 杜婧，王皖斌，李栋，等. 数字教育标准应用案例年度分析报告：数字教育标准研究报告与优秀应用案例汇编(2024)[G]. 北京：清华大学出版社，2024：93-100.

[2] 高等学校数字校园建设规范(试行)：教科技函〔2021〕14 号[A]. 教育部，2021-03-12.

[3] 全国信息技术标准化技术委员会，2018. 信息技术 学习、教育和培训 在线课程：GB/T 36642—2018[S].

[4] 全国信息技术标准化技术委员会，2023. 信息技术 学习、教育和培训 在线课程体系 第 1 部分：框架与基本要求：GB/T 42411.1—2023[S].

[5] 全国信息技术标准化技术委员会，2018. 智慧校园总体框架：GB/T 36342—2018[S].

[6] 全国信息技术标准化技术委员会，2018. 多媒体教学环境设计要求：GB/T 36447—2018[S].

[7] 上海市人工智能行业协会，2023. 教育通用人工智能大模型系列标准：T/SAIA 0013—2023[S].

[8] 全国信息技术标准化技术委员会，2018. 数字语言学习环境设计要求：GB/T 36354—2018[S].

[9] 全国信息技术标准化技术委员会，2023. 信息技术学习、教育和培训中小学教师信息素养评价指南：GB/T 43438—2023[S].

[10] 全国信息技术标准化技术委员会，2013. 信息技术 学习、教育和培训 测试试题信息模型：GB/T 29802—2013[S].

[11] 教育部教师工作司，2022：教师数字素养：JY/T 0646—2022[S].

[12] 教育部科学技术与信息化司，2022. 教育基础数据：JY/T 0633—2022[S].

[13] 教育部科学技术与信息化司，2022. 教育系统人员基础数据：JY/T 0637—2022[S].

[14] 教育部科学技术与信息化司，2022. 中小学校基础数据：JY/T 0639—2022[S].

[15] 教育部科学技术与信息化司，2022. 智慧教育平台 基本功能要求：JY/T 0641—2022[S].

[16] 教育部科学技术与信息化司，2022. 智慧教育平台 数字教育资源技术要求：JY/T 0650—2022[S].

第二部分　数字教育标准应用案例汇编

智慧学校环境下提升教师数字化教学能力的探索与实践

——JY/T 0646—2022《教师数字素养》应用案例

王兴平，廖昌银，张富胜，张立胜，刘中超

（肥西县教育体育局）

1 肥西县教育概况

肥西县共有各级各类学校 77 所，中小学生（含幼儿）总数 12 万人，在职教职工 5 390 人。作为安徽省县域发展排头兵，肥西县敢为人先、包容开放，大力推进教育高质量发展，先后获得国家义务教育发展基本均衡县、全国首批“县管校聘”改革示范区、全国责任督学挂牌督导创新县、全国青少年校园足球试点县的称号。肥西县的“优教乐学，智汇肥西”品牌越擦越亮。

肥西县教育体育局把智慧教育作为推动教育改革发展的关键之举，把乡村智慧学校建设作为促进优质资源普惠共享的重要抓手，按照“建、管、用、培、研五位一体”的工作机制，深化智慧学校建设，助推义务教育优质均衡发展。

2 案例简介

2.1 项目需求

本项目以当前安徽省正在推进的智慧学校工作为背景，以《教师数字素养》国家标准为参照，以实现教师信息素养提升和促进智慧学校应用提质增效为目标，探索一套培训策略，构建整县提升教师信息技术应用能力培训的新模式，为县域内外同级学校提供可持续、可推广的培训模式。

数字化教学能力是新时代高素质教师的核心素养。肥西县教育数字化发展历程表明，提升县域教师数字化教学能力，直接而有效的方式是培训教师。2019 年以来，肥西县稳步推进智慧学校建设与应用，智慧教育环境逐步形成，提升了教师数字化教学能力，促进了智慧学校应用提质增效，开展全县教师数字化教学能力培训也势在必行。

2.2 项目内容

肥西县以智慧学校为背景，从培训的团队、内容、方法、应用和评价五个方面探索出一套培训策略，构建有效的教师数字化教学能力整县提升培训模式。如图 1 所示。

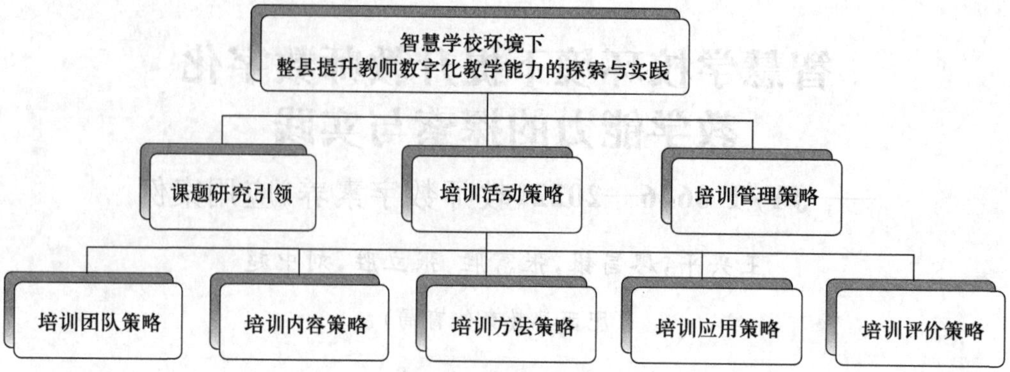

图 1　设计思路

2.3　服务目标人群

肥西县县域全体教师。

3　实施效果

3.1　实施情况

3.1.1　应用场景

本案例主要应用于智慧学校环境下整县教师数字化教学能力培训的全过程，通过线下的“微”培训到借助 AI 教研平台进行整县全员培训，训后再进行“微”实践，实现教师数字化教学能力提升。

(1) 从“微”培训到整县全员培训

学校教务、教研部门根据教师反馈，提出若干个小的需求点，向肥西县中小学教师信息技术应用能力培训团队提出申请，团队根据需求快速研究培训方案、组织成员分工协作，及时到校开展点穴式的培训，培训时间根据学校实际和内容需求灵活安排，长短有序，“微”到阶段性教育教学需求、一次活动需求，甚至教师个人信息技术应用需求等。这种方式的针对性、灵活性和实效性较强，精准定点、深入一线，能随叫随到。阶梯教室、常规课堂、会议室、计算机室、远程会议系统，甚至教师办公桌前、讲台旁边、网上社交群都可以用作培训场所，是星火燎原的“微”场所。

肥西县还利用 AI 教研平台在短期内实现针对整县教师的培训，除了必选课程外，原有平台资源及自建资源也会补充到培训内容之中，教师根据个人发展需要，开展学习。如表 1 所示。

(2)“微”应用

从“微”起步，先关起门来用。肥西县教体局设计了县内教师培训系列活动，让全县中小学教师先在各自教室里用，上“短课”“小课”“尝试课”或“孤芳自赏课”。然后在学校范围内用，上“挑刺课”“研讨课”“展示课”，再到全县性汇报比赛。2017 年“电子白板课堂教学月赛”系列活动、2018 年肥西县“新媒体新技术教育教学应用”系列活动、“智慧课堂”系列活动、中小学教师教学基本功大赛等，以活动促应用、以比赛促提升。现在，从偏远的乡村幼儿园到体量庞大的县城初高中，教师正利用智慧课堂等数字技术和资源不断创新教学模式、改进教学活动、转变学生学习方式，信息技术手段授课已是常态，智慧教学正在逐步走向每一个课堂。

成长后的教师也有“露一手”的“微”需求，于是肥西县教体局就组织县内智慧课堂微场景应用评比活动，从中遴选出优秀的选手参加市级、省级、国家级信息化教学应用大赛。

表 1　肥西县智慧课堂线上培训活动

学段	选修课程名称	学科	学分
全学段	大数据精准教学专项培训课程	全学科	30 学分
小学	肥西县小学智慧课堂优秀课例	全学科	每个 30 学分
初、高中	初中、高中智慧课堂课例	全学科	每个 30 学分
小学	光的传播路线	科学	30 学分
	嫦娥奔月	语文	30 学分
	小学英语五下 unit4 第六课时	英语	30 学分
	谁画的鱼最大	美术	30 学分
	长方体的表面积	数学	30 学分
初中	Unit2 She was thinking about her cat	英语	30 学分
高中	三角函数的概念	数学	30 学分

3.1.2　培训数据

肥西县积极响应教育数字化的发展趋势，大力推进智慧校园建设与应用，率先试点智慧课堂，实现了教学设备从“班班通”的“一班一套”到“智慧学校”的“一人一套”的跨越式升级，数字化教学终端日益普及、更新迭代。教师利用人手一套的智慧课堂设备，随时查阅电子课本及云盘资源，实现了每人有一套自己的备授课助手，并通过校本资源与县级资源平台，随时分享自己的优质资源或应用同行推荐的资源。

另外，智慧学校的“一人一套”实现了教师与学生一对一或者一对多的教学数据汇集，课堂中有习题数据的汇集，课后有作业的数据汇集。为了支持各位老师利用汇集的学情数据对个人教学实践进行分析，支持教学反思与改进，肥西县于 2024 年暑期对 400 名骨干教师进行专题培训，以提升教师的数据应用能力。如图 2 所示。

3.1.3　项目总结

肥西县将“五策协同，双轮驱动”县域教师数字化教学能力培训模式应用在“智慧学校”的培训实践中，形成从培训团队、内容、方法、应用到评价策略体系的模式，整体提升了县域教师数字化教学能力。

(1) 本土化培训团队的构建与发展

为突破培训团队成长瓶颈，肥西县精心筛选县域内一线名师和技术骨干，组建一支专业且富有经验的本地培训团队。通过完善的进出机制，确保团队活力与专业性。团队成员在多项数字化教学大赛中屡获殊荣，不仅彰显了团队实力，也为团队持续的专业成长找到一条捷径。

(2) 实用化培训内容的自编与更新

针对培训内容难确定的问题，肥西县采用自编实用化教程的方法，根据数字化热点和一

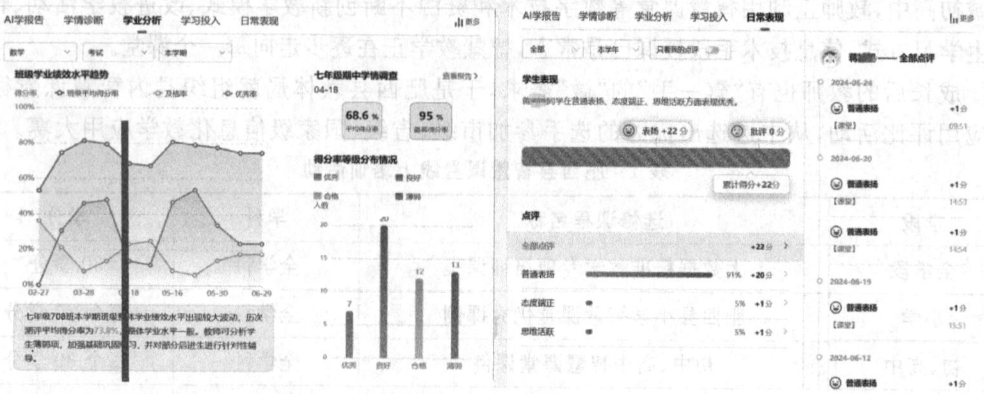

图 2　智慧学校师生数据

线教师需求对教程进行实时更新。教程采用模块化设计，方便教师根据需求选择性学习，同时鼓励学员参与教程的完善与发展，使教程成为一本“生长的书”。

（3）灵动化培训方法的探索与实践

采用线下线上融合的混合式培训，既解决共性问题，又满足个性需求。线下集中培训与送培到校活动相结合，线上微课、AI 自主学和在线研训相结合，打破时空限制，为县域教师提供适用的学习资源与便捷的学习途径。

（4）实战化培训应用的引领与驱动

培训后，通过活动引领和赛事驱动，促进培训成果的实战化应用。通过组织学员开展观摩课、研讨课等活动，巩固培训成果；同时，通过常态化赛事和特色活动，激发学员的创新实践热情，推动培训成果的转化与应用。

（5）多元化培训评价的构建与实施

为破解培训评价操作难和评价促学难的问题，肥西县注重过程评价，聚焦学员成长。通过自评互评、大项目考核等多元化评价方式，激发学员学习内驱力；同时，对培训团队进行聚焦成长的评价，确保培训质量与效果。

（6）“课题引航＋管理护航”双轮驱动模式

肥西县以课题研究为引领，明确培训方向、更新内容，并丰富组织形式；同时，通过规范管理为培训保驾护航，确保培训的规范化与科学化，从而提升县域教师数字化教学能力。

（7）“五策协同，双轮驱动”县域教师数字化教学能力培训模式的提出与实践

基于以上实践，在智慧学校环境下，肥西县结合信息技术 2.0 时期的培训经验，提出了“五策协同，双轮驱动”县域教师数字化教学能力培训模式，如图 3 所示。该模式以提升教师数字化教学能力为核心，以课题研究和规范管理为基础，通过团队本土化、内容实用化、方法灵动化、应用实战化、评价多元化的五大策略协同，有效破解了县域教师培训面临的困境，并在省内外多个区域推广应用，展现出其可持续、可复制、可推广的优势。

3.2　应用成效

3.2.1　形成团队成长机制

原县级“中小学信息名师工作室”已升级为“合肥市信息化教学名师工作室”。该工作室

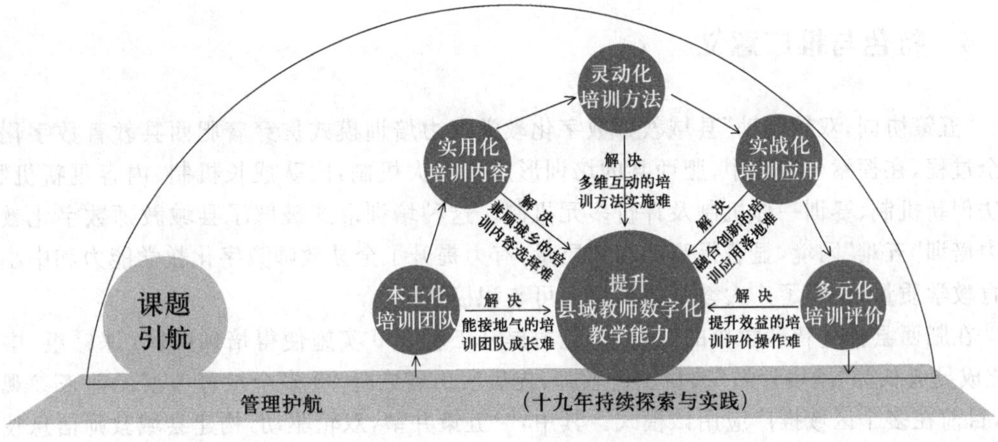

图 3 “五策协同,双轮驱动”县域教师数字化教学能力培训模式

汇聚了肥西县优秀的培训力量,以培养信息化、数字化教学领军人才为核心目标,承担起中小学教师数字化教学能力提升的重任。经过多年的精心培育,已形成一支教学、科研、培训三位一体的数字化教学精英团队,其影响力已辐射至全省乃至更广的区域。

3.2.2 完善内容更新机制

在肥西县培训团队成功编写 10 本培训教程的基础上,又继续深耕细作,除了生成式 AI 的应用,还续编了 5 本培训教程,并配套了丰富的云端资源。其中,3 部培训教程已公开出版,为培训资源库注入了新的活力,丰富了培训内容。

3.2.3 拓展方法创新机制

肥西县在培训方法上不断创新,形成了线上多路径融合混动、线下集中与分散同步推进的全方位、全媒体教师数字化培训新样态。如疫情期间,培训团队迅速响应,制作了一系列线上教学的技术微课,并通过微信公众号、“肥西县智慧教育云平台”和智慧课堂云端共享等方式广泛传播,有效帮助一线教师克服了线上教学的技术难题。同时,团队还组织了两次全县线上直播培训、数百次的在线平台点对点服务,确保了线上教学的顺利进行,实现了全县 10 万师生“停课不停学”的目标。

3.2.4 构建成果转化机制

肥西县依托各级云平台,持续开展特色活动,如“教师教育教学信息化大赛”“信息化三项作品评选”“新媒体新技术课例评比”“智慧课堂教学能手评选”及“校长话智校”等,鼓励全员参与、全学段覆盖,极大地促进了培训成果的转化与应用。

3.2.5 优化多元评价机制

肥西县建立了完善的多元评价机制,通过问卷调查、每日反馈等方式全程监督、全方位评价培训团队成员,确保培训质量。同时,对学员实施形成性评价,将培训过程中的自评、互评与综合考核落到实处,不仅提升了教师的数字化应用能力,也促进了培训质量的不断提高。

4　特色与推广意义

“五策协同，双轮驱动”县域教师数字化教学能力培训模式贯穿着肥西县教育数字化发展全过程，在探索与实践中，肥西县的培训形成了五大机制：团队成长机制、内容更新机制、方法创新机制、赛训一体机制及评价多元机制。这种培训形式破解了县域教师数字化教学能力培训“五难”困境，显著提高了培训质量，有力提升了全县教师数字化教学能力和中小学教育教学质量，获得了广大教师的高度认可与积极评价。

在肥西县推进智慧学校的建设中，能力提升工程 2.0 实施使得培训团队(课题组)中有 6 位成员成长为“国培计划”项目主讲教师，先后吸引省内外 20 多个教育考察团前来参观调研，目前在多个区域推广应用该模式。其中，“‘五策并举，双轮驱动’构建县域教师信息技术应用能力培训新模式”荣获安徽省基础教育教学成果奖；另一成果“县域教师数字化教学能力‘五化协同’培训模式”入选安徽省新一轮教学成果奖培育项目；团队申报的案例“构建‘五策并举，双轮驱动’培训模式提升县域教师信息技术应用能力”荣获全国典型案例并在全国能力提升工程办公室组织的展播活动中通过多种形式进行了展播。

肥西县官亭镇中心学校因培训成果转化成效显著，被评为安徽省中小学教师信息技术应用能力提升工程 2.0 省级示范校；合肥八中教育集团铭传高级中学和肥西县严店镇中心学校因在智慧学校建设与应用上成效显著，被选定为全国基础教育信息化应用现场会指定展示单位。

5　标准符合性自述

5.1　基本标准符合性指标

基本标准符合性指标自评详情见表 2。

表 2　基本标准符合性指标

与 JY/T 0646—2022《教师数字素养》标准中以下条款相符合	自评
《教师数字素养》5.2 条 a) 数字化认识	满足
《教师数字素养》5.3 条 a) 数字化意愿	满足
《教师数字素养》6.2 条 a) 数字技术知识	满足
《教师数字素养》6.3 条 a) 数字技术技能	满足
《教师数字素养》7.2 条 a) 数字化教学设计	满足

续表

与 JY/T 0646—2022《教师数字素养》标准中以下条款相符合	自评
《教师数字素养》7.3 条 a）数字化教学实施	满足
《教师数字素养》7.4 条 a）数字化学业评价	满足
《教师数字素养》7.5 条 a）数字化协同育人	满足
《教师数字素养》8.2 条 a）法治道德规范	满足
《教师数字素养》8.3 条 a）数字安全保护	满足
《教师数字素养》9.2 条 a）数字化学习与研修	满足
《教师数字素养》9.3 条 a）数字化教学研究与创新	满足

5.2 评议性指标

评议性指标自评详情见表 3。

表 3 评议性指标

与 JY/T 0646—2022《教师数字素养》标准中以下条款相符合	自评
《教师数字素养》9.2 数字化学习与研修 教师利用数字技术资源进行教育教学知识技能学习与分享，教学实践反思与改进的能力，包括利用数字技术资源持续学习，利用数字技术资源支持反思与改进，以及参与或主持网络研修。总体要求是： a）利用数字技术资源持续学习。 b）利用数字技术资源支持反思与改进。 c）参与或主持网络研修	满足。县教体局安排调研，根据区域、学校和个人发展需要，提供学习资源、指导团队和实践平台，帮助县域教师利用数字技术资源开展学习。比如，针对培训内容选择难的问题，自编实用化教程，并根据数字化热点和一线教师需求进行年度更新。教程采用模块化设计，方便教师根据需求选择性学习，同时鼓励学员参与教程的完善与发展，使教程成为一本“生长的书”。 利用国家、省、市、县的教育云平台的数字教育资源为教师提供学科知识、教学法知识、技术知识、教育教学管理知识的学习、研讨。特别是合肥市张富胜信息化名师工作室微信公众号团队创作的资源，目前访问量已过万。 自肥西县推进智慧学校建设工程以来，伴随着能力提升工程 2.0 实施，应用该模式，培训团队（课题组）有 6 位成员成长为“国培计划”项目主讲教师，先后吸引省内外 20 多个教育考察团前来参观调研，目前在多个区域推广应用。

续表

与 JY/T 0646—2022《教师数字素养》标准中以下条款相符合	自评
《教师数字素养》9.3 数字化教学研究与创新 教师围绕数字化教学相关问题开展教学研究，以及利用数字技术资源实现教学创新的能力，包括开展数字化教学研究，以及创新教学模式与学习方式。 a) 应有明确的组织机构及运行机制。 b) 应制定学校统一、完备的规章制度	满足。肥西县在培训方法上不断创新，形成了线下与线上、集中与分散相结合的全方位、全媒体教师数字化培训新模式。比如，面对 2020 年的疫情挑战，培训团队迅速响应，制作了一系列线上教学的技术微课，并通过微信公众号和“肥西县智慧教育云平台”广泛传播，有效帮助一线教师克服了线上教学的技术难题。同时，团队还组织了 3 次全县线上直播培训，确保了线上教学的顺利进行，实现了全县 10 万师生“停课不停学”的目标。近 5 年，肥西县共立项央馆和省馆教育信息技术研究课题 87 项，结题 71 项，立项数、结题数名列全省前茅。仅 2023 年，省市课题立项 20 项、结题 17 项，数量位于合肥各县区之首。 肥西县利用数字技术资源不断创新教学模式、改进教学活动、转变学生学习方式。如依托县级云平台，持续开展特色活动，“教师教育信息化大赛”“信息化三项作品评选”“新媒体新技术课例评比”“智慧课堂教学能手评选”等，鼓励全员参与、全县覆盖，极大地促进了培训成果的转化与应用。

6　解决方案专家点评

6.1　点评专家简介

王亚飞，科大讯飞教育技术研究院副院长、高级工程师，教育部教育信息化技术标准委员会委员、全国教育服务标准化技术委员会委员，兼任安徽省智能学习技术与系统工程研究中心副主任、中国教育技术协会人工智能专业委员会副秘书长，受聘为西北师范大学、上海师范大学、安徽师范大学博士生实践导师或硕士生导师。历任科大讯飞教育事业群首席架构师、研发总监、总工程师。主持研发了“国家普通话智能测试系统”“中、高考英语口语智能测试系统”等产品，已累计服务超过 1 亿名考生；主持或参与了近十项国家发展改革委、科技部重大项目的研究与开发。

6.2　点评内容

在当下教育数字化转型的大背景下，国家高度重视教师数字素养的提升。教师作为教育的核心力量，其数字素养水平直接影响着教育教学质量与学生的学习成效。提升教师数字素养，是推动教育现代化、实现教育公平与高质量发展的关键举措。

肥西县教体局在此趋势下积极探索，取得了丰硕的项目应用成果。通过构建“五策协同，双轮驱动”培训模式，有效破解了县域教师培训的“五难”困境。在实施过程中，将“微”培训与整县全员培训相结合，应用场景丰富多样，培训数据全面翔实，极大满足了不同教师的个性化需求。同时，形成了完善的团队成长、内容更新等五大机制，全方位提升了教师数字化教学能力与教育教学质量。

肥西县教体局的案例极具典型性与推广性。其首创的培训模式系统性强，从培训团队、内容、方法到应用与评价，形成了一套完整且科学的体系。通过课题研究与规范管理双轮驱动，保障了培训的持续性与科学性。该案例在省内外广泛推广，多项成果获奖，为其他地区提供了宝贵的借鉴经验，有望在全国范围内推动教师数字素养的提升工作迈向新高度。

广东科学技术职业学院“知行大先生”职业教育大模型平台
——T/SAIAS 0013—2023《教育通用人工智能大模型》系列标准应用案例

赵曦，夏丛紫，刘晓林，杨忠明，曾文权

（广东科学技术职业学院）

1　学校简介

广东科学技术职业学院是广东省人民政府批准设立、教育部备案的一所全日制公办普通高等学院。学院设有智能算力中心、广东省智慧职教工程技术研究中心、广东省博士工作站等，为大模型应用开发提供了强大的硬件和软件支持。

2　案例简介

2.1　需求

在国家政策的有力推动下，职业教育在过去十年取得了显著的发展。然而，在教育教学和实训层面，仍面临着一些严峻挑战。这些问题亟待解决以促进职业教育的高质量发展。

2.1.1　职业教育资源分散化

首先，在信息爆炸的时代，学生往往在海量学习资料中难以高效、系统地筛选合适内容，这不仅降低了学习效率，还可能导致学生对学习内容的理解不够深入。其次，职业教育注重实践操作，但实训资源在不同地区、学校、专业间分布不均，导致资源利用效率低下，教育质量参差不齐。最后，职业院校专业的设置往往存在主观性较强，行业指导缺失及市场需求分析不足的特点，致使专业结构不合理或专业设置重复，造成资源不足与资源缺失共存。

2.1.2　教学模式单一化

传统的职业教育模式主要侧重于教师讲授，学生处于被动接受知识的地位，这种模式导致学生对课堂内容兴趣不足及技能掌握水平低下。另外，职业教育的实践环节相对薄弱，无法与市场的快速发展同步，致使学生难以适应技术和市场的快速变化。

2.1.3　教师资源开发利用不足

教师在日常工作中，为制作线上课程资源，需投入大量时间、精力及资源来筹备教材，录制、编辑以及发布课程内容。这些工作极大占用了教师原本有限的工作时间，从而减少了他们专注于教学及与学生互动的时间。

2.1.4 个性化教学难以实现

教师受限于统一的教学进度与标准化课程设置，难以充分关注学生的个体差异，也无法根据每位学习者的认知特点、知识基础和学习需求制定差异化教学方案。此外，统一的习题设置无法匹配不同学生的学习水平，难以取得最佳教学效果。

为了解决上述问题，提高职业教育的质量水平，实现教育资源整合、教学模式创新、学习支持系统智能化、教学资源高效利用及个性化教学的实施等，“知行大先生”职业教育大模型创新云平台通过智能化手段，力求解决这些痛点，从而提升职业教育领域的数字化管理水平和服务质量。

2.2 案例内容

广东科学技术职业学院开发的职业教育大模型创新应用云平台——“知行大先生”，专注于职业教育领域的数据开发，连接产业、专业、岗位、课程方面的标准库、知识库、案例库、任务库、项目库等多元数据，通过人类智能与机器智能(AI＋HI)的协同融合，为师生提供AI助学、AI助教、AI助训、AI助管等多个创新性的智能应用场景，根据学生人才培养全过程的数据，综合考虑学习进度、兴趣爱好、学习风格等因素，为每个学生制定个性化的学习计划和教学内容，以便他们能够获得专业的教学相关服务，提高学习效果、教学质量和管理效率。如图1所示。

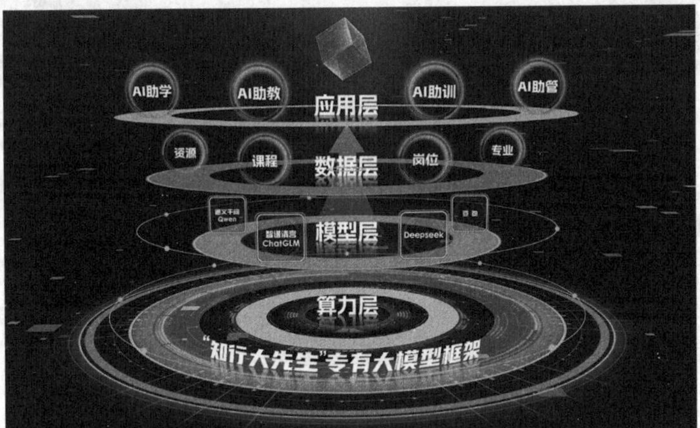

图1 “知行大先生”专有大模型框架

2.2.1 AI助学

AI助学利用教材和教案等多模态的私有知识库构建学生的知识图谱和能力图谱，通过人机互动的上下文收集每个学生的学习过程数据，提供个性化的学习推荐，智能制定、动态调整学习计划，并提供自助式的练习与实训。在实训环节，平台持续监测学生学习进度，收集学生反馈，并提供相应的解答和指导，助力学生顺利完成实训任务。这种面向学生的实时全天候自助练习和实训方式，不仅帮助学生巩固所学知识，提升了学习效率，还提升了他们的实际操作能力，为未来的学习和职业生涯打下了坚实的基础。对于问答系统，除了提供直接答案，还会对问题进行深度解析，通过引导式问答，帮助学生深入剖析问题的本质，对问题进行层层剥茧，揭示问题背后的原理与逻辑，从而逐步提升学生的思维能力与问题解决技巧。此外，还能提供相关的参考资料和进一步的学习建议，使得学生不仅能够迅速获得知识，更能在思考与探索中不断成长，实现自我超越。如图 2 和图 3 所示。

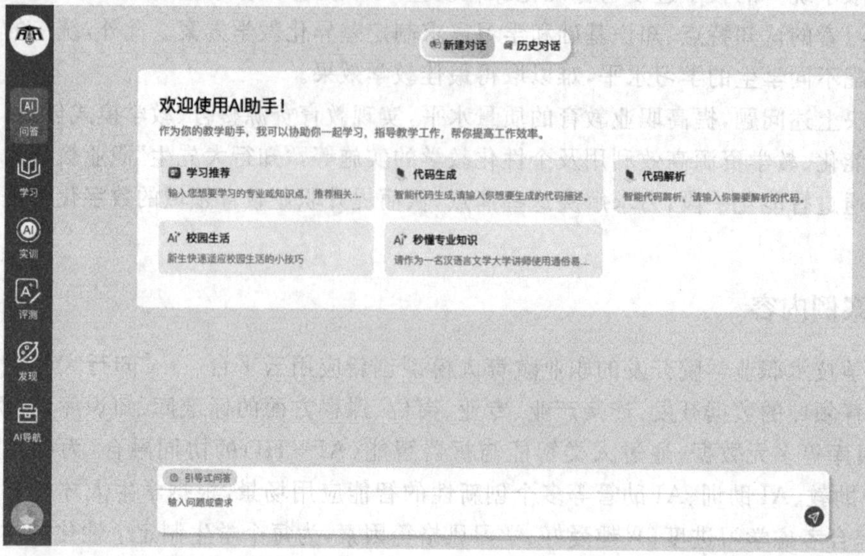

图 2　智能问答系统

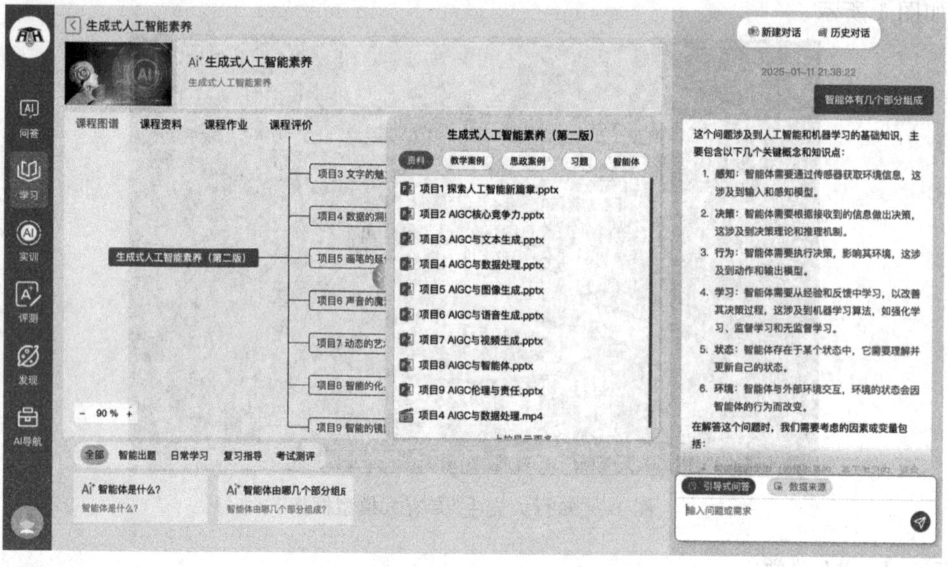

图 3　引导式问答系统

2.2.2　AI 助教

AI 助教可以协助教师打造教师数字人分身，快速生成数字人课程教学视频。如图 4 所示。教师可以上传 PPT 和个人形象，通过先进的合成技术，快速生成课程视频。这些视频内容丰富、形式多样，涵盖了多样化的视频选择、多语言与声音定制、数字人形象定制以及灵活的页面选择与控制功能。这些精心设计的视频能够极大地激发学生的求知欲与学习兴趣，让学习过程变得更加生动有趣。此外，教师还可以依据教学资源生成课程思政资源和教学案例方便学生学习。

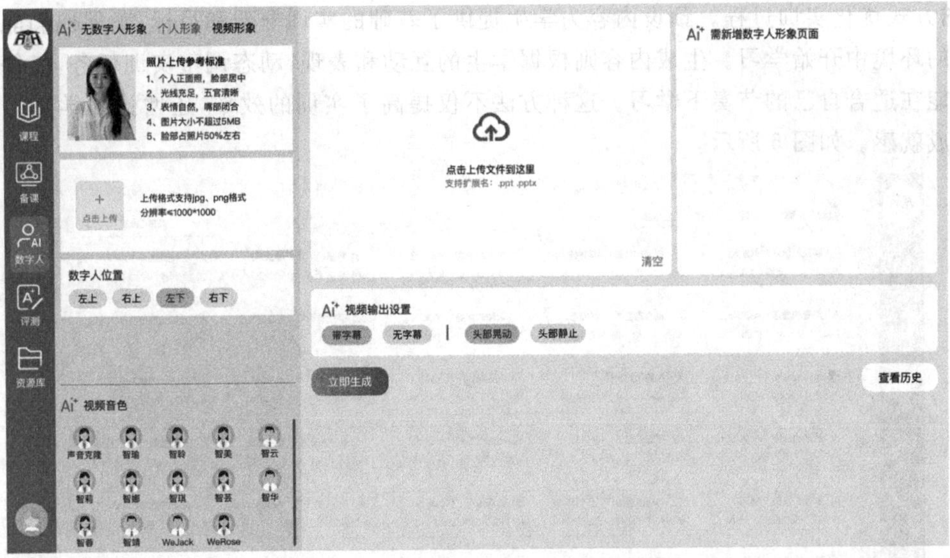

图 4　数字人视频生成

此外，针对用户输入的文本资料，系统能够精准地提炼核心知识点，并自动生成多样化的题型，满足各类教学需求。平台还具有便捷的题库管理功能，使试题编辑、排序、删除等操作变得轻松便捷。此外，平台还能够保存所有试题的测试数据，可以深度分析与挖掘这些题目间的潜在规律与内在联系，如题型分布特征、知识点覆盖的全面性、难度等级划分等。这些信息将作为智能出题系统的参考依据，助力其生成更加科学、合理且有针对性的练习题，进而提升教学质量与学习成效。智能出题如图 5 所示。

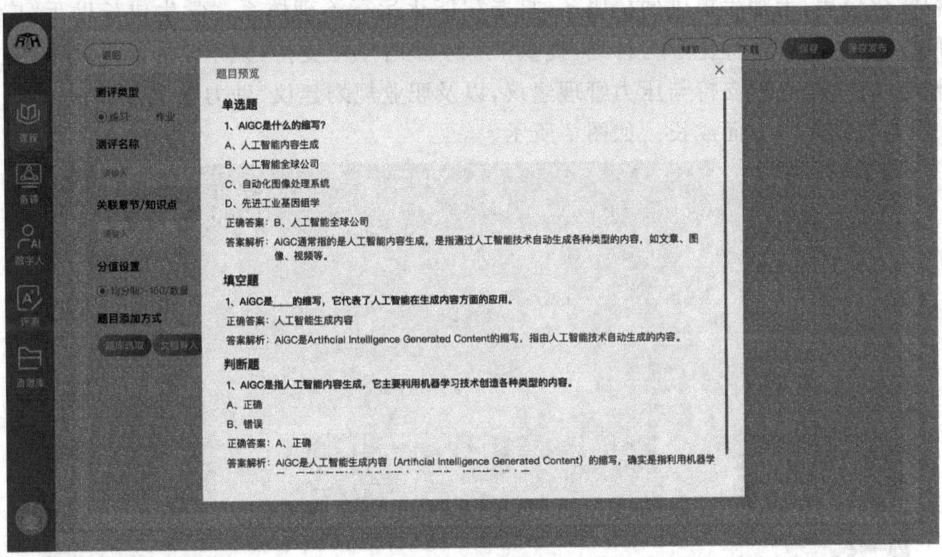

图 5　智能出题

2.2.3　AI 助训

AI 助训提供智能体助训、AIGC 实践、实训环境一键云部署等功能，重构数字实践实训平台，加速推进人工智能+数字化虚拟仿真实训资源建设，拓展实训空间。采用“预设+生成”的方式优化实训过程。预设内容为学生提供了基础的实训框架和目标，确保他们能够在有序的环境中开始学习。生成内容则根据学生的互动和表现，动态调整实训任务，使每个学生都能在适合自己的节奏下学习。这种方法不仅提高了实训的效率，还增强了学生的参与感和成就感。如图 6 所示。

图 6　智能体实训

2.2.4　AI 助管

AI 助管系统以学校数据底座为基础，构建虚拟辅导员、AI 校长助理、校园安全态势感知等智能化应用，为师生提供便捷服务，打造智能化运行治理体系。学生成长助手“广科小智”可以为学生制订个性化学习计划，提供 7×24 小时学习支持，识别学习薄弱环节，提供针对性辅导和建议，心理支持与压力管理建议，以及职业规划建议，助力学生在知识学习、情感发展、职业规划等多方面成长。如图 7 所示。

图 7　广科小智

2.3 服务目标人群

主要面向职业院校的师生，以及教辅和管理人员。

3 实施效果

3.1 实施情况

职业教育大模型创新应用云平台通过大语言模型和人工智能等技术，实现智能化辅助教学，包括精准高效的智能问答、快捷便利的智能出题和批量化高效数字人视频生成等。

3.1.1 精准高效的智能问答

基于大模型技术，为师生提供全天候智能问答服务。平台整合了分散的教育资源，构建职业教育专业课程的数据向量知识库，显著提升了知识检索效率。依托于教材和教案等多模态私有知识库，系统构建了学生的知识图谱和能力图谱，能根据学生的具体情况，通过引导式问答提供精准、个性化的学习推荐。此外，平台提供的丰富提示词模板，使得解决与课程主题相关的常见问题和疑问变得更加精准和高效。

3.1.2 快捷便利的智能出题

智能提炼出核心知识点，并自动创造出多样化的题型，全面满足各类教学需求。便捷的题库管理功能使教师可以根据具体的教学目标，灵活地调整题目的难度级别，确保练习内容既具有挑战性又符合学生的学习水平。此外，系统能够保存所有试题的测试数据，通过对这些海量数据的深度分析与挖掘，揭示出题目间的潜在规律与内在联系，为智能出题系统提供了精准的参考依据，助力其生成更加科学、合理且有针对性的练习题，进而提升教学质量与学习成效。

3.1.3 批量化高效数字人视频生成

利用数字人技术，平台能够将教师从烦琐的课程录制和资源准备中解放出来，为教师数字素养提升提供时间和空间。这种技术的应用提高了教学内容的丰富性和互动性，为教师提供了一种全新的教学工具。为后续数字人根据学生的兴趣、能力和学习习惯等个性化因素，提供定制化的学习方案和更加适合学生的教学内容打好基础。

3.1.4 安全、自主可控的大模型赋能底座

通过私有化部署技术，平台确保了数据的安全性和自主可控性，特别是对敏感数据的保护，有效避免了外部数据泄露的风险，确保了数据和应用的安全。

基于以上应用，“知行大先生”职业教育大模型创新应用云平台提高了教育服务的效率和质量，为职业教育的数字化转型提供了强有力的支持，推动了教育模式的创新，全面赋能个性化人才培养。

3.2 应用成效

至今已有 3 300 个账号在该平台注册，包括 200 名教师和 3 100 名学生。平台已成功处理了 142 260 项任务，完成率达到了 99.64％，总耗时 19 490.39 秒，平均每项任务的完成时

间仅为 0.137 秒。截至目前,平台已成功为教师生成数字人视频 309 个。

3.2.1　对于教师

教学效率提升:智能出题系统和数字人视频生成可以帮助教师提高教学效率,节省时间和精力,让教师更专注于教学内容和学生互动,提升教学质量。

教学方式创新:数字人作为新型教学工具,可以帮助教师开展教育创新实践,探索更有效的教学方法和教学场景。

教育品质提升:通过该平台的辅助,教师可以提升教育品质,激发学生学习兴趣,激励他们更好地掌握知识和技能。

3.2.2　对于学生

随时随地学习:学生可以随时随地通过该平台进行学习,不受时间和地点限制,提高了学习的灵活性和便捷性。

引导式学习:提升了学生的参与度与学习热情,更培育了学生独立思考与自主学习的能力。

个性化学习:学生可以通过该平台进行自主学习,根据自己的学习速度和方式进行学习,培养自主学习的能力和习惯。

补充课堂教学:作为课堂教学的补充,提供额外的学习资源和教学辅助,加强学生对知识的理解和掌握。

4　特色与推广意义

通过构建"知行大先生"职业教育大模型应用云平台,打造 AI 助学、AI 助教、AI 助训和 AI 助管等核心应用,实现了职业教育教学过程的"数智化"转型,其主要特色和推广意义如下。

4.1　特色

4.1.1　学生学习进度分析与个性化学习

平台精准识别学生的学习需求,根据学生所需智能推荐学习资源、生成学习题库,制订相应的学习计划。这一举措让教育过程更加透明化、数据驱动化,有力推动了精准教学和个性化学习的发展,是现代教育信息化的重要里程碑。

4.1.2　支持学生练习与实训,注重从知识到能力的培养

为学生提供练习与实训,是职业教育的重要环节。通过模拟实践操作,学生能够将理论知识与实际应用相结合,提高解决实际问题的能力。实训还能够培养学生的团队合作意识、创新思维和沟通能力,有助于全面提升学生的综合素质。平台建立能力图谱,注重学生的能力培养,提升职业教育水平。

4.1.3　引导式问答,激发学生思维能力与自主学习能力

系统支持引导式问答的方式,除直接提供答案外,平台还可以引导多轮对话,让学生在对话中逐步思考问题,促进学生在思考过程中找到问题解决方案。通过设计启发性问题,鼓

励学生从多元视角和不同层面剖析问题，进而锻炼其逻辑思维能力与问题解决技巧。学生在互动中自主探寻答案，也能更深刻地理解并掌握知识点。

4.1.4 丰富的提示词模板

丰富的提示词能够帮助师生快速理解如何与系统交互，减少用户输入的歧义性，确保系统能够准确理解用户的需求，提供更准确的输出，从而达到提高问题解决的效率及降低沟通成本的目的，提升师生的用户体验。

4.1.5 帮助教师高效生成课程资源

该平台为教师提供了一种高效、便捷的数字人课程视频生成解决方案。与传统的课程拍摄方式相比，这一创新方法显著降低了传统录课方式的成本和时间投入，简化了课程制作的流程，极大地提高了教学资源的制作效率。

4.2 推广意义

4.2.1 优化教育资源分配

“知行大先生”致力于缩小教育资源分布差异，借助先进的智能问答系统、智能出题系统以及数字人授课视频，确保不同的学生都能获得适合的教育资源。这有助于实现教育公平，让每个学生都能享受到优质的教学内容。

4.2.2 缓解教师资源短缺

在教师数量不足的地区，数字人教师可作为传统教师的有力补充，提供额外的教学支持，有效减轻教师短缺带来的压力，确保教学活动的顺利进行。

4.2.3 提升学生学习积极性

通过引导式问答和互动式学习方式，该平台能够激发学生的学习兴趣，促使他们更加积极主动地参与学习过程，从而提高学习效果。

4.2.4 加强技能培训与就业衔接

该平台运用能力图谱与各类实训模拟相结合的方式，帮助学生将所学的理论知识转化为实际操作技能，更好地与就业市场的需求相匹配，提高学生的就业竞争力。

“知行大先生”职业教育专有大模型云平台成功解决了职业教育领域中的一些关键问题，为全国的教育数字化转型提供了宝贵的经验和参考。未来，学校将继续迭代升级云平台，不断探索新的技术应用领域，致力于实现大规模个性化人才培养，为社会输送更多契合时代需求的高素质技术技能人才。

5 标准符合性自述

5.1 基本标准符合性指标

基本标准符合性指标自评详情见表1。

表 1　基本标准符合性指标

与 T/SAIAS 0013—2023《教育通用人工智能大模型》标准中以下条款相符合	自评
《教育通用人工智能大模型 第 5 部分：教育教学指南》6.1 可信性 教育通用人工智能大模型需对系统各个阶段进行识别、度量、监控、预警管理，通过改善和提高技术系统使模型可信。除了技术系统的可信外，还包括在教育方面的可信。教育大模型需全方位、全流程、全要素审计教育内容，对教育数据进行实时收集，评估教学质量	满足
《教育通用人工智能大模型第 1 部分：总体框架》6.5 软硬件兼容性 教育通用人工智能大模型需提供可兼容的软硬件配置，以支持应用稳定运行于各种国产化操作系统、国产化 GPU 等软硬件	满足
《教育通用人工智能大模型 第 1 部分：总体框架》6.6 可追溯性 由于数据本身的不确定性，要求大模型的数据可溯源，以追踪数据来源和传递过程，以便对大模型的问题原因进行调查和调整	满足
《教育通用人工智能大模型 第 1 部分：总体框架》6.7 可解释性 为了防止 AI 黑箱式推理，教育大模型需以可解释、可理解的交互方式与使用者、决策者、受影响者和开发者进行清晰有效的交流，以满足教学使用和监管要求	满足
《教育通用人工智能大模型 第 1 部分：总体框架》6.12 隐私保护 在使用和处理数据时，AI 系统需要尊重并保护用户的隐私。对于教育 AI，这可能涉及如何在不泄露学生个人信息的前提下进行有效地学习和预测	满足
《教育通用人工智能大模型 第 2 部分：信息模型》3.4 指令微调 在少量数据或有限数据条件下、通过指令（包括提示、正样本、负样本以及约束等）来进行多任务学习，从而实现更好的性能	满足
《教育通用人工智能大模型 第 2 部分：信息模型》3.6 记忆池 存储用户的相关信息，用于在长期交互过程中追踪并动态更新用户状态，提供个性化交互体验	满足
《教育通用人工智能大模型 第 3 部分：数据规范》5.7 数据集的质量 教育大模型数据集应考虑数据的完整性、准确性、一致性、可信性、时效性等。高质量的数据可以有效提升并保障模型运行输出结果的可用性	满足

5.2　评议性指标

评议性指标自评详情见表 2。

表 2　评议性指标

与 T/SAIAS 0013—2023《教育通用人工智能大模型》标准中以下条款相符合	自评
《教育通用人工智能大模型 第 5 部分：教育教学应用》5 基本原则 注：包含认识 AI 价值，培养人机协同，不替人思考，规范使用，谨慎选择工具，禁止未授权使用，确保安全，定期更新政策	平台通过引导式问答、知识库、内容安全设置等保证其基本原则
《教育通用人工智能大模型 第 5 部分：教育教学应用》6 对教育通用人工智能大模型应用于教学活动的要求 注：确保学术诚信，评估工具的可用性，明确指导使用范围，公平评分，并定期更新政策	通过对模型微调和训练，加入规则知识库，使得大模型能够针对教师日常教育教学的特定场景进行检测和校正
《教育通用人工智能大模型 第 5 部分：教育教学应用》7 对教育通用人工智能大模型应用于学习活动的要求 注：学生应提升 AI 素养，遵守课程政策使用 AI 工具，避免不当使用，了解 AI 限制，负责输出内容，并培养优化及创造能力	通过模型微调和训练，使得大模型能够针对学生日常学习的特定场景进行检测和校正
《教育通用人工智能大模型 第 2 部分：信息模型》3.5 多模态数据 注：包含结构化数据（如业务系统数据）、半结构化数据（如 XML 文件、JSON 文件等）和非结构化数据（如文本、语音和图像视频等）	结合多模态数据，支撑典型的应用场景
《教育通用人工智能大模型 第 3 部分：数据规范》5.8 数据隐私和保护 在教育领域中，保护学生的数据隐私和个人信息至关重要。在选择和使用教育大模型数据集时，应确保符合相关的隐私法规和保护措施，采取适当的数据脱敏和匿名化技术，以保护学生的隐私权益	平台在智能问答场景下，通过数据脱敏、数据加密、隐私计算等方式对师生个人数据进行加密、脱敏和匿名化等技术处理
《教育通用人工智能大模型 第 4 部分：测评规范》1.1 语言理解能力 语法检查：对输入文本的语法进行错误检测和修正 文本摘要：概括输入文本的主要内容或大意 信息抽取：从文本中抽取出关键信息，并储存为结构化资料供进一步分析使用 对话理解：理解多种语言，并生成对应的分析内容	通过模型微调和训练，使得大模型针对课程问答、办公辅助等特定场景，能够对用户的问题进行理解，实现关键信息的抽取，生成摘要和内容，并针对不同的场景进行语言的检测和校正
《教育通用人工智能大模型 第 4 部分：测评规范》4.3.1 基础能力测评 1.2 生成能力 作文生成：写作各种类型文本，包括发言稿、小说、剧本、调查问卷、邮件等 修改润色：修改已有文本，解决各种表述问题并提升文采 内容续写：进行各种体裁的续写，如对话续写、文章续写 多轮对话：根据上下文内容进行连续的、完成某一类特定任务的对话 风格生成：按照指定要求生成特定风格的内容	通过对模型微调和训练，使得大模型能够编写制度通知等规范性文件。生成的通知、公告、邮件、问卷调查等符合特定的文风风格要求，如正式、严肃。针对学生问答，可以实现多轮对话引导式问答，调动学生主动思考的能力

续表

与 T/SAIAS 0013—2023《教育通用人工智能大模型》标准中以下条款相符合	自评
《教育通用人工智能大模型 第 4 部分:测评规范》4.3.1 基础能力测评 1.3 常识能力 信息查询:对需要的各种信息进行查询,包括政策、新闻、交通、旅游等	通过对学校政策制度标准信息的处理,对内部管理数据的治理,支持用户对学校相关制度、生活和学习相关信息进行精准的查询

6 解决方案专家点评

6.1 点评专家简介

吴永和,华东师范大学教授,博士生导师。教育部教育信息化技术标准委员会暨全国信息技术标准化技术委员会教育技术分技术委员会主任委员、国际标准化组织 ISO/IEC JTC1 SC36 专家,上海市浦江人才。

6.2 点评内容

随着人工智能技术的飞速发展,职业教育的人才培养模式在不断发生变革,需要着力解决现有职业教育资源分散、教学模式单一、教学资源利用不足、因材施教难等问题,积极探索创新职业教育教学、管理模式与实践实训模式。广东科学技术职业学院"'知行大先生'职业教育大模型平台"项目结合人工智能技术和师生教学、实践训练、教学管理等教学实践场景,依据《教育通用人工智能大模型》系列标准,从数据整合、智能应用、个性化学习等进行全面建设,将产业、专业、岗位和课程方面的数据、标准库、知识库、案例库、任务库和项目库等多元数据有效整合,为师生打造了独具职业教育特色的 AI 助学、AI 助教、AI 助训、AI 助管多个智能应用创新场景,为每个学生制定个性化的学习计划和教学了内容,提高了教学互动性、时效性和管理效率。

项目投入使用后获得师生一致好评,在推动"师—生—机"一体化协同发展等方面取得了很好的应用效果,也为同类职业院校利用人工智能技术提高教育教学、管理质量提供了样板。

北京外国语大学智能语言学习环境建设
——GB/T 36354—2018《数字语言学习环境设计要求》应用案例

杨红波，杨月，马朝鹏，连淑娟，张毅

（北京外国语大学）

1 学校简介

北京外国语大学(以下简称“北外”)是教育部直属首批“211 工程”建设高校和“985 工程”优势学科创新平台首批“双一流”建设高校。学校不断加强教育信息化建设，以“开放、互联、智能、创新、融合”为发展理念，建设智能语言教学环境、教师发展智能平台与实验室，促进教师教学创新和发展，形成多项标志性成果，入选教育部第一批、第二批人工智能助推教师队伍建设行动试点区。

2 案例简介

2.1 需求

本案例以智能语言学习环境建设为主题，结合国标《数字语言学习环境设计要求》，融合语言实验室、同声传译实验室、智能写作实验室、智能教室、数字孪生管理系统，形成涵盖听、说、读、写、译语言学习功能、数字平台与实体空间融合贯通、立体多维的智能语言学习新环境。案例从顶层设计、系统功能、技术框架、应用场景、特色创新等多方位阐述了北外智能语言学习环境的建设。该案例在北外人才培养质量提升、数字育人环境打造、教师教学创新、服务管理水平提高等方面成效显著，广受师生好评。

2.2 案例内容

2.2.1 顶层设计

北外智能语言学习环境建设遵循“教师主导，学生主体”的理念，重构教与学的物理和虚拟空间，在秉承“听、说、读、写、译”传统数字化教学功能的基础上，创新性地融入远程语言教学训练、远程加入、可视化教学互动、无线拓展等功能。依照外语教学改革和社会对外语人才的综合要求，以提高学生掌握外语语言的“听说能力”“交际能力”“写作能力”“交替传译”“同声传译”为目标，用翻转课堂和竞争性教学模式等先进的教学概念，进行分层次教学、个性化教学、自主式学习和训练，从而高效地支撑教师完成语言教学训练任务和学生自主学习，最终形成了“云中控、云录播、云管理＋双屏互动”的北外智能语言学习环境综合解决方案。如图 1 所示。

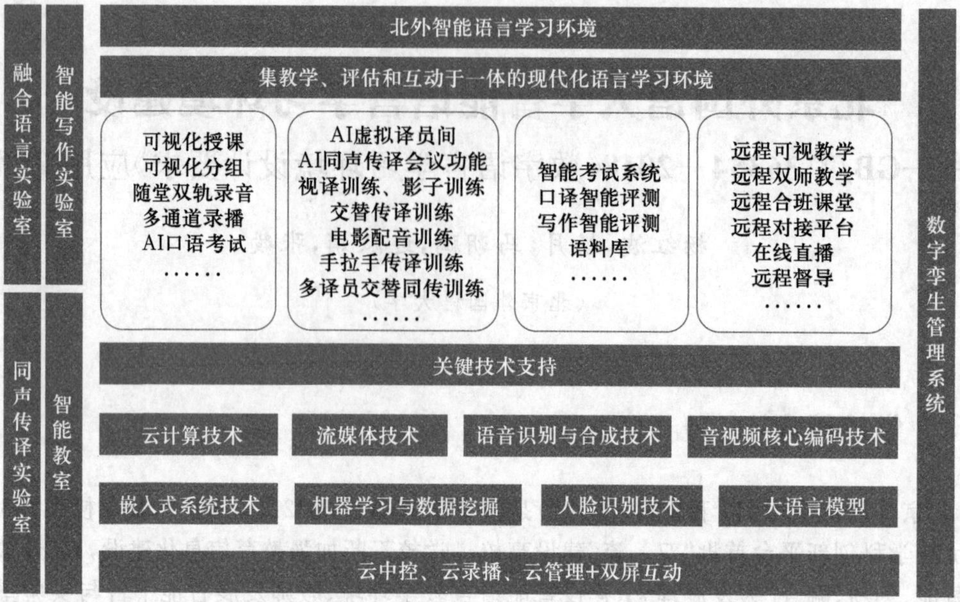

图1　北外智能语言学习环境建设系统架构图

北外在智能语言学习环境的创建过程中，硬件设备和软件应用相辅相成，共同构成了智能教育环境的基础架构。硬件方面，投建语言实验室、同声传译实验室、智能写作实验室、智能教室、教学技术保障中心等设备设施，不仅为师生提供了更为舒适、高效、互联互通的物理环境，同时增强了课堂的互动性和教学效果。软件方面，一方面实现了口译、写作智能评测、在线直播、远程督导和教学的及时性反馈；另一方面，建设了录播平台，用于校本课程资源积累和学生自主学习；同时，建设数字孪生系统，实现了远程运维，对课堂教学提供快捷技术保障等。多样化的智能语言学习环境不仅能满足日常教学需求，还打破了传统课堂的限制，实现了远程教学，扩大了教学范围，提升了教学效率。智能教室录播平台，可方便督导进行教学评价、教师进行课堂反思和学生进行自主学习等，有效促进教师教学方式优化和学生学习行为改进。还研发了数字粉笔工具，助力教师智慧化教学。

2.2.2　建设内容

(1) 远程数字语言实验室和同声传译实验室

为满足语言教学和学习需求，北外建设和更新了远程数字语言实验室和同声传译实验室，逐步构建专业化的智能语言教学环境。实验室以国家和行业标准中对数字化语言实验室的相关要求为标准，采用标准以太网络结构设计，核心数据交换采用标准高速以太网交换机和企业级无线路由器，整体结构简洁，易于扩展、管理与维护。实验室满足音视频以及教师演示设备网络传输需求，保证学生终端实时接收教学内容，保障教学管理；满足扩展和维护的需求，采用标准高速以太网交换机，可实现通用网络设备的升级和更替；满足外语远程教学需求，实验室远程教学平台同时支持第三方云服务对接，实现音视频交互互动。教师单元，教师可通过笔记本远程接入课堂，对班级内学生、远程端学生完成授课，带领全体学生完成口语训练、同传训练等。远程学生单元，远程端学生通过笔记本电脑接入课堂房间，可与教室内学生同步完成教师所指定的任何训练模式，同时接受教师的管控与训练成果点评。如图2所示。

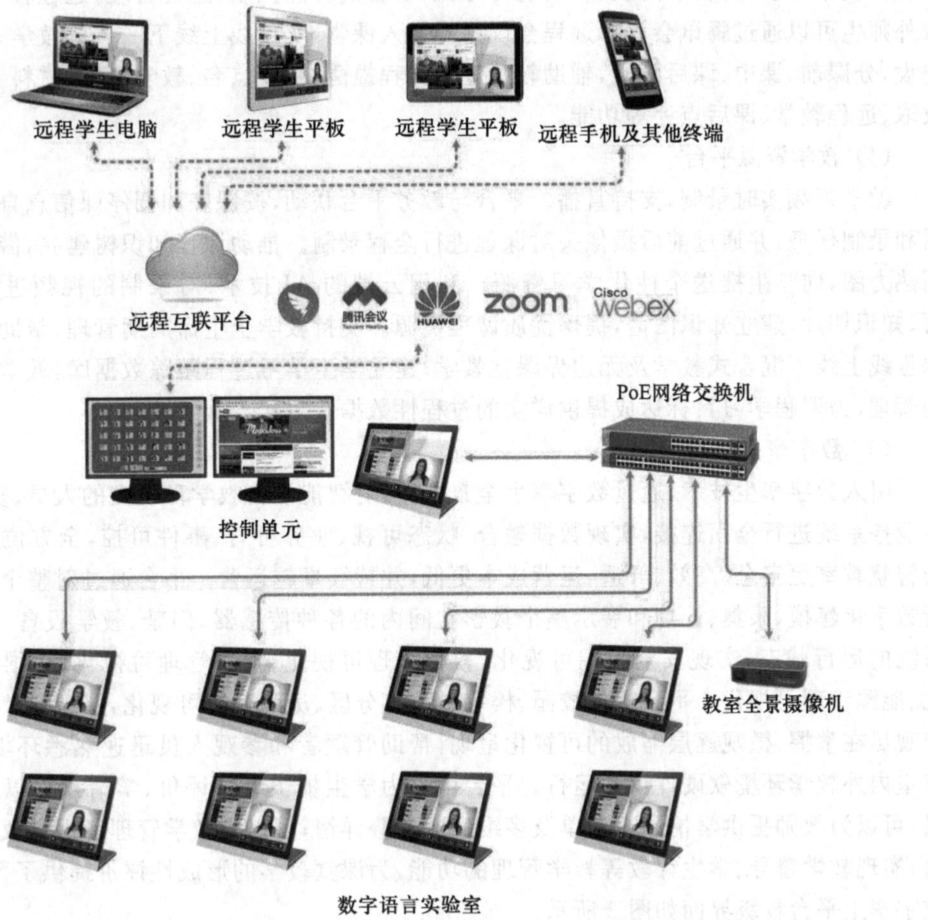

图 2　远程数字语言实验室结构示意图

(2) 智能写作实验室

智能写作实验室主要服务于外语写作教学课堂的特色需求，结合智慧硬件、智能写作平台和智能评阅引擎的一体化设计，打造专业的写作教学空间。实验室通过智能评阅引擎，实现对语言、内容、篇章结构、技术规范四个维度的机器智能评阅。智能写作实验室的评阅引擎技术采用了深度学习领域最新成果，提供精准评分与语法纠错反馈。其中，准确率、召回率、人机相关性三大关键性评测指标目前在业内处于先进水平，智能评阅的纠错准确率达98%。高效互动智慧硬件能够自动调取写作平台教学数据，将机评甄选的范文、佳句调用至小组屏幕，实现随堂师生共评、佳作共享；同伴互评、小组范文基于智慧硬件实现同屏对比展示，让师生更加生动直观地体验对比教学，促进师生深度互动。

(3) 智能教室

建设以互动大屏为主的全物联网智能教室，让每一间教室成为录播教室，让每一间教室成为远程互联网教室，让每一间教室师生能够看得清、听得清、环境体验更舒适。智慧教室建设内容有：智能大屏、数字粉笔、手写板，替代现有投影仪粉笔、黑板；前后摄像头，对课堂教学进行全程录制和远程督导；智能班牌，显示当前课表和消息提醒等；电子时钟通过北斗卫星实现精准校时；物联网改造，实现对灯光、设备的智能控制、远程管理；远程教学系统，使校外师生可以通过腾讯会议等远程会议系统加入课堂，实现线上线下一体化教学；教学平台建设，分课前、课中、课后阶段，辅助教师进行课程提醒、在线点名、教学分享、材料下发、作业收取、远程教学、课后点评等功能。

（4）教学资源平台

教学视频实时录制，支持直播。平台与教务平台联动，按课表和调停课信息自动创建直播和录制任务，并通过前后摄像头对课程进行全程录制。推动课程知识树建立，借助资源使用热力图，向学生推送个性化学习资源。利用云端的 AI 技术，对录制的视频进行语音转写、知识切片，建立知识图谱，提炼优质课程资源。支持教学全生命周期管理，帮助教师实现课程线上线下混合式教学及无边界课堂教学；建立学生学习过程跟踪数据库，教学全生命周期管理，为课程学习目标达成提供详实的过程性数据。

（5）数字孪生平台

引入数字孪生技术，通过数字孪生全景视图，对智能语言教学环境内的人员、资产设备、各业务系统进行全面连接，实现数据融合、状态可视、业务可管、事件可控，全方位多角度推动智慧教室更安全、高效、舒适，运营成本更低，并持续卓越运营。平台通过对整个教学楼进行数字化建模，采集、处理和展示整个教学空间内的各种传感器、门禁、教学设备、业务支持系统的运行状态，实现安全管理可视化、教学管理可视化、资产管理可视化、运维管理可视化、能源管理可视化。平台提供校园、楼宇、楼层、分区、房间五级可视化，实现智慧教学环境宏观尽在掌握，微观逐层缩放的可视化呈现，帮助管理者和参观人员迅速熟悉环境，保障所有室内外教学环境软硬件正常运行。平台可以为学生提供综合评价、学情预警以及改进建议；可以为教师提供学情预警名单及多维度的预警详情；可以为教学管理者提供教学决策建议，实现教学督导、学生评教等教学管理的功能，为课堂教学的形成性评价提供了数据支撑。数字孪生平台校级界面如图 3 所示。

图 3　数字孪生平台校级界面图

（6）“数智北外”触控笔——数字粉笔微创新

为解决教师在电子大屏书写不习惯的问题，我们深入教学一线，确定教师需求，通过 3D 打印技术多次建模，使用纳米头和导电毡来测试电容屏幕和红外屏幕。实践发现，早期大屏表面为仿玻璃材质，大屏原装笔较长，书写容易滑。经过论证，我们选择粉笔长度的金属笔杆,里面内置磁铁,两头配备纳米头和导电毡,适合各种屏幕的书写,包括手机、PAD等,已在多所学校得到普及。数字粉笔样式如图4所示。

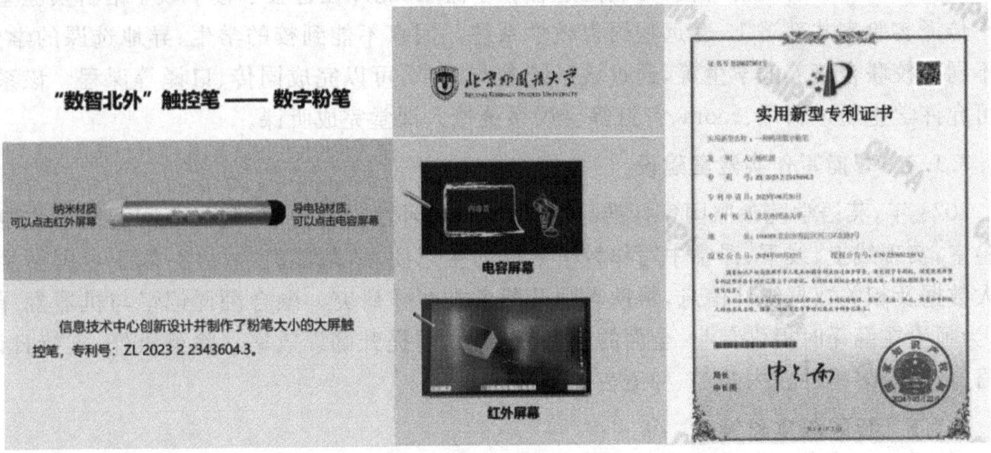

图4 数字粉笔样式图及专利

2.3 服务目标人群

高等院校师生和管理者等。

3 实施效果

北外智能语言学习环境建设遵循"顶层设计,分步实施"的原则,在建设过程中积极培训,不断推广系统应用,同时加大调研力度,倾听学校师生应用反馈,不断优化功能设计与整合,打造具备实用性、前瞻性、稳定性和安全性的智能语言学习环境。

3.1 实施情况

3.1.1 语言实验室建设

2021年,北外在国际大厦建设5间264座的数字语言实验室,以满足多语种的授课、训练、考试,可视授课,可视分组,多通道录制训练等需求,以及托福、雅思考试及计算机应用课程等。教学功能包括:广播教学(声音和屏幕可分别广播)、可视化授课、可视分组会话、举手、可视示范教学、随堂录音、电子举手与抢答、可视同传训练、双流数字化广播、无线屏幕广播、口语考试、标准化数字考试、音视频点播、电影配音训练、语言训练播放器、软件系统统一控制、远程操作、设备故障自动检测、自动化考试、随堂考试、多通道录播、无线屏幕共享、自主录音U盘下载等。

3.1.2 同声传译实验室建设

2019年,北外高级翻译学院建设同声传译实验室3间。根据需要设3座主席及70座代表席,共计73座。同声传译实验室为学校英语、德语、日语、法语、西班牙语、葡萄牙语等多语种同声传译人才培养,提供了智能化的语言学习环境。

3.1.3　远程教学系统建设

在疫情期间和后疫情时代，为满足远程教学需求，北外在各教学楼宇数字语言实验室和同声传译实验室共部署 13 套远程语言教学系统。因事不能到校的学生、异地选课的学生、与不同高校联合培养的学生等，通过该系统参与课堂，可以完成同传、口译等课程。该系统也可允许学生通过腾讯、room、钉钉等会议系统接入课堂完成听课。

3.1.4　智能写作实验室建设

2023 年，英语学院参照国家标准《数字语言学习环境设计要求》建设 2 间智能写作翻译实验室，实现线上、线下、课堂中写作教学数据的生态闭环，赋能教师教学；基于全国学生作文大数据及相关数据统计信息，帮助教师开展各类写作研究。融合翻译记忆与机器翻译技术，为师生在翻译时提供专业、全面的信息参照，大幅提升翻译效率。除英语外，支持日语、韩语、俄语等多语种在内的 16 种语言的翻译。

3.1.5　智能教室建设

(1) 智能教室建设 1.0

2019 年 3 月，进行物联网智能教室样板间建设，打造了 9 间以信息化、物联网、大数据技术为基础，集智慧教学、环境调节、视频录制及远程控制等功能于一体的新型现代化智能教室。大部分样板间采用了多语言同步转写系统，方便开展国际交流。

(2) 智能教室建设 2.0

2021 年，借助首批智能教室样板间建设经验，学校开始大规模普及智能化教学空间建设，开启了智能教室建设 2.0 的部署。首先在校内逸夫楼以智能大屏为核心进行智能教室示范中心建设，建成了 1 间智能教学保障中心、1 间分组研讨智能教室、47 间增强型智能教室。所有教室均支持教师板书笔迹投屏，通过投影辅助显示屏，将每一间教室打造成师生看得清、听得清、环境舒适的教学空间；让每一间教室支持自动录播和远程教学；学生和老师可以随时使用手机、PAD、笔记本等进行无线投屏，一键互联为互动教学提供更多可能；同时，无须手动擦除，教师可以根据需要任意扩展书写面积；并支持实时板书录制、课后分享、扫码带走。

在智能教室中，讲台变成了一个智能的控制中心，通过触摸屏幕上的各类图标，教师可以“随心”控制各类系统信号输出，显示内容切换、灯光模式、教室物联环境等。讲台高度、俯仰角度均可任意调节，为教师上课站、坐、走、歇提供极大便利。逸夫楼所有教室均实现教学过程数据的自动采集、传输、处理、储存和管理，对学生全部课程数据进行建模评估，形成动态数据图表直观展示学情，为学生提供综合评价、学情预警以及改进建议，同时将整个教学过程中产生的课情数据实时反馈给授课教师，帮助教师便捷高效地管理实验及教学过程，实现教学全流程云化。

(3) 智能教室建设 3.0

2022—2024 年，学校继续深挖智慧教学需求，在智能教室标准配置基础上，完善智能化教学系统，强化设备之间多级联动，升级智慧教学软硬件，开展布局全面、应用多元、系统完善的智慧课堂全面部署，设备更集约、操作更简单、应用更智能、系统更完善，进一步实现“一键控制”“全面监测”“立体管理”的智慧化目标。

以打造“可感知、会呼吸、有温度”的智慧校园为目标，北外将无线通信技术、情境感知技术、海量数据挖掘与分析、智能交互技术等新兴技术有机联合，打造了功能全面丰富，高度集成一体化，具备前瞻性、先进性、代表性及引领行业标准的智慧教学环境整体解决方案，从而满足不同教师、不同课型、不同地域的教学需求。

3.2 应用成效

北外智能语言学习环境不仅能满足日常教学需求，还打破了传统课堂的限制，实现了远程教学，扩大了教学范围，提升了教学效率。利用智能教室录播平台进行督导和教学评价、进行课堂反思和学生自主学习等，有效促进了教师教学方式优化和学生学习行为改进，持续推动教师教学方式改变和数字素养提升。2021 年，《人工智能助推高校教师发展：理论与实践创新》项目获得北京市教学成果奖一等奖，如图 5 所示。北外“大学思辨英语课程虚拟教研室”“英语课程群虚拟教研室”“多语种教学改革虚拟教研室”“北京五高校法语课程思政研究虚拟教研室”及“外语类高校会计与财务管理人才培养改革虚拟教研室”等入选教育部首批虚拟教研室建设试点。北外智慧学习环境建设案例入选教育部教育信息化技术标准委员会、北京市高等教育学会教育信息技术分会、智慧高校 CIO 组委会等组织评选的优秀和典型案例。

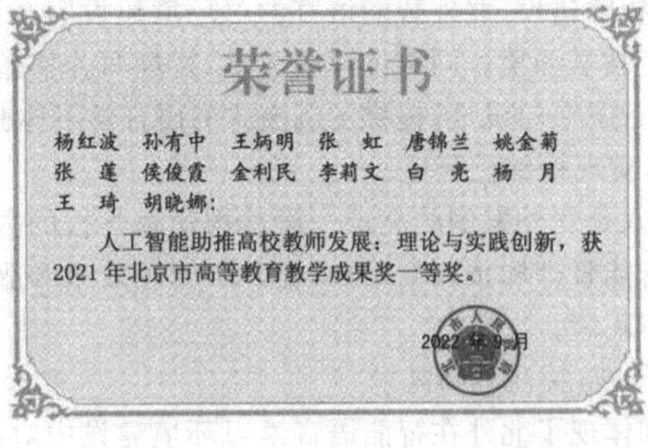
荣誉证书

杨红波 孙有中 王炳明 张 虹 唐锦兰 姚金菊
张 莲 侯俊霞 金利民 李莉文 白 亮 杨 月
王 琦 胡晓娜：

人工智能助推高校教师发展：理论与实践创新，获2021年北京市高等教育教学成果奖一等奖。

2022年9月

图 5 《人工智能助推高校教师发展：理论与实践创新》获奖证书

智能写作翻译实验室减轻了教师教学和评阅压力，英语写作教学与评阅系统提供在线写作教学管理、智能化作文评分与批改以及写作教学研究等综合服务。教师可在机器批改的基础上，进行快捷错误标注和点赞，从而有效减轻教师的评阅负担；学生可在写作过程中获得题库及范文指导，拓展思路，实现写作前的输入，有效提升写作能力。写作会通过即时机评的反馈，让学生即交即评，同时提供详尽的修改建议，让学生做到知其然并知其所以然；系统提供的教学数据辅助了教师科研与写作，系统为教师提供多种数据统计分析功能，包括成绩分析、错误类型统计以及客观特征统计。北外英语学院孙三军教授通过智能翻译实验室授课，并借助多用途、多维度的大数据分析开展科研工作，发表论文 *Measuring the User Experience of Computer-Aided Translation Systems: A Comparative Study*，其英文教材《翻译技术实务》也获得立项。

北外智能语言学习环境建设是教育部人工智能助推教师队伍建设北外试点工作的重要组成部分，2021 年 9 月 17 日，教育部在北外召开人工智能助推教师队伍建设试点工作总结会。会后，来自教育部、各省级教育主管部门、各试点高校的近 200 家单位代表到北外参观交流，对建设成效给予了高度评价。

4　特色与推广意义

在智能时代和教育数字化战略发展背景下，北外积极拥抱技术革新，以教育部人工智能助推教师队伍建设试点工作为抓手，以国家标准《数字语言学习环境设计要求》为蓝本，对学校智能语言学习环境进行了全面的设计与实施，打造出具有北外特色的智能化、多功能、高性能语言学习环境。

4.1　特色

(1) 智能与赋能，打造多语种教学新生态

北外案例的核心特色在于“智能”二字。学校充分利用人工智能技术，实现了语言教学的智能化升级。智能评阅引擎、语音识别与合成、机器翻译等技术的应用，不仅提升了教学效率，也为学生提供了更加个性化、精准化的学习支持。特别是针对多语种教学的特点，开发了支持多语种的智能写作、翻译和评测系统，为多语种人才培养提供了有力支撑。

(2) 以语言学习为核心，构建专业化教学环境

区别于一般的智慧校园建设，北外智能语言学习环境建设紧密围绕“语言学习”的核心需求，构建了专业的语言教学环境。同声传译实验室、智能写作实验室等特色子系统，针对语言学习的特殊需求进行了专门设计，提供了沉浸式的语言学习体验。

(3) 数字孪生技术，实现精细化管理

数字孪生平台的引入是北外案例的亮点。通过构建教学楼的数字孪生模型，实现了对教学环境的实时监控、智能管理和预测性维护，提升了管理效率和服务水平，也为师生提供了更加安全、舒适的学习环境。

(4) “数字粉笔”微创新，关注教师需求

“数字粉笔”虽小，却体现了北外在智能语言学习环境建设中对教师需求的关注。通过技术创新，解决了教师在大屏书写不习惯的问题，体现了“以人为本”的设计理念，有助于推动教师积极应用新技术，提升教学效果。

4.2　推广意义

北外智能语言学习环境建设案例，为中国高校尤其是外语高校及院系推进教育数字化转型，全面提升师生数字素养提供路径参考和有益借鉴。

(1) 提供可复制的建设方案

“云中控、云录播、云管理＋双屏互动”的北外智能语言学习环境综合解决方案，具有较强的可复制性和推广价值，可以为其他高校提供参考。

(2) 提供技术应用的示范

北外在人工智能、数字孪生等技术的应用方面进行了积极探索，积累了宝贵的经验，可以为其他高校提供借鉴。

(3) 提供多语种教学的范例

北外在多语种智能教学环境建设方面的实践，可以为其他外语类高校提供参考。

(4) 提供标准应用的样本

北外严格遵循国家标准《数字语言学习环境设计要求》进行建设，为该标准的推广应用提供了样本。

5 标准符合性自述

本案例秉承“以教师为主导，以学生为主体”的理念，依据国家标准《数字语言学习环境要求》分步实施建设，打造北外智能语言教学环境，助力教师教学创新、学生自主学习和师生素养提升。

5.1 基本标准符合性指标

基本标准符合性指标自评详情见表1。

表1 《数字语言学习环境设计要求》标准符合性指标自评表

标准章节	标准条款	标准应用情况自述
GB/T 36354—2018《数字语言学习环境设计要求》第6.1.3	数字语言实验室对网络的连接方式和使用设备型号不做限制。在实际网络的配置中，用户需要对网关、代理、路由、虚网进行实际的配置，应符合计算机网络要求	符合
GB/T 36342—2018《智慧校园总体框架》第6.2.2智慧教学环境的分级	能够实现对环境内所有装备(软硬件设备)及状态的信息采集，对环境指标及活动情境的识别、感知和记录；能够实现对教学设备的控制和管理，且能实现对控制全过程及效果的监视	符合
GB/T 36354—2018《数字语言学习环境设计要求》第7.1.2计算机型功能要求	a) 点播：学生能点播数字音视频和文本节目，在点播数字音频节目时能同步看到文本资料； b) 作业：教师能将作业分发给学生，学生按教师的要求完成作业，并能将完成的作业提交给教师； c) 多语言切换：教师界面可进行不同语言的在线切换，至少含有中、英文； d) 分组教学：系统需提供分组教学功能，允许教师将全体学生分成不同教学目标的小组，各小组可以按不同教学模式进行分组教学活动； e) 学生计算机管理：授课时，教师可管理学生计算机的使用	符合
GB/T 36447—2018《多媒体教学环境设计要求》第8.6交互(软件)系统	8.6.2 教学管理应具备以下功能 a) 虚拟网络教室功能、自动登录记忆功能、系统状态保持以及屏幕监视功能； b) 师生教学交互功能，可建立多频道、多编组的教学模型； c) 远程设置功能，允许系统或教师机端对学生机的属性进行设置，具体包括显示设置、互联网设置、主题设置、桌面设置和安全设置。	符合

续表

标准章节	标准条款	标准应用情况自述
GB/T 36447—2018《多媒体教学环境设计要求》第 8.6 交互(软件)系统	8.6.3　课堂互动应具备以下功能： a) 信息发送与接收、教学示范、遥控辅导的功能； b) 支持教室多屏幕的同步或异步显示，支持教师和学生之间、学生和学生之间进行交互； c) 支持文字交流、电子白板数据交互演示和音视频对话的交流模式； d) 通过屏幕流控制技术，支持电子文件播放、课件动态演讲，可批注修改动态演讲； e) 选择学生进行计算机屏幕演示和交流的功能。 8.6.4　资源建设与共享应具备以下功能： a) 支持教学课程的录制； b) 支持学生自己进行屏幕录制(对教师课件、学生学习的多屏录制)； c) 文件分发、文件收集的功能，支持资源(数据、图像、文件)共享。 8.6.5　教学评测应具备以下功能： a) 支持教师将作业分发给学生，学生按要求完成作业并提交给教师； b) 教学评估功能； c) 支持试卷编辑、在线考试，具备对试卷进行评分且自动生成考试结果分析数据的功能。 8.6.6　广播教学应具备以下功能： a) 视频直播功能，保证用户端接收具有较高的同步性和流畅性； b) 流媒体教学课件点播功能，同步实现电子文档、电子白板信息、视频流的传输。 8.6.7　远程互动学习应具备以下功能： a) 支持通过校园网或互联网实现远程的公开教学与评估； b) 支持电子论坛、网络视频会议、远程教学和管理等功能。	符合
GB/T 36447—2018《多媒体教学环境设计要求》第 6.6 扩声系统声学特性指标	演示型多媒体教学环境的扩声系统声学特性指标应符合表 6 的规定(一级)： 每座容积≥$3m^3$ 隔墙的空气声隔声单值评价量 >55 dB 楼板的空气声隔声单值评价量 >50 dB 混响时间 0.9～1.2 s 最大声压级 额定通带内：≥88 dB 传输频率特性 以 100 Hz～6 300 Hz 平均声压级为 0 dB，在此频带内允许范围：−4 dB～+4 dB 传声增益 100 Hz～6 300 Hz 的平均值>−8 dB 稳定声场不均匀度 1 000 Hz：≤6 dB；4 000 Hz：≤0 dB； 扩声系统语言传输指数 ≥0.6 系统总噪声级 ≤NR−30 dB	符合

续表

标准章节	标准条款	标准应用情况自述
GB/T 36447—2018《多媒体教学环境设计要求》第 7.3 录播系统	录播系统应具备以下功能：创建和编辑课程信息功能；手动、自动录制模式；添加片头/片尾和叠加徽标的功能；录播操作控制功能；录制文件名可自动生成，录制文件可通过网络存储，有导出录制文件的功能；视频码率可在 384 kbps～20 Mbps 范围内设置；录制的文件格式应具有广泛的兼容性，可在通用的媒体播放软件上播放；可通过网络直播，并支持组播方式直播；支持单画面模式和多画面模式；有通用软件开发工具包(SDK)，提供与其他系统平台的接口；收视文件支持电影模式和多画面资源模式	符合

5.2 评议性指标

方案符合 GB/T 36354—2018《数字语言学习环境设计要求》中以下章节要求，如表 2 所示。

表 2 《数字语言学习环境设计要求》标准评议性指标自评表

标准章节	标准条款	标准应用情况自述
6.1.3 网络条件	数字语言实验室对网络的连接方式和使用设备型号不做限制。在实际网络的配置中，用户需要对网关、代理、路由、虚网进行实际的配置，应符合计算机网络要求。 达到下面的各项要求时，视为网络环境达到安装要求： a) 教室内网络互通的要求：在一套系统内能够在学生单元利用任何一台计算机通过网络名称或IP地址访问教师主控单元的共享目录，并可以写入文件； b) 同校园网互通的要求：在系统的教师主控单元和学生单元，可以利用任何一台计算机通过网络访问到学校的校园网	实验室满足数字语言实验室网络条件要求
7.1.2 计算机型功能要求	计算机型数字语言实验室除应具有终端型数字语言实验室功能外，还应符合以下要求： a) 点播：学生能点播数字音视频和文本节目，在点播数字音频节目时能同步看到文本资料； b) 作业：教师能将作业分发给学生，学生按教师的要求完成作业，并能将完成的作业提交给教师； c) 多语言切换：教师界面可进行不同语言的在线切换，至少含有中、英文； d) 分组教学：系统需提供分组教学功能，允许教师将全体学生分成不同教学目标的小组，各小组可以按不同教学模式进行分组教学活动； e) 学生计算机管理：授课时，教师可管理学生计算机的使用	实验室课堂教学系统具备广播教学、发言、讨论、听说读写专业训练，分组研讨、教案、作业、答疑、考试等功能，支持专业外语混合式教学，满足计算机机型数字语言实验室功能要求

续表

标准章节	标准条款	标准应用情况自述
8.1.4 数字语音信号在教师主控单元、学生单元之间全通道传输要求	8.1.4.1 频率响应 系统中传输的数字语音信号在教师单元、学生单元之间全通道传输时，频率响应应达到： A 级：125 Hz～10 000 Hz(±2 dB)； B 级：150 Hz～6 300 Hz(±2dB) 8.1.4.2 信噪比(A 计权) 系统中传输的数字语音信号在教师单元、学生单元之间全通道传输时，信噪比应达到： A 级：>65 dB；B 级：>55 dB 8.1.4.3 谐波失真 系统中传输的数字语音信号在教师单元、学生单元之间全通道传输时，谐波失真应达到： A 级：≤0.2%；B 级：≤1%。 8.1.4.4 教师广播声音延迟 终端型：A 级：≤30 ms，B 级：≤50 ms 计算机型：A 级：≤50 ms，B 级：≤80 ms 8.1.4.5 学生之间对讲声音延迟 终端型：A 级：≤30 ms，B 级：≤50 ms； 计算机型：A 级：≤50 ms，B 级：≤80 ms 8.1.4.6 声音断裂 声音信号中间断裂时间要求≤10 ms； 出现声音断裂频率，平均 3 min 内不多于 2 次 8.1.4.7 变速播放比 在满足频偏≤0.5%，失真率≤3%的条件下，播放变速比应在±30%之间可调 8.1.4.8 学生声道要求 A 级；双声道； B 级；单声道	实验室语言部分满足 A 级数字语言实验室数字语言信号标准

6　解决方案专家点评

6.1　点评专家简介

李海霞，博士，清华大学信息化技术中心高级工程师，教育部教育信息化技术标准委员会专家委员，中国教育技术协会技术标准委员会副主任、秘书长，主要从事信息化教学环境设计建设、教育技术标准化、信息技术教育应用等领域的工作。

6.2 点评内容

以人工智能技术为代表的新一代信息技术的迅猛发展正在重塑外语教学和学习方式。为促进信息技术与教育教学的融合发展，提升师生数字素养，北京外国语大学依据《数字语言学习环境设计要求》国家标准，从教学设备、网络部署、教室环境、教学系统与应用方面开展设计与实施，建设了具有智能评测和远程教学功能的语言实验室、同声传译实验室、智能写作翻译实验室等专用语言学习环境，以及具有“云中控、云录播、云管理＋双屏互动”功能的智能教室和数字孪生运维平台。项目设计既兼顾了普通智慧学习环境的通用性，又有外语教学和学习的专用性，将专业的多语种语言教学系统、智能写作翻译系统、智能评测系统、录播资源系统、数字孪生管理系统进行有机整合，打造出了具有“语言特色”的开放、互联、智能、融合、创新的智能语言学习环境。

项目投入使用后获得师生一致好评，在推动外语教学手段创新和发展、助力外语教学质量提升等方面取得了很好的应用效果，在高校教育数字化领域产生了示范效应和良好影响。北外“创建智能教育环境，提升教师数字素养”入选教育部人工智能助推教师队伍建设试点典型案例。

南京工业大学全光网络构建校园新生态
——《高等学校数字校园建设规范(试行)》应用案例

李婷,童政权,刘超,单道松,张心祥
(南京工业大学)

1 学校简介

南京工业大学是首批国家"高等学校创新能力提升计划"(2011 计划)牵头高校、江苏高水平大学建设高峰计划 A 类建设高校。学校秉承"明德、厚学、沉毅、笃行"的校训,坚持扎根中国大地办大学,形成了产学研协同创新的鲜明特色。

学校设有 11 个学部,28 个学院,各类学生 4 万余人。涵盖工、理、管、经、文、法、医、艺、教 9 个学科,拥有国家一级重点学科 1 个、博士后科研流动站 9 个、一级学科博士学位授予点 9 个、博士专业学位授予点 3 个、一级学科硕士学位授予点 31 个、硕士专业学位授予点 21 个。在国家第四轮学科评估中,化学工程与技术学科获评 A 等级,材料科学与工程、安全科学与工程学科获评 B+等级。截至目前,学校化学、材料科学、工程学、生物学与生物化学、环境科学与生态学、物理学、农业科学等 7 个学科进入全球基本科学指标(ESI)前 1%,其中,化学、材料科学、工程学 3 个学科进入 ESI 全球前 1‰,学校 ESI 综合排名进入全球 500 强,位列中国内地高校第 58 位。泰晤士高等教育 2024 年世界大学排名位列中国内地高校并列第 41—57 位;自然指数 2024 年度排名位列中国内地高校第 43 位;软科 2024 年世界大学学术排名位列第 308 名,位列中国内地高校第 54 位。

学校现有教职工 3 300 余人,拥有高级职称人员 1 600 余人,其中两院院士 10 人、第八届国务院学科评议组成员 1 人、国家级人才 205 人次,国家级高层次人才团队 15 个,省部级重点高层次人才 433 人次,省部级重点高层次团队 45 个。

2 案例简介

2.1 项目背景

结合我校《智慧校园建设专项"十四五"发展规划》中"一张网"建设目标和校园网现状,我校在充分方案论证及深入调研的基础上,以高标准、高要求、高效率和高品质顺利完成全光网络建设,构建了高速率、大容量的校园骨干网,校园网在通信泛在性、稳定性、扩展性、易于维护性等方面实现了具有划时代意义的升级,为科研创新、教学改革和日常管理提供支撑,为学校教育数字化转型提供坚实的基础平台。

2.2 现状与需求

我校校园网始建于 1995 年，经过近 30 年建设，现已成为具有超大规模的园区网络。校园网由宿舍区网及教学办公区网两部分组成，实行有线网无线网一体化管理。在教育新基建背景下，对标教育教学数字化转型各类场景，对网络基础设施也提出了新的要求，我校传统的校园网带宽和承载能力面临严峻挑战，已经不能满足需求，主要痛点如下。

2.2.1 终端数 10 倍增长，原有网络难承载，师生用网体验差

自 2015 年起，我校开始建设无线网络，无线网建设初衷是作为有线网络的有效补充，经过一期和二期工程，教学办公的公共区域部署了 2 000 多个无线 AP，解决了校园内无线网络有无的问题。随着信息技术飞速发展和移动终端普及，目前校园内无线上网终端数量相较 2015 年已增加近 10 倍，在正常工作时间，校园网的在线终端数已稳定在 18 000 至 20 000 个之间。移动终端成为用网主力，无线上网也演变成校园上网最主要途径。这对原有无线网络的承载能力提出了巨大挑战，师生对网络质量的期望也随之提高，无线用网问题成为了师生诉求的焦点。

2.2.2 30 年多阶段建设，网络结构复杂，桥架资源耗尽

我校校园网经过长达 30 年的发展历程，今年终于迎来了真正意义上的全网升级改造。多年来随着网络的不断扩展，校园主干环网管道和各楼宇桥架资源几乎耗尽，特别是在学生宿舍区，新旧不一的桥架和早期宿舍线槽都已经满载。目前校园网有线网络信息点超过 5 万个，规模庞大结构复杂，由于分阶段建设，部分远离校园网核心的区域存在较严重的单点故障，缺乏线路冗余，因单点而普遍存在性能瓶颈和风险集中的隐患。以上现象影响网络安全稳定运行，网络升级面临巨大挑战。

2.2.3 宿舍楼房间密集，弱电间供电安全引发焦虑

我校共有学生宿舍约 9 500 间，宿舍楼宇房间密集，共有 158 间弱电间，大多空间闭塞脏乱，线路错综繁杂，供电不稳定，对于扩展星型网络拓扑来说，供电不稳定会直接影响到关键节点下游所有设备联网，造成整个片区网络中断、通信故障。作为网络、通信和安全系统的关键基础设施部署场所，多年来宿舍区弱电间供电稳定性、安全性一直是我们的一大痛点。

2.2.4 网络故障定位繁琐，运维手段落后

我校多阶段的校园网建设造成各阶段网络设备厂家、型号、性能各不相同，网络结构复杂，而我们的运维手段却显得相对落后，几乎全部依赖人工完成，效率较低，故障排查困难。由于没有主动报警机制，当用户报修时，需要手动进行逐级排查，从核心网络设备到汇聚层、接入层等设备，流程繁琐耗时，这不仅影响了网络的快速恢复，增加了运维负担，也极大影响师生用网体验。面对视频会议、线上直播等带宽延时要求高的场景时，运维工作压力巨大。

2.3 项目目标

本次网络改造的目标为：有力保障、适度超前，采用性能稳定、管理便捷的网络产品，打造一个高效、稳定、智能的校园网络环境，为学校的高质量发展提供助力。

光网络升级以需求为导向，坚持学校利益最大化的原则，旨在打造一张融合、高速、灵

活、易维护的新型校园网络。考虑到万兆时代光进铜退是大势所趋，并且光纤使用年限可以达到 30 年，传输带宽可以达到 TB 级别，所以本次网络升级改造选择全光的技术路径，改造范围内 1∶1 独享带宽实现 FTTR/FTTO(光纤入室)，把校园网打造成一张智能的、弹性的、学习型的网络，保障所有数据实时可交互，连接校园内外的各类资源低延时或无延时传输。

2.4　方案设计

基于我校《智慧校园建设专项"十四五"发展规划》中"一张网"建设目标和师生对网络使用的需求和期待，信息管理中心面向全体师生开展调研。信息管理中心通过"i 南工"平台进行了线上用网需求调研，并通过"智慧南工"网上办事大厅向各二级单位发放核验表，以确认各楼宇房间的用网场景。走访兄弟学校，学习新一代校园光网技术的建设与应用经验，邀请同行专家进行论证，为全光网建设提供建议指导。经过半年多的深化设计，综合考虑了现状、未来发展、万兆时代远距离传输需求以及施工成本、安全性、维护成本和网络结构合理性等因素，最终我校决定采用极简以太彩光方案，对江浦校区的宿舍区及办公区网络进行全面升级，覆盖 14 000 多个房间，涉及 23 种房间使用功能、10 个网络建设场景，以实现校园网的高带宽承载和优化管理维护。

2.4.1　顶层设计

学校整网采用大二层结构，办公区和宿舍区核心侧分别采用 VSU 技术异机房各部署两台超聚合核心交换机，与接入层设备全光互联；宿舍区及办公区各选取 5 个分汇聚机房按照管理的楼宇范围内的终端设备数量部署对应的超聚合交换机；各楼栋的汇聚采用无源透明汇聚设备部署在大楼的光纤汇聚节点；末端接入层设备由原来传统部署在楼宇弱电间迁移到用户室内成为入室设备，入室设备通过光纤连接到楼栋无源汇聚设备，每 8 台接入设备汇聚成一芯主干光纤到分汇聚机房。接入层依据不同场景的用网需求部署对应的入室设备，无论哪种类型的入室设备都采取统一供电方案，其中宿舍区采用集中降压后为入室光 AP 供 48V 直流电；教室等光交换机入室的场景则采用集中供 220V 交流电；其他办公科研场景则采取集中供交流电或在交流电入室前降压为直流两种方式灵活组合供电。如图 1 所示。

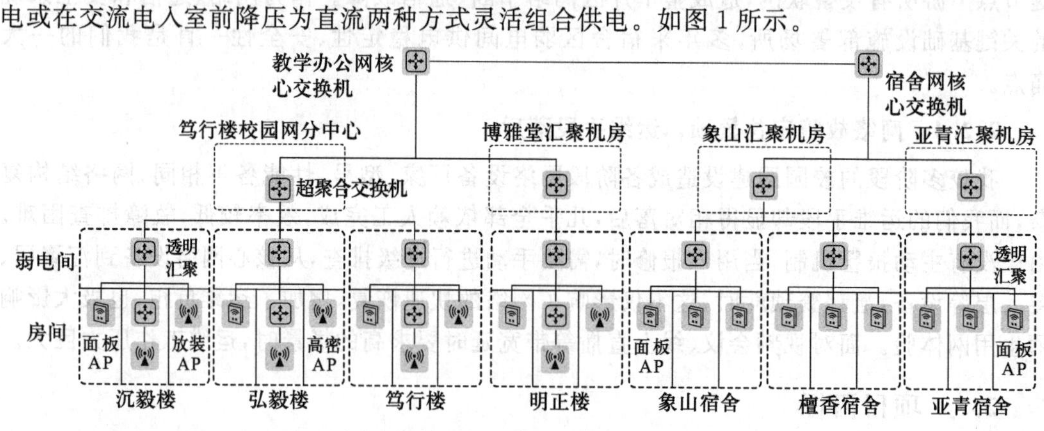

图 1　南京工业大学校园网络架构设计

2.4.2　场景细分设计

为了保证项目顺利推进，在前期充分调研和深化设计的基础上，信息管理中心对全校

14 000 多间房间按功能分 23 类，归为 10 个网络建设场景，如表 1 所示。

表 1 网络建设场景

序号	房间场景	房间功能		场景说明
1	人员数量 0～12 人，且房间面积小于 $120m^2$，或 20 人以内的会议室	1	小办公室(6 人以下)	科研办公场景需求：各种仪器设备入网，共享打印机入网等；部分楼宇还存在监控系统入网等多业务网络需求。这些需求对网络带宽、时延、高可靠性、特殊带宽保障、横向流量等性能都提出了更高、更个性化的要求 网络设计：光纤入室，放装光 AP 或面板光 AP
		2	大办公室(6～12 人办公室)	
		3	研究生工作室(6 人以下)	
		4	研究生工作室(6～12 人办公室)	
		5	会议室(20 人以下)	
		6	精密仪器实验室(空间大/人少/无遮挡)	
2	人员数量 13～30 人，且房间面积小于 $120m^2$	7	特大办公室(12 人以上)	
		8	研究生工作室(12 人以上)	
3	人员数量 30～60 人，且面积小于 $120m^2$	9	人员密集型实验室(人多/空间大)	
		10	中会议室(20～60 人)	
4	人员数量少于 60 人，且面积大于 $120m^2$	11	大型仪器实验室(空间遮挡多/人少)	
5	人员数量少于 120 人的普通教学教室(含智慧教室)	12	教室(60 人以下)	教学场景需求：教室内部署的教学设备都有接入网络的需要，用于支撑教学、直播、录播、远程互动、教学督导等业务；教室内师生个人终端也需要随时接入网络开展课堂互动教学 网络设计：光纤入室，光交换机入室
		13	教室(120 人以下)	
6	人数数量超过 120 人的普通教学教室	14	教室(180 人以下)	
		15	阶梯教室(180 人以上)	
7	公共场景：走廊、图书馆、大厅、食堂等特殊区域	16	学术报告厅(120 人以上)	公共场景需求：解决高并发需求 网络设计：高密光(电)AP/定向 AP/室外全向 AP
		17	食堂	
		18	图书馆	
		19	体育馆	
		20	体育场	
8	特殊区域，如无菌实验室等，不适合施工或者电磁干扰的情况	21	特殊实验室	
9	大型报告厅，人员数量超过 120 人	22	需要单独规划的校级报告厅	

续表

序号	房间场景	房间功能		场景说明
10	宿舍	23	4～5 人	宿舍场景需求：个人上网，需要提供一定的带宽保障 网络设计：光纤入室，面板光 AP

2.4.3　功能设计

以太全光网设计参照 GB/T36447—2018《多媒体教学环境设计要求》标准及 GB/T36449—2018《电子考场系统通用要求》标准，采用以太（以太协议）全光（全光纤网络）二层扁平化网络架构，即以光纤作为传播介质，通过光纤入室的部署方式，结合以太网的架构、组网，所构成的网络。将有源接入交换机从楼层弱电井释放出来，通过光纤入室将全光接入交换机部署在每个房间里。融合 CWDM 波分复用技术，实现弱电间无源管理，同时做到 1∶1 千兆入室。

对于所有宿舍区域和大部分的公共区域采用接入层集中供电，光电分离的设计方案。

本案例除了光网络架构与供电设备上的基础设计，还对于运维上的功能做了详细设计，来满足日常运维过程中对于网络的运维需求，例如：

(1) 零配置，减少日常维护复杂度

接入设备模板化，接入设备即插即用，消除人为能力因素，通过可视化提升效率，提升体验。接入设备模块化配置，下联端口 vlan 无关避免接错口问题。通过自动化运维的解决方案做到设备 0 配置上线、0 配置替换。

(2) 光链路检测，快速定位修复故障源

改成全光网后当房间数比较多的时候，光纤链路诊断、故障的定位修复，一直是一个大难题，耗费的时间也很长。本案例通过 SDN 控制系统对全网光链路实现实时的监控，当链路出现故障后，该平台能够将故障自动告警并给出分析和处理建议。

3　实施效果

3.1　实施情况

这次全光网络建设是我校近 10 年来建设规模最大、投资金额最大的单体信息化建设项目。经过近半年的建设，校园网实现了主网扁平化网络架构，江南江北校区间资源跨江互联共享。目前运行效果良好，具体实施部署效果如图 2 所示。

3.2　建设成效

3.2.1　一室一光纤，一室一设备，高性能 Wi-Fi 全覆盖

光网络项目于 2023 年 12 月 4 日正式开工，Wi-Fi6 光 AP 开通上线 14 800 余个，上线率达 99%，实现江浦校区全域，新模范马路生活区光纤入室，无线网由原双绞线 Wi-Fi5 升级为全光

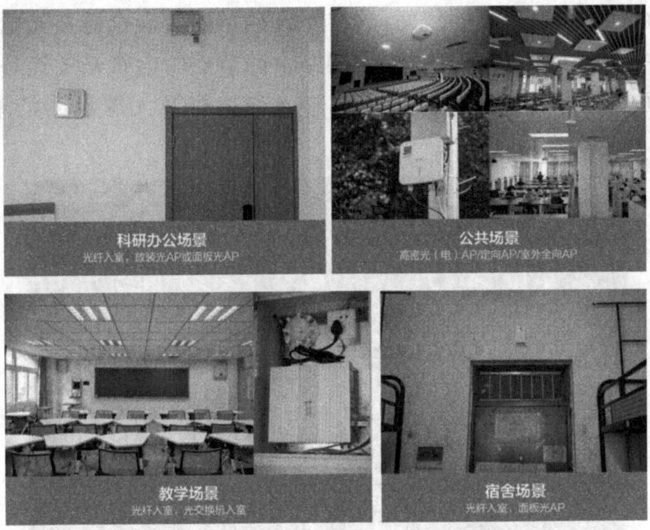

图 2　南京工业大学各场景实际部署效果

Wi-Fi6，高密场所升级为光 Wi-Fi7。其中教学办公区大部分楼宇原无线网信号仅覆盖公共区域，现全部实现光 AP /光交换机入室，根据不同场景需求，部署相应型号设备，尤其为智慧教室提供了万兆光交换，确保每间教室都能独享带宽，构建了一个持久耐用、可持续使用的教学网络环境，满足后期智慧教学场景多样化的网络需求。教学办公区实测无线网并发终端峰值由原 13 000 增加至 20 000，无线网出口流量由峰值 3.5 G 增加至 8.6 G，日下行流量由 16 TB 增加至 52 TB。宿舍区实现“一室一光纤、一室一设备”，无线信号测速稳定在 300 M，提速 300%，宿舍区并发终端峰值由 35 000 个提升到 45 000 个。由于启动准入机制和无感认证，一次认证便可实现开机即上网。通过试运行，无线网的安全性、便捷性、稳定性都得到充分验证，已经真正成为校园上网的最优途径，师生用网体验获得显著提升。

3.2.2　智能运维，全网一张图，无感处理，师生体验好

光网络项目充分兼顾多校区资源打通，通过现有资源的优化重组，获得更高的价值体现。改造后跨江校区间互联升级为 400 G，校园主网核心至各汇聚点主干升级为 200 G，教学办公区运营商互联网出口扩容至 10 G，并完成出口迁移至江浦校区，实现主校区访问外网路由更合理，效率更高，可靠性更强。

本次全光网建设搭配的 SDN 智能运维工具是 INC(图网络指挥官)，可以提供有线无线全网一体化运维，统一可视化、智能化运维，支持接入设备即插即用、免配置上线，故障检测只需查链路、看设备、换产品 3 步，即可完成高效运维、设备替换，新设备接入光网后配置自动下发，无须人工干预，让我校信息化部门的运维重心从设备端转向客户端。根据学校要求，SDN 工具定制化配置，原学校有线网络也可以实现统一纳管，全网一张图，师生获得“无感处理”的网络保障体验。

3.2.3　全光网络，弱电间无源，主干光纤 1∶8 收敛

我校全光网建设引入以太彩光技术对校园网络进行革新升级，使用了超聚合彩光交换机搭配彩光模块，将 8 对不同波长的光信号通过一根光纤传递到各楼宇，有效节省骨干光缆资源，链路效率和带宽性能得到双重提升；各楼宇内采用无源的透明汇聚设备，再将一根光

纤上 8 个波长的光信号分开到不同房间，这样每栋楼宇内实现全链路光电分离，从各区域汇聚点到入室实现中间链路无源，有效减少因链路中间节点断电带来的连环网络故障，同时也大大降低了弱电间的消防安全隐患。超聚合彩光交换机及无源透明汇聚部署效果如图 3 所示。

图 3　超聚合彩光交换机及无源透明汇聚部署效果

3.2.4　接入层集中供电，光电分离，安全可靠

我校的全光网建设项目中，供电设计方面的创新尤为突出。根据不同场景，定制了三种供电方案：220 V 交流集中供电，末端降压、220 V 交流集中供电＋PoE 供电、集中降压后 48 V 直流供电。其中，集中降压后 48 V 直流供电的方式非常值得推广，这种供电方式主要适用于宿舍场景和部分公共场所。它的部署方式是在楼宇弱电间部署透明汇聚，强电间部署集中降压供电设备，实现设备的数据与供电分离部署，数据走弱电间链路，全程无源，供电走强电链路，学校交由后勤统一管理，以确保供电的可靠安全。此供电方案的优势为降压后入室供电为 48 V 直流电，相对比 220 V 交流供电更安全，同时可避免学生宿舍内违规用电的风险。在宿舍场景，我校一共部署了 600 多个集中供电设备，单个设备的输出功率是 600 瓦，可以给 24 个宿舍间的无线面板 AP 提供 48 V 直流电。在公共区域比如食堂、图书馆、报告厅等部署高密 AP 的场景，单个供电设备可以支持 8 台左右高密 AP 的供电需求。

3.2.5　无线网络稳定可靠，充分使用带宽资源

光网络改造后无线网络更加稳定易于使用，我校和运营商沟通后达成协议，打通宿舍区与教学办公区“njtech－home”信号，在读学生可在校园全域范围使用“njtech－home”信号从宿舍互联网出口上外网，根本上解决原学生在教学办公区免费月流量不够的问题，同时也为教学办公区对公业务保障和教师用户上外网释放了出口资源，教师用户上网月流量扩容至 80 G。

4　特色与推广意义

4.1　特色

本次光网络项目的建设，标志着我校在教育信息化建设征程上迈出了革命性的一大步，

我校通过本次光网络建设为教育变革创新、教学数字化转型构建了高效、可靠的基础网络框架，支撑了学校综合治理水平进一步提升。全光网络是学校的信息传输“高速路”，它将支撑学校高质量内涵式发展，助力学校教育信息化数字转型和智能升级。我们将把光网打造成一个高融合网络，开拓网络泛载宽度，形成有线、无线、5G、物联网多种网络有机融合互补，打破校园物理边界，实现全域校园网络的建设模式，让所有师生在校内、校外均能无差别访问学校信息化资源。

未来我们将持续以光网技术筑牢学校数字化转型的基础“底座”，紧抓网络快速发展的新机遇，不断完善学校信息技术新基建内涵，更好适应高等教育未来的发展。

4.2 推广意义

4.2.1 项目体现了数字化底座的重要价值

本项目通过采用扁平化架构建设、高性能无线覆盖、高带宽的传输等多种基础网络架构的设计，支撑了学校数字化转型，助力了学校治理水平的提升。正是搭建这样一套稳定、可靠、强劲的基础网络框架，才能让学校的信息化数字转型得以落地，实现融合互补的效果。

4.2.2 项目具有推广示范价值

我校全光网络建设能够为其他高校教育数字化转型提供范例，展示如何构建高效、稳定、智能校园网络环境，支撑学校高质量发展和教育信息化建设。项目建设支撑学校综合治理水平提升，实现多校区资源打通和优化重组，提高管理效率和服务质量，为高校提供有益经验和启示。同时在方案中还提出了创新的供电方案，具备推广示范的价值。

5 标准符合性自述

5.1 基本标准符合性指标

基本标准符合性指标自评详情见表2。

表2 基本标准符合性指标

与《高等学校数字校园建设规范（试行）》标准中相符的条款	自评
《高等学校数字校园建设规范（试行）》5.2.3条 c）整体网络架构应能基于覆盖区域、终端数量、业务需求实现按需扩展，无需对架构进行调整	满足。采用光纤入室建设模式，可按需扩展
《高等学校数字校园建设规范（试行）》5.2.3条 d）应支持IPv4与IPv6双栈部署	满足。全校所有网络设备均支IPV4和IPV6
《高等学校数字校园建设规范（试行）》第5.2.5条 c）应进行定期的接入测试，确保接入网络的可用性，确保能容纳预计数量的用户接入和正常使用	满足。该案例在实施与运维过程中，对线路与设备采用抽样调查，形成测试报告

续表

与《高等学校数字校园建设规范(试行)》标准中相符的条款	自评
《高等学校数字校园建设规范(试行)》5.2.2条 a) 应在校园网出口区部署出口路由器和防火墙等安全防护设备。 9.2.4条 a) 提供移动互联网接入时应提供认证功能,并支持采用认证服务器认证或国家密码机构批准的密码模块进行认证。 b) 应提供措施能够检测非授权无线接入设备和非授权移动终端的接入行为。 c) 应能够检测到针对无线接入设备的网络扫描、DDoS攻击、密码破解、中间人攻击等行为。 d) 无线网络应按照网络安全等级保护要求进行入网实名制认证和网络行为审计留存。同时无线网络控制系统应具备和网络安全管理平台或网络安全态势感知系统进行数据互通(包括控制数据和流量数据),确保数据源的丰富性	满足。学校部署完善的安全设备,按照等保二级标准进行建设,能够满足安全与认证需求
《高等学校数字校园建设规范(试行)》8.2条 a) 身份管理:为各应用提供身份管理和认证服务,支持用户和角色、授权和认证管理,支持常见认证方式,支持应用漫游和应用管理,支持开放授权的业界标准协议	满足。做集中身份认证与身份治理,满足认证与应用授权的需求

5.2　评议性指标

评议性指标自评详情见表3。

表3　评议性指标

与《高等学校数字校园建设规范(试行)》标准中相符的条款	自评
《高等学校数字校园建设规范(试行)》5.1概述 高等学校数字校园信息化基础设施是承载数字校园的基础和物理形式,一般包括校园网络、数据中心、校园卡、信息化教学环境、信息化育人环境、虚拟空间环境等,基础设施为各类信息化应用提供技术、设备和物理环境支持,是数字校园的基础。基础设施建设的总体要求是: a) 应根据学校数字校园建设现状和规划,确定适度超前的基础设施建设性能和容量等指标。 b) 应选择主流和相对成熟的技术路线和设备进行基础设施建设。 c) 应重视基础设施安全,安全指标应符合本规范第9章的要求。 d) 同等条件下,应优先选用国产自主可控设备。 e) 各高等学校可以根据学校实际情况,在安全合规的前提下,使用云服务作为高等学校数字校园基础设施的补充	满足。在方案设计阶段,充分借鉴了《高等学校数字校园建设规范(试行)》的要求,根据学校的基础网络情况以及各应用的使用情况进行调研。开展多次专家论证活动,对目前市面上的主流技术路线和设备进行调研,最终明确了建设的思路。同时在项目中也尽可能选择了国产品牌,为国家自主可控

续表

与《高等学校数字校园建设规范(试行)》标准中相符的条款	自评
《高等学校数字校园建设规范(试行)》8.2 基础应用服务 高等学校应在学校层面建设开放统一的基础应用服务平台,加强基础应用服务能力,促进应用系统的快速实施、有效集成和不断创新,更好地服务学校各单位和用户。数字校园建设中常见的基础应用服务包含但不限于:身份管理、流程服务、支付服务、消息服务、日历服务、报表服务、音视频服务、位置服务、应用管理等	满足。在完成全校基础数据平台以后,现有的带宽、性能、并发接入等指标都得到明显提升。学校目前已经在现有基础数据平台上整合建设统一的基础应用服务平台,首先做的是数据的标准化,包括身份数据、设备数据、报表数据等。将治理好的数据赋予应用,促进应用的快速落地,能够更好地服务各单位和用户
《高等学校数字校园建设规范(试行)》10.1 为了规范高等学校数字校园建设、管理、运维工作,保障信息化建设有序开展,维护网络与信息系统的安全、稳定和可靠,发挥网络与信息系统作为数字校园公共服务体系在教学、科研和管理服务中的重要作用,高等学校应结合实际情况,从组织机构、人员队伍、规章制度(管理)、标准规范(技术)、经费保障、运维服务、综合评价等方面对数字校园保障体系进行规范,通过保障体系的建设,为高等学校信息化工作创造良好的环境。对保障体系建设的总体要求: a) 应有明确的组织机构及运行机制。 b) 应制定学校统一、完备的规章制度。 c) 应有稳定、专业的技术队伍。 d) 应有统一、规范、科学,具有强制性的技术标准。 e) 应有稳定的经费投入,有规范的经费管理办法。 f) 应有持续、稳定的运维服务。 g) 应有科学完善的评价标准与体系	满足。学校设立专人辅助校园信息化的开展,成立信息化部门,同时在项目中要求建设专业的运维团队,辅助学校完成对网络与信息系统的维护,保证系统安全、稳定和可靠。 在学校内有完整的运维体系和科学完善的评价标准。师生可以通过专门报修入口进行报修,并且会对所有报修工单进行处理、回访和评价

6 解决方案专家点评

6.1 点评专家简介

袁泉,中国药科大学信息化建设管理处副处长,主要从事学校信息化工作的规划、建设和管理领域的工作。

6.2 点评内容

南京工业大学聚焦教育资源数字化建设的复杂需求,将信息技术深度融入课堂教学与实习实践环节,以实现多业务融合创新为突破口,构建了一张集约化的新型校园网络。该网络具备强大的融合承载能力,能够整合多张校园专网,有效打破不同业务与应用场景之间的壁垒。

同时,学校创新性地采用基于以太网技术与波分复用技术的全光网络,显著提升了网络的承载能力。这一举措为线上教学注入了新的活力，有力推动了混合式教学模式在新技术环境下的价值共创，从整体上提升了国家智慧教育平台在教育教学场景中的使用效能。南京工业大学的这一系列创新实践，为同类院校提供了极具参考价值的优秀范例，引领了教育信息化建设的新方向。

景德镇陶瓷大学云计算助力数字校园建设

——《高等学校数字校园建设规范(试行)》应用案例

汪结,哈乐,张虹,张春萍

(景德镇陶瓷大学)

1 学校简介

景德镇陶瓷大学是全国唯一一所以陶瓷命名的多科性大学,是全国首批31所独立设置的本科艺术院校之一、94所具有资格招收中国政府奖学金来华留学生的高校之一。

学校坐落于首批国家历史文化名城——江西省景德镇市,学校设有12个教学学院(部、系)及研究生院、创业学院、继续教育学院和国际学院,全日制在校生2.2万余人,其中,硕士研究生、博士研究生2 400余人。

2 案例简介

2.1 需求

本案例以云计算助力数字校园建设为主题,探讨了云计算在数字化校园建设中的关键作用。

随着教育质量的持续提高和学校自身建设的全面发展,景德镇陶瓷大学对信息化建设的需求日益迫切,旨在通过技术创新进一步提升教学与科研效率。然而,传统的数据中心架构,在面对大数据处理、高效资源共享及灵活资源调配等智慧校园建设的新要求时,逐渐显现出局限性,成为制约学校创新发展和智慧校园改革步伐的瓶颈。

为了突破这一限制,景德镇陶瓷大学积极引入超融合云计算平台作为解决方案。该平台通过高度集成的软硬件一体化设计,不仅大幅提升了数据处理能力和资源利用效率,还实现了科研系统、实训平台以及教学管理系统与基础数据资源之间的无缝对接与高效共享。这一变革不仅简化了IT基础设施的管理复杂度,降低了运维成本,更重要的是,它极大地促进了科研与教学活动的融合,优化了各个专业领域的科研教学实训流程,使得教育资源得以更加灵活、高效地服务于广大师生。超融合云计算平台的部署,使得学校能够快速响应教学科研需求的变化,灵活调配计算与存储资源,支持大规模在线课程、复杂模拟实验及高性能计算等应用场景,为师生提供了更加便捷、高效的学习与研究环境。同时,平台还增强了数据的安全性与可靠性,为学校的数字化转型奠定了坚实的基础。

2.2 背景

景德镇陶瓷大学面临各院系、中心、教研室间信息系统孤立、资源交互和信息共享缺乏、信息资源单调、安全标准不统一、专业水平差距大等问题。为解决这些问题，持续推进科研、教学、实训信息化进程，实现资源共享和流程优化，景德镇陶瓷大学亟须构建一套完整的云计算平台，以承载并整合教学、科研及实训资源。

3　实施效果

该项目通过资源池集中管理和动态分配计算资源与存储资源，提供充足的计算和存储能力，从而能够高效、稳定地承载校内各类业务系统，包括教学管理系统、科研项目管理平台、实训环境模拟器等，确保了这些业务系统在运行过程中能够连续不断地提供服务，并具备高度的可靠性，有效应对各种突发情况，为学校的日常运营和长远发展提供了坚实的IT基础设施支撑。

3.1　功能设计

3.1.1　构建并不断丰富IaaS层资源池服务

不断完善和优化现有学院、系/专业的IT系统基础设施和环境，在现有IT信息系统之上，拥抱人工智能新技术和建设新思路，在保证现有教学、科研系统的稳定性的前提下，做好上云基础，实现资源池化的目标，并实现更加可靠的系统运行，实现弹性、灵活、高效的资源使用，实现统一化、智能化、灵活化的运维手段，具体内容如下。

(1) 统一的云管平台

云平台将以服务目录的方式实现虚拟机、虚拟网络、分布式存储技术、安全的自助申请、审批、计量计费、权限管理、日志审计、桌面虚拟化的行为审计和管控等。实现GPU云主机的全生命周期管理，以及GPU资源的自动申请等功能。

(2) 虚拟资源池

通过虚拟化技术、分布式存储技术、虚拟机网络技术、NFV功能虚拟化技术，真正形成计算资源池、存储资源池、网络资源池、安全资源池的划分，资源对上层都是可见，并且可以划分成更细小的服务单元，向用户提供包括云主机、GPU云主机、云存储(块、文件、对象)、云网络(VDC、VPC)、云安全、云模块、业务系统镜像管理、自动化部署安装、故障重建，并通过统一化管理平台能够将这些资源进行系统的灵活认证和鉴权、调度、分配和安装部署。

(3) 虚拟数据中心资源

虚拟数据中心(VDC)资源可为学院以小型逻辑数据中心的模式提供批量的物理、虚拟的计算、存储、网络、安全等资源集合。

(4) 虚拟桌面资源

虚拟桌面资源可以提供集中化的办公终端管理模式，使得科研人员的办公桌面环境能够统一配置和管理，减少了分散管理的复杂性和成本。其次通过桌面云，科研人员可以在不同的设备上随时随地访问自己熟悉的科研桌面，保持工作的连续性和便捷性，极大地提高了工作效率，同时确保科研数据的安全性，数据集中存储在云端，有效防止了本地设备故障或丢失导致的数据丢失风险。

3.1.2 高效的智能运维和管理能力

为了全面提升科研、教学与运维效率,我校引入了一套功能强大的云管理平台。该平台通过一系列创新功能,旨在实现业务系统的快速部署、数据的全面保护、主机的灵活迁移、运维的高效管理以及资源的统一调度。以下将详细介绍这些核心功能及其带来的诸多优势。

(1) 业务系统的自动化部署

将特定规格的虚拟机、虚拟桌面、存储、数据库、中间件等事先编排成模板,用户可以通过自助菜单申请应用资源环境,实现应用的快速部署。桌面云有利于实现科研环境的快速部署和更新,新的软件和系统可以快速推送到各个桌面,减少了逐个设备安装和维护的工作量。

(2) 云备份能力

提供虚拟机、虚拟桌面的整机备份功能,结合虚拟化漂移能力,实现应用主机的高可用。最终形成多份数据的保存,保证数据安全性。

(3) 主机迁移服务

实现物理机到虚拟机、虚拟机到虚拟机之间在线迁移。

(4) 高效运维能力

通过对基础资源(主机、网络、存储)、应用组件(数据库、中间件、web 服务等)统一监控以及日志分析,及时发现故障隐患、性能瓶颈,实现业务稳定运行。

(5) 统一管理能力

通过一个云管对现有的科研服务器(6 台)进行物理机纳管和监控,并对现有的多台工作站进行资源的纳管,可以共享统一的账号、使用策略,从而降低管理难度,提高运维、科研、教学效率。进行云主机/云桌面资源的灵活分配和调整,根据科研项目的不同需求动态分配计算、存储等资源,更好地满足科研工作的多变性。

3.2 技术架构

学校数据中心的整体架构包含了 IT 资源池、核心交换区、网络出口区、管理区、运维、安全等几大模块,如图 1 所示。

图 1 学校数据中心整体架构图

3.2.1 资源池区

当前普遍采用虚拟化和云计算技术作为数据中心 IT 资源的架构。综合学校对数据中心的各类要求,采用超融合技术为主构建完整的数据中心。超融合是以虚拟化技术和 X86 服务器为主,融合服务器虚拟化、存储虚拟化、网络虚拟化等各类软件,通过标准的硬件为业务提供这些资源。

以超融合构建的统一资源池，硬件部分仅仅包括服务器和网络交换机，所有的超融合软件、业务虚拟机运行在这个资源池中，存储虚拟化软件统一管理所有服务器的本地磁盘，构建高性能高可靠的存储资源池。通过超融合技术为业务提供计算和存储资源，实现不同业务的网络区域隔离，集成网络安全模块实现安全管控。

3.2.2　业务逻辑分区

业务逻辑分区隔离可以是物理的也可以虚拟化隔离。在超融合平台上部署的业务，可以由超融合集成的网络虚拟化实现分区隔离。独立部署的物理机、VMware 等第三方虚拟化平台，采用独立的 VLAN 做隔离。

3.2.3　网络出口区

网络出口区部署边界防火墙、上网行为管理等设备。

3.2.4　安全等保

学校需要满足安全等保 3.0，同时配备安全感知平台、潜伏探针，进行数据库审计、日志审计、主机杀毒等措施。

3.3　系统结构

通过云管平台，可实现以下功能：根据业务需求统一管理调度各类计算、存储资源、网络资源；为业务运行提供各类云服务；为管理员 IT 运维、安全配置、用户权限管理、资源监控等工作提供工具。

此外，云管平台还能为每个业务部门创建独立的 VPC（虚拟私有云）运行环境，确保业务运行的独立性和安全性。云管平台架构图如图 2 所示。

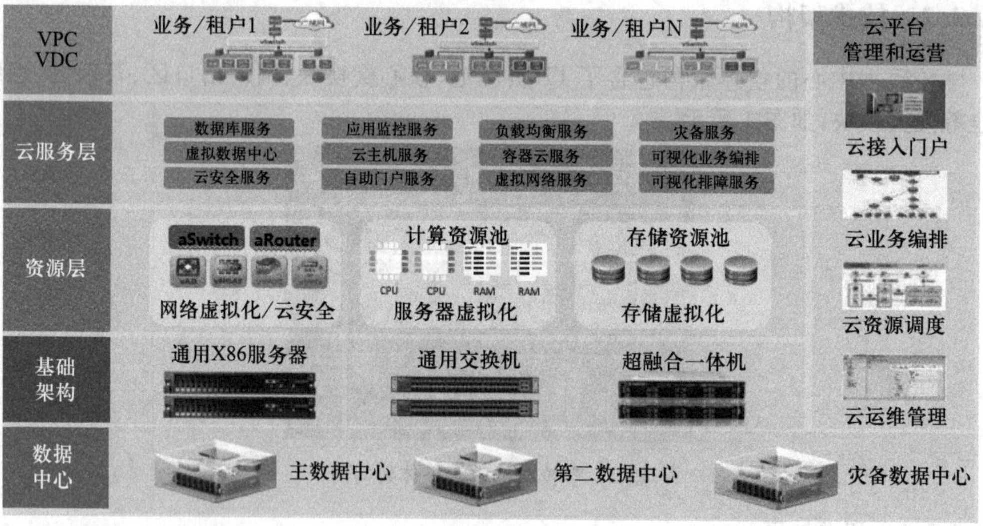

图 2　云管平台架构图

3.4　服务目标人群

整个方案云技术架构通过平台+集群+服务的模式，将我校数据中心的可靠性流程进行有效的管理，将学校业务系统和专业团队相结合。在日常数据中心可靠性运营过程中，对于学校的大部分访问采用本地的方式，能够响应师生对于业务访问的可靠性诉求。通过云计算管理平台进行统一的管理和运维，定期对学校云计算平台容灾效果进行演练，并结合AI能力进行业务运行分析、硬件故障分析、集群故障分析，由此形成运维工单，发派到系统管理人员手中，结合远程专家服务来进行分析和研判，在学校内进行处理。

4 特色与推广意义

4.1 实现云数据中心的极简架构

架构简单——云底层基础设施只有交换机和X86服务器，使IT架构变得极其简单，简化了管理；

业务上线简单——业务迁移的过程，无须依赖传统多种硬件调试和堆叠，云平台集成复杂应用交付体系，降低了业务上线复杂度；

扩容简单——在扩容改造时，只需横向添加X86服务器就可以实现性能和容量的线性扩展，业务和架构无须变革。

4.2 提升学校业务稳定性

数据可靠——通过分布式跨节点多副本以及定时备份技术实现数据可靠保存；

平台稳定——虚拟化自身具备的HA、DRS等技术特性，降低了由物理节点故障导致业务中断的风险；

应用稳定——凭借CDP、负载均衡、容灾技术构建了业务连续性访问能力，并实现对核心数据库等关键应用的稳定承载。

4.3 为数字化校园安全保驾护航

平台高安全——内置分布式防火墙、虚拟机沙箱，平台集成WAF等安全机制，有效提高平台安全级别；

应用高安全——深度集成了下一代防火墙、无代理杀毒软件、数据库审计等安全模块，构建了4～7层网络和应用安全防护能力；

虚拟机和租户之间的安全保护——创新云安全资源池，同时实现东西向租户安全隔离和南北向业务安全保护，并遵从等保合规的要求。

4.4 降低云数据中心使用复杂度

简化运维——基于业务视角的界面展示、可视化运维和一键故障定位，无需学习成本，快速上手实现精细化运维；

资源快速就绪——应用一键部署、所画即所得等创新技术，进一步提高了部署和资源编排的效率；

租户业务管理一致性——计算、存储、网络和安全资源随需索取，租户业务上云前后架构一致，管理更简单。

5 标准符合性自述

5.1 基本标准符合性指标

案例符合 GB/T 36342—2018《智慧校园总体框架》中相关章条的描述。项目的基本标准符合性指标如表 1 所示。

表 1 基本标准符合性指标

标准章条	标准条款	标准情况应用自述
《智慧校园总体框架》第 5.2 条	5.2 基础设施层 5.2.1 概述 基础设施层是智慧校园平台的基础设施保障，提供异构通信网络、广泛的物联感知和海量数据汇集存储，为智慧校园的各种应用提供基础支持，为大数据挖掘、分析提供数据支撑。包括校园信息化基础设施、数据库与服务器等。 5.2.2 校园信息化基础设施 校园信息化基础设施包括网络基础设施、教学环境基础设施、教学资源基础设施、办公自动化基础设施、校园服务基础设施等。 5.2.3 数据库与服务器 数据库与服务器是智慧校园海量数据汇集存储系统，配置管理数据库、用户数据库、媒体数据库等和与之相对应的应用服务器、文件服务器、资源服务器等。	符合。在基础设施层面，通过云计算管理平台，来实时监控基础设施的运行情况，有效承载业务系统，在资源和业务系统容灾方面，保证业务系统的稳定运行
《智慧校园总体框架》第 5.3 条	5.3 支撑平台层 5.3.1 概述 支撑平台层是体现智慧校园云计算及其服务能力的核心层，为智慧校园的各类应用服务提供驱动和支撑，包括数据交换、数据处理、数据服务、支撑平台和统一接口等功能单元。 5.3.2 数据交换 数据交换单元是在基础设施层数据库与服务器的基础上扩展已有的应用，包括数据存储、数据汇聚与分类、数据抽取与数据推送等功能模块。 5.3.3 数据处理 数据处理单元包括数据挖掘、数据分析、数据融合和数据可视化等功能模块。 5.3.4 数据服务 数据服务单元包括数据安全服务、数据报表服务、数据共享服务等功能模块。 5.3.5 支撑平台 支撑平台单元包括统一身份认证、权限管理、菜单管理和接口服务等功能模块。	符合。在支撑平台层，建立健全学校业务系统数据和业务系统监测方式，在业务系统运行过程中打造数据中心架构，符合《框架》中对于数据安全的要求，通过在超融合集群平台中打造持续数据保护，分布式存储和多集群备份的架构，有效从数据产生、存储、使用方面来保障业务的运行

5.2 评议性指标

评议性指标自评详情见表2。

表2 评议性指标

标准章条	标准条款	标准应用情况自述
《高等学校数字校园建设规范(试行)》5.3条	5.3.1 概述 数据中心的建设目标是建设安全、高效、节能的数据中心基础设施,构建安全、稳定、高效的网络、计算(服务器)系统、存储系统、基础软件系统、备份容灾系统等,为信息化应用提供良好的支撑环境。数据中心一般由机房、网络系统、计算(服务器)与存储系统、备份容灾系统、基础软件系统组成。数据中心还可根据需求,建设云计算平台、大数据平台和人工智能平台等。 5.3.2 机房 数据中心机房为集中放置的电子信息设备提供运行环境的建筑场所,建设要求是: 机房一般应包括主机房、辅助区、支持区和行政管理区等。 数据中心机房设计和建设应遵循 GB 50174、GB 50462 和 GB 2887 相关规定。应考虑模块化、近端制冷等节能方案。(可选) 应建立智能化运维管理平台,对 IT 资产、制冷、供电、空间等进行管理。(可选) 应考虑智能化无人运维措施,降低对运维人员技术要求,提高可靠性。(可选) 5.3.3 网络系统 数据中心网络系统上联至校园网核心网络设备,下联数据中心的主机(服务器)系统、存储系统、数据备份和容灾系统等的网络系统,建设要求是: 为提高网络可靠性和性能可适当考虑堆叠、虚拟化等技术。 数据中心交换机应根据网络流量实际需求进行配置,交换机间宜采用光纤连接。 数据中心综合布线系统应根据服务器及存储设备数量进行设计,服务器和存储设备规模较大时建议使用柜顶式交换机,降低布线数量。 数据中心网络应支持 IPv4 和 IPv6 双栈运行架构。 根据安全实际需求,数据中心网络系统宜配置独立的防火墙、Web 应用防火墙等安全设备,并分层按需部署。 5.3.4 计算与存储系统 数据中心计算系统是指在网络环境下提供信息处理、资源发布等服务的专用系统和设备。存储系统是指提供信息保存和备份等功能的外置存储系统,一般由存储媒介子系统、控制子系统、连接子系统和存储管理软件子系统等部分构成,建设要求是:	符合。本次建设方案基于学校的整体现状和未来发展规划进行设计,从三个方面践行了《框架》要求的建设原则: 第一方面,通过云计算管理平台连通各地超融合承载平台,再配合云上的服务专家,打造我校整体“平台加集群加服务”的数据中心架构,符合《框架》中的总体设计,将数字校园作为一个整体,保障业务系统等多方面协调发展,避免出现信息化孤岛 第二方面,在我校的数据中心可靠性架构下,对于收集上来的信息通过大数据进行分析,云端专家给我校以精准的决策,帮助我校精准地定位校园内的各种业务系统运行问题,第一时间处理。符合《框架》中的应用导向、数据驱动:利用大数据技术为用户提供决策支持和智能

续表

标准章条	标准条款	标准应用情况自述
《高等学校数字校园建设规范（试行）》5.3条	数据中心计算系统宜采用PC服务器，根据应用系统的性能要求可考虑采用虚拟化技术。 计算密度较高时，应采用刀片式服务器，降低布线复杂度。 存储系统可根据实际应用选择存储区域网络（SAN）、网络连接存储（NAS）或混合模式，可以考虑使用支持多协议的统一存储。 根据学校实际情况，可考虑基于超融合架构构建学校内云架构。（可选） 5.3.5　基础软件系统 数据中心基础软件系统包括DNS、NTP、日志服务、监控服务、VPN、配置与管理等基础服务，也包括操作系统软件、Web服务软件、应用服务软件、数据库软件等基础软件，建设要求是：为保证数据中心内相关业务的稳定运行，建议搭建独立的DNS、NTP服务，数据中心中相关设备均配置内部DNS和NTP服务。 数据中心中所有设备应配置统一的日志服务，采用Syslog等协议统一收集日志，为后期问题核查、安全取证提供支持。 数据中心内部应配置软硬件监控平台，对软硬件运行情况进行统一监控，如有条件也可以对关键业务系统采用第三方监控平台对服务质量进行监控。 数据中心建议配置VPN服务，提供给管理员远程管理数据中心设备的能力。 应根据应用和服务的需求选择适合的基础软件。 应建立常用软件的正版授权服务。 在同等条件下，优先考虑基础软件的国产化替代。 数据中心可建立设备、软件基础配置库，进行统一管理。（可选） 5.3.6　备份容灾系统 备份是指将文件系统或数据库系统中的数据加以复制，一旦发生灾难或错误操作时，得以方便而及时地恢复系统的有效数据和正常运作。当计算机系统在遭受如火灾、水灾、地震、战争等不可抗拒的自然灾难以及计算机犯罪、计算机病毒、掉电、网络/通信失败、硬件/软件错误和人为操作错误等人为灾难时，容灾系统将保证用户数据的安全性，甚至还能提供不间断的应用服务。备份容灾系统的建设可遵循GB/T 20988的规定，建设要求是：应将数据中心中的系统按照重要性、可间断时间、数据丢失容忍度等进行分级，根据不同级别制定不同的备份和容灾方案。应优先考虑本地备份，备份数据量较大时，可考虑采用分布式集群备份架构。 容灾系统分数据容灾和应用容灾，高等学校数据中心建设中，建议以数据容灾为主。学校存在多校区时，可考虑采用多数据中心容灾解决方案。	化服务，促进高等学校数字化转型 第三方面，在整体的架构设计层面，学校在设计整体数据中心可靠性体系的时候，就进行充分的调研，从技术路线上定下来国产化、云计算、统一管理的大基调，并且学校的信息化发展需要符合学校自身的发展需求，因此在建设过程中，我校在架构上选择以“管理加运行”的形式进行搭建。在满足现状的基础上，未来发展只需要根据自身需求扩充对应的超融合承载集群即可，不会造成重复投入的情况。符合《框架》中的“安全可靠、适度超前”，在性能、容量等方面充分考虑了学校未来的发展，使系统具有良好的可扩展性和灵活性，以保证技术平台能够适应业务需求的变化。采用了国内厂商，满足国产化、正版化、稳定可靠的需求

续表

标准章条	标准条款	标准应用情况自述
《高等学校数字校园建设规范(试行)》5.3条	5.3.7　云计算平台(可选) 云计算平台使用虚拟化等云计算技术将物理设备抽象成逻辑资源,让一台服务器变为多台相互隔离的虚拟服务器,使硬件变成可以动态管理的"资源池",提高资源利用率,简化系统管理。建设要求是: 云计算平台架构上应具有可靠性、扩展性和开放性:应支持虚拟机高可用机制,支持备份和容灾服务;平台可采用业界主流的公有云、私有云或混合云设施,支持主流虚拟化技术;应提供SDK包和API接口,供用户进行二次开发。 云计算平台应提供用户自服务功能,可为二级组织分配虚拟数据中心,支持计费。 云计算平台面向管理员应提供云运营管理和云运维能力:运营管理实现对云服务的管理功能,运维管理实现对云的监控功能。 5.3.8　大数据平台(可选) 大数据平台统一管理、集中存储学校的各种数据和资源,为信息资源管理服务平台提供数据存储和计算服务,为上层业务应用提供支撑,建设要求是: 大数据平台应提供多种数据处理技术框架,包括但不限于:批处理计算框架、内存计算框架、流计算框架、图计算框架、批流融合计算框架等。 大数据平台宜采用关系数据库、并行(MPP)数据库、Hadoop等混合存储架构,根据数据的特性、应用场景选择最有效的方式存储;建议硬件上支持根据数据的重要性、访问频率、容量、性能等指标分级存储在不同性能的存储设备上。 大数据平台应该支持集群管理功能和基于时间的服务资源动态调整功能,方便进行集群的规模调整和资源动态调度。 5.3.9　人工智能平台及工具(可选) 人工智能平台及工具提供机器学习、算法服务、模型管理等核心能力,提供人工智能算法的开发、训练、部署、运行和管理能力。高等学校可根据实际情况按需建设。 人工智能平台建设过程中宜遵守以下原则: 平台及工具从架构上应满足开放性、高可靠和可用性,提供统一的服务框架和接口框架。 平台及工具应支持业界主流的人工智能算法、编程模型、计算框架。各模块间的接口应遵循业界常见的架构和协议,兼容主流开源框架的接口。	

6 解决方案专家点评

6.1 点评专家简介

王洪军，深信服教育事业部副总兼总工程师，中国计算机学会服务计算专业委员会委员，CCF-深信服“远望”科研基金负责人，中国教育技术协会常务理事。具有丰富的智慧校园和数字校园建设经验，参与全国近百所高校网络安全、数据安全、云化数据中心或高校信息化建设顶层设计规划，策划、组织多场高校数字化转型创新与发展研讨会，参与《2021 中国高等教育网络安全报告》《数字教育标准研究报告与优秀应用案例汇编(2023)》《数字教育标准研究报告与优秀应用案例汇编(2024)》《教育系统网络安全保障专业人员(ECSP)基础教程》的编写。

6.2 点评内容

景德镇陶瓷大学云计算助力数字校园建设项目，提供可靠中心、安全中心、监控中心、纳管第三方资源等高级运维功能，具备稳定可靠、性能优异、安全有效、智能便捷的特点。从方案的建设来看，采用了云计算较为先进的软件定义数据中心架构，软件定义的技术路线具有灵活性强、高效、敏捷的特点，由计算虚拟化 aSV、存储虚拟化 aSAN、网络虚拟化 aNET 和安全虚拟化 aSEC 组成，搭建在超融合平台的云管理平台承载多 HCI 集群的管理运维工作，能够更容易发挥出数字校园在转型过程中的高效、敏捷的特性。同时，超融合软件原生适配的 X86 和 ARM 底层架构进一步提供向自主创新持续演进的能力，方案从架构设计到最后落地效果，具有借鉴意义。

虚实融合的智慧学习中心建设与应用

——《高等学校数字校园建设规范(试行)》应用案例

金波,苏永松,蔡栋,李国焱,肖道东

(顺德职业技术学院)

1 学校简介

顺德职业技术学院成立于1999年,是在顺德师范学校(1924年成立)、顺德成人卫生中等专业学校(1958年成立)和顺德永强成人学院(1994年成立)基础上成立的,是经教育部批准、广东省教育厅主管、佛山市人民政府举办的全日制高等职业技术院校。学校坚持"立足地方,以人为本,崇尚品位,办出特色"的办学理念,秉承"厚乎德行,辩乎言谈,博乎道术"的校训,主动融入区域产业和城市发展,形成了"产城教融合"的鲜明办学特色。

2 案例简介

2.1 概述

2.1.1 顶层设计

本项目在顶层设计上遵循"以学生为中心,以实践能力为导向"的教育理念,结合职业教育特点,构建了集教学、实训、顶岗实习、教育评价于一体的智慧学习生态系统。通过整合校内外资源,实现线上线下教学深度融合,打造沉浸式学习体验,促进学生知识、技能与素养的全面提升。如图1所示。

2.1.2 应用场景

(1) 虚拟仿真实训,构建学生"数字化成长空间"

聚焦制造类技术技能人才培养和制造类企业数字化转型升级中遇到的"三高三难"问题,学校以"面向产教、需求牵引、应用为王、服务至上"为建设原则,以产教融合、科教融合为突破,全面打造"面向数字化工厂的智能制造类专业群虚拟仿真实训基地"。

产教融合,跨界共建基地。应用跨界思维,通过产教融合,建设虚拟仿真实训基地的"一平台、两工厂、三中心";科教融汇,协同实战育人。应用融合思维,通过科教融汇,将企业实战项目转化为SRP(Student Research Program)项目,在实战项目中协同育人。

通过"数字化成长空间"教学实践,建立了家校企联动机制,以学生为中心,还学于生,引导学生完全自主学习。建设的课程内容足以支撑学生完全自主学习,培养了学生独立性和实际解决问题的能力。广泛引用实际工作中经典案例资源建设任务驱动在线课程教学,同

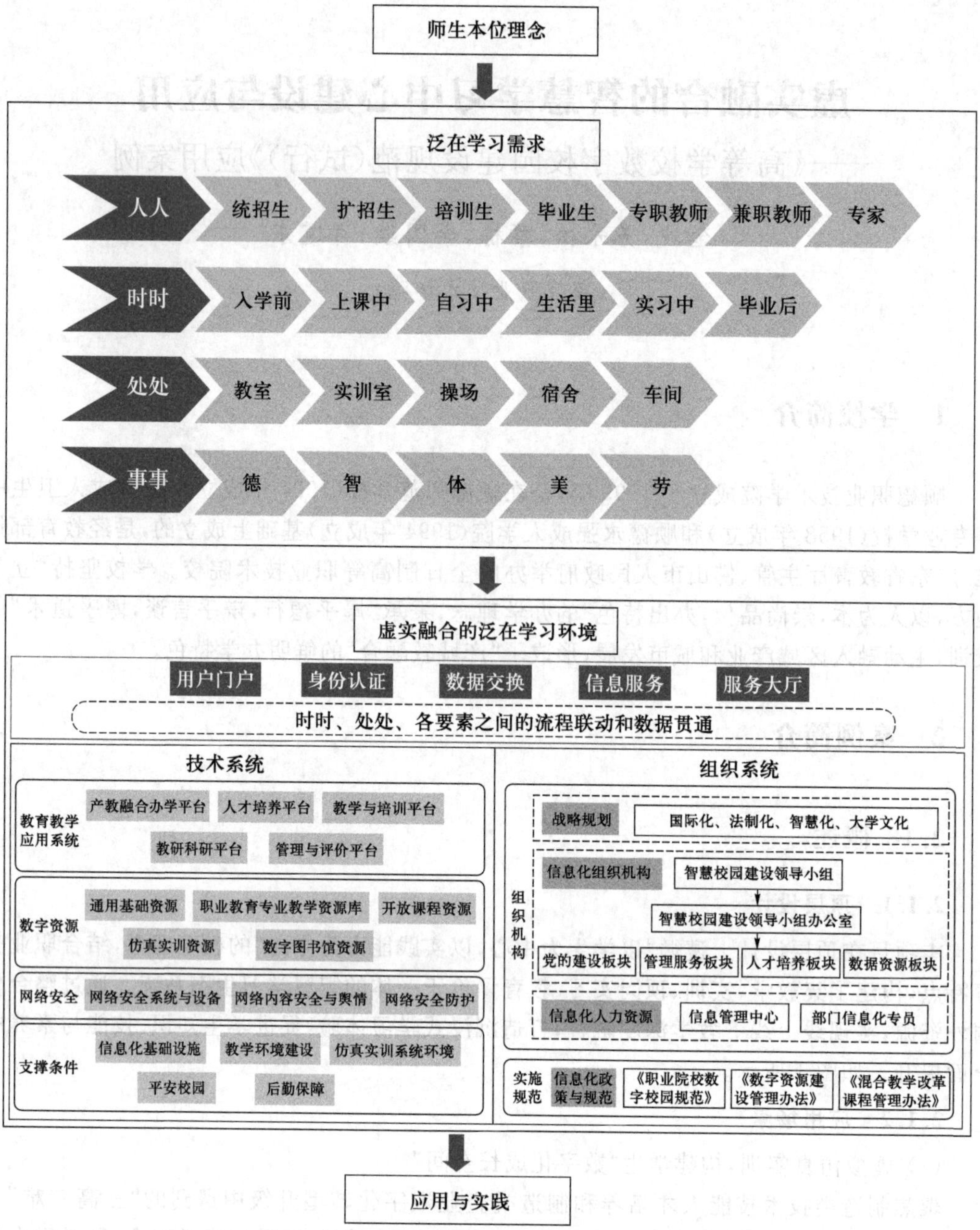

图 1　泛在学习环境技术系统与组织体系框架图

时为对口支援甘肃省山丹县培黎职业学院远程同步教学打下了基础。

(2) 空中课堂，实施互联网＋AI 教学质量评估

依托云计算、大数据等技术，实现教学资源的共享与远程教学，打破地域限制，让优质教育资源惠及更多学生。学校与培黎职业学院合作，通过空中课堂的方式开展多门课程的同步教学。利用新形态数字化课程使学生的学习路径更加多元化和个性化，评价方式更注重过程性学习数据反馈。可针对不同的班级、不同层次的学生建立相应的课程版本，每个版本课程由教师依据班级情况自主组建知识体系，及时调整教学重难点及教学方法，并利用人工

智能技术为学生知识点的学习提供精准的学习资源和强大的自适应练习系统，满足不同学生多元的学习需求。基于互动教学、课堂评测、作业数据采集，形成围绕知识点分析的教学大数据，并形成学生的学业成绩画像。如图 2 和图 3 所示。

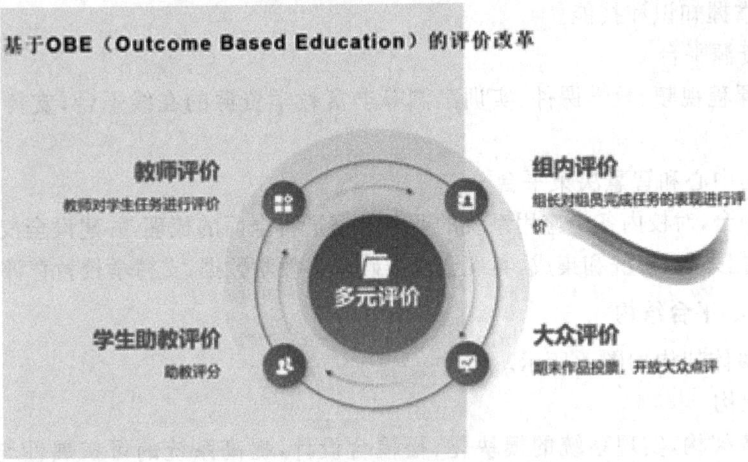

图 2 “Web 前端开发技术”课程评价方式(a)

图 3 “Web 前端开发技术”课程评价方式(b)

(3) 虚拟教研室，助力教师信息化教学能力发展体系建设

借助“互联网＋”技术优势，建设智慧课堂，突破时间、空间、内容、媒介的限制，把种类繁多的设备、终端、系统连接起来，实现同步课堂、远程实时互动。依托“互联网＋”的骨干师资培训模式，以“在线直播-云论坛”、线上线下相结合、建立虚拟教研室等方式开展教师培训，打破了教师培训在地域和资源上的局限性，突破了培训时间、地点、内容和人数的限制，给教师的培训工作带来了更加个性化和多样化的方法。

2.1.3 功能设计

(1) 智慧教室

学校升级改造的公共教室，能够满足远程互动教室的功能要求，配备高清投影、智能黑板、交互式触摸屏等设备，支持多种教学模式的灵活切换，教学全过程数据的实时采集，为师生创造互动式、沉浸式的教学环境。

（2）虚拟实训室

集成 VR/AR 技术，构建覆盖多个专业的虚拟实验室，满足不同专业学生的实训需求。设计递进式的实践教学内容，从基础理论到复杂实践，融入企业真实生产环境，逐步引导学生深入理解并掌握知识和技能。

（3）教学资源平台

建设涵盖课程视频、教学课件、实训案例等丰富教学资源的在线平台，支持师生自主学习与资源共享。

（4）大数据中心和智慧决策平台

建设数据中台，对校内各个应用系统的业务数据进行全面的梳理，并建设全校数据中心将其汇聚，通过数据采集、清洗和集成，实现全面准确采集教学数据，支撑学校教育评价改革。

2.1.4　核心平台结构

决策平台整体架构如图 4 所示。

（1）技术架构

采用微服务架构，实现系统的模块化、松耦合设计，提高系统的可扩展性与可维护性。同时，利用云计算、大数据、人工智能等先进技术，提升系统的智能化水平。

（2）系统结构

系统包括用户层、应用层、服务层、数据层四个层次。用户层提供多样化的终端接入方式；应用层包括智慧教室、虚拟实验室、教学资源库等多个应用模块；服务层提供身份认证、数据交换、资源调度等服务；数据层负责数据的存储与管理。

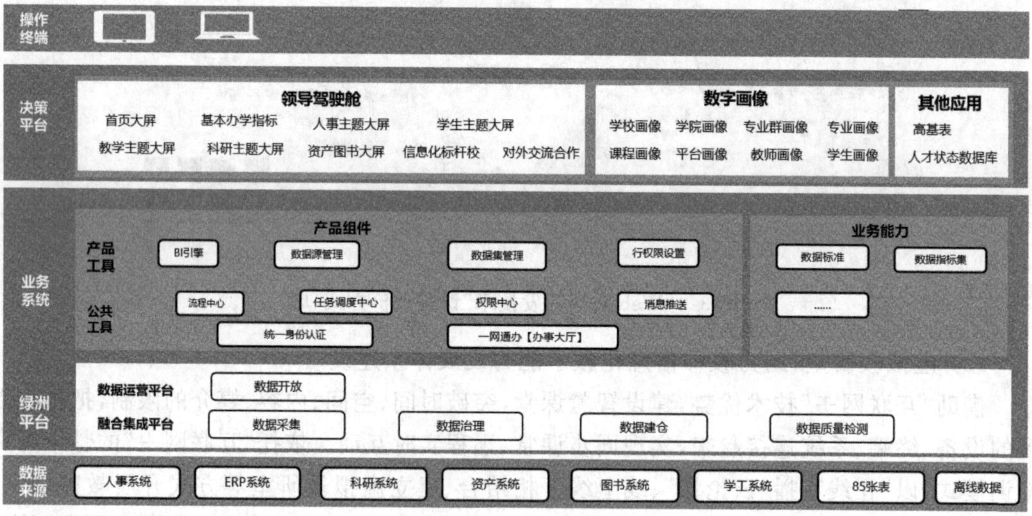

图 4　决策平台整体架构

2.1.5　数据设计

建立统一的数据标准与规范，实现数据的采集、清洗、存储、分析与可视化。通过数据驱动，优化教学流程，提升教学效果。

2.1.6　信息模型设计

构建以学习者为中心的信息模型，全面记录学生的学习轨迹、学习成效、能力发展等信息，为教学评估与决策提供数据支持。

2.1.7 性能指标

- 数据中台系统响应时间：<1 秒。
- 并发用户数：支持至少 1 000 人同时在线。
- 数据安全性：符合国家信息安全等级保护要求。
- 系统稳定性：全年无故障运行时间不低于 99.9%。

2.1.8 项目运行环境

项目部署于学校数据中心，采用虚拟化技术实现资源的动态分配与灵活调度。同时，确保网络环境的安全稳定，支持多种终端设备的接入。

2.1.9 项目总结

本项目成功构建了职业教育虚实融合的智慧学习中心，实现了教学资源的数字化、网络化、智能化，显著提升了教学质量与效率。其亮点与特点主要包括以下几个方面。

(1) 教学与实训环境显著改善

学校近两年建设智慧教室及数字化实训室 102 间，其中 50 座位的贡献型教室超过 50 间，部分配备四块小组屏，满足分组教学合作和分组讨论的需要，自带常态化录播系统，可以实现教室内外的同步教学、远程教学；教师的随堂教学资源也可以快速保留，提供给学生自主学习。教室配备了移动电源，支持教师一键上课，一键下课，所有设备灯光空调同步开启和关闭，教师自带设备也可以便捷地切换接入。升降式讲台可以由教师自由调节到合适高度，可以通过拼接，满足小组研讨教学需要。所有教室和实训室均采用一体机、光感黑板、纳米黑板的组合搭配，讲台配备了呼叫终端，发现故障一键呼叫，直达运维中心，运维方便快捷。如图 5 至图 7 所示。

图 5　光伏技术课程的教学场地(a)

图 6　光伏技术课程的教学场地(b)

图 7　光伏技术课程的教学场地(c)

(2) 创新教学模式,教学质量显著提升

传统教学的时空限制被彻底打破,虚实融合的教学方式成为主角。学生们不再受限于教室的四壁,而是可以在虚拟与现实之间自由穿梭,享受更加灵活多样的学习体验。通过虚拟现实技术,他们可以身临其境地参观工厂、实验室,甚至参与复杂的工程项目;而在线学习平台则提供了海量的课程资源,让学生可以根据自己的兴趣和需求,随时随地开展自主学习。这种教学模式的创新,不仅激发了学生的学习兴趣,更极大地拓宽了他们的知识视野和实践能力。近几年教师信息化教学参与率显著提升,学生评教平均分保持在 97 分以上。

(3) 丰富教学资源,优质资源对外辐射效果显著

构建了涵盖多个专业、多种类型的教学资源库。师生们可以轻松地浏览、下载、分享这些资源,实现自主学习与资源共享的无缝对接。不仅提高了学习效率,更促进了师生之间的交流与合作,为职业教育的创新发展注入了新的活力。建立数字教学资源共享机制,使培黎职院等协作院校师生可足不出户使用顺德职院的数字教学资源,有效促进了优质教育资源的互通共享。依托现有资源,开展国培、省培项目,提升这些地区教师的专业素养和教学能力。教学资源如图 8 和图 9 所示。

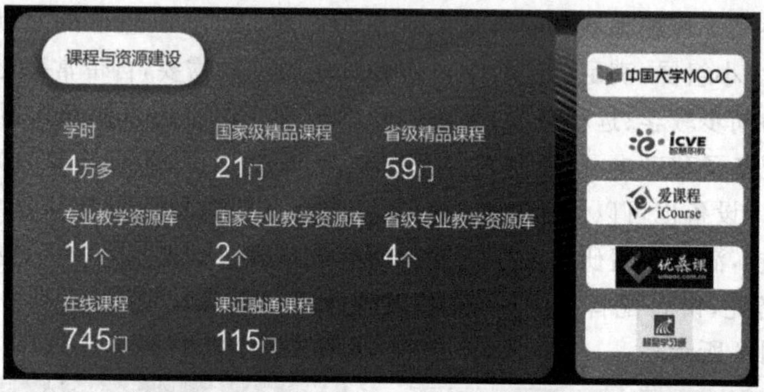

图 8　学校课程和资源建设情况

图 9　线上教研及国培授课

(4) 推动教学评价改革,探索多元评级机制

各类智能终端接入,线上线下课堂的数据完整保留,AI 技术可以捕获学习过程数据,利用人工智能手段对实训过程大数据进行挖掘分析并画像,为虚拟仿真实训教学质量的诊断改进提供依据。基于互动教学、课堂评测、作业的数据采集,形成围绕知识点分析的教学大数据,并形成学生的学业成绩画像。学生行为分析模型如图 10 所示。通过每位教师的教学、科研、进修、课堂互动、学生评价等情况,准确地描绘出教师的成长轨迹,形成教学质量的

"教师画像"。

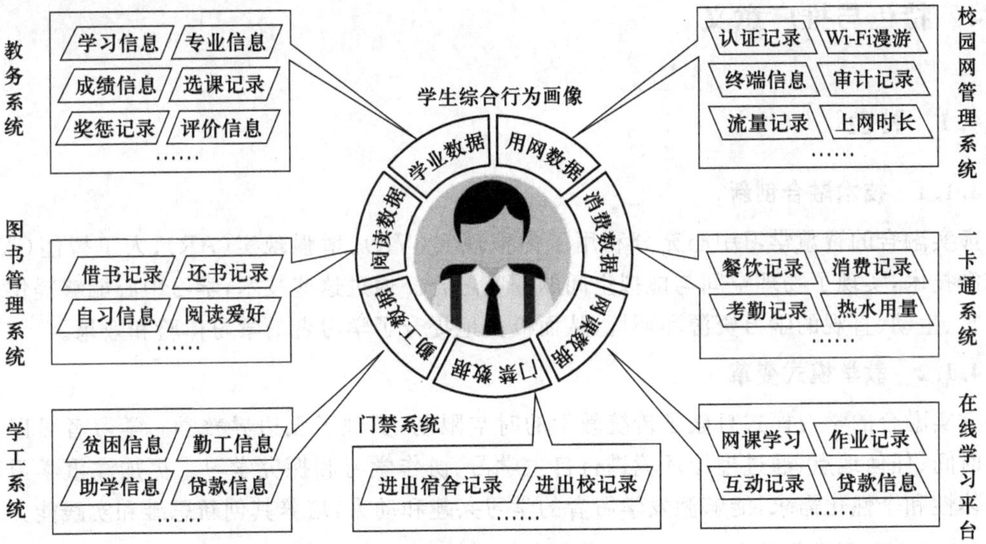

图 10　学生行为分析模型

2.2　服务目标人群

高等职业院校师生和管理者、社会学习者等。

3　实施效果

该案例实践成效显著，通过优化智慧学习支持环境，支持数字化教室、实训室及在线教学支撑平台全面建设及有效融合，有效地支撑了学校数字化教学开展。通过校企协同，产教互动，使得数字化教学资源与企业真实实践案例群建共享，从而有效汇聚及开放共享；通过师生数字画像，勾勒学生成长和教师发展图谱；通过拓展教育教学资源库，进行学情分析与预警，记录学生学习全过程，支持教师及时干预；通过实现师生行为可视化，记录学生实习实训状态，扩展教学评价方式；通过追踪课堂教学全流程，监测学生状态变化，推动平安校园建设；通过提供精准就业指导、开展资助帮扶，支撑综合决策，助力校情分析、规划发展和质量诊断；通过信息化手段助力技术服务、校企合作、校友联络。

大数据支撑学校教育评价改革。传统教育评价对数据的获取方式单一，基于少量数据难以实现全面准确地评价。通过大数据平台采集学生知识、情感、态度和行为等全过程数据，并在智慧分析决策平台形成学校、专业、课程、教师和学生维度的画像展示，为评价方提供更多元、更精准的数据评价依据。

支撑东西部职教协作，示范效应显著。探索东西协作"云支援"院校联结模式。通过互联网＋高清互动培训及教研、虚实结合的混合实践教学、互联网＋AI 教学质量评估，跨省开展"1＋1＋1"学生协同培养，实现学生的自由学习，优质资源的互联互通、共建共享，协助对口支援院校实施教育数字化转型战略。

4　特色与推广意义

4.1　特色

4.1.1　技术融合创新

虚实融合的智慧学习中心充分利用了虚拟现实(VR)、增强现实(AR)、人工智能(AI)等前沿技术,实现了物理空间与虚拟空间的深度融合。通过这些技术,学习中心能够提供更加丰富、生动、直观的学习资源和环境,从而极大地提升了学习者的学习体验和效果。

4.1.2　教学模式变革

虚实融合的学习模式打破了传统教学的时空限制,实现了无边界教学。学习者可以在任何时间、任何地点,通过虚拟环境进行自主学习、协作学习和探究学习。更加注重学习者的主体性和个性化需求,能够激发学习者的学习兴趣和动力,培养其创新思维和实践能力。

4.1.3　资源优化共享

虚实融合的智慧学习中心能够整合和优化各类学习资源,包括课程、教材、实验设备、师资力量等。通过数字化、网络化和智能化的手段,这些资源可以实现跨地域、跨机构的共享和协作,从而提高了教育资源的利用效率和效益。

4.2　推广意义

4.2.1　提升教育质量,服务终身学习

通过提供更加丰富、生动、直观的学习资源和环境,虚实融合的智慧学习中心能够显著提升学习者的学习体验和效果。这有助于培养学习者的创新思维和实践能力,提高其综合素质和竞争力。

4.2.2　促进教育公平

打破地域、经济等因素的限制,为更多学习者提供优质的教育资源和机会。这有助于缩小教育差距,促进教育公平和社会和谐。满足不同学习者的需求,为其提供灵活、便捷的学习方式和途径。

5　标准符合性自述

5.1　基本标准符合性指标

基本标准符合性指标自评详情见表1。

《高等学校数字校园建设规范(试行)》(以下简称《规范》)中本案例符合的章条要求在表1中列出。

表 1　基本标准符合性指标

标准章条	标准条款内容	标准应用情况自述
5.3.8 条大数据平台（可选）	a) 大数据平台应提供多种数据处理技术框架，包括但不限于：批处理计算框架、内存计算框架、流计算框架、图计算框架、批流融合计算框架等。 b) 大数据平台宜采用关系数据库、并行（MPP）数据库、Hadoop 等混合存储架构，根据数据的特性、应用场景选择最有效的方式存储；建议硬件上支持根据数据的重要性、访问频率、容量、性能等指标分级存储在不同性能的存储设备上。 c) 大数据平台应该支持集群管理功能和基于时间的服务资源动态调整功能，方便进行集群的规模调整和资源动态调度	满足。学校大数据平台提供多种数据处理技术架构，采用混合存储架构，支持集群管理和基于时间的服务资源动态调整，支撑学校数据分级分类管理
5.5 条信息化教学环境	高等学校应根据教学需要，分析课堂教学、在线教学、混合式教学等需求，设计或改造信息技术支持的物理学习空间，也应加强建设基于网络的虚拟学习空间。 信息化教学环境的物理学习空间的建设与改造中，音频系统、显示系统、智能化控制系统、供配电系统、照明系统、信息网络及系统集成应遵循 GB/T 36447 的要求。语言学习型教室的建设应遵循 GB/T 36354 的要求，电子考场建设应遵循 GB/T 36449 的相关要求。 除了以上基本功能外，高等学校信息化教学环境还可根据教学需要建设以下内容： a) 提供多种工具和功能支持课堂内外的师生互动。（可选） 示例：师生互动工具和功能包括但不限于：分组显示、无线投屏、在线答题、弹幕、数据分析等。 b) 支持课堂教学与在线学习系统及应用的信息联通和数据融合。（可选） c) 支持对环境实时数据采集与传输，根据教学需要和环境条件，实现教学环境中相关设备的智能调节控制（可选）	满足。学校改造的智慧教室及数字化实训室配备音频系统、显示系统、智能化控制系统、供配电系统、照明系统，集中管控；提供多种工具和功能支持课堂内外的师生互动，课堂教学与在线教学平台数据融通，实现了教学数据的全流程采集

5.2　评议性指标

评议性指标自评详情见表 2。

表 2　评议性指标

标准章条	标准条款内容	标准应用情况自述
5.3 数据中心 5.3.1 概述	数据中心的建设目标是建设安全、高效、节能的数据中心基础设施，构建安全、稳定、高效的网络、计算（服务器）系统、存储系统、基础软件系统、备份容灾系统等，为信息化应用提供良好的支撑环境。数据中心一般由机房、网络系统、计算（服务器）与存储系统、备份容灾系统、基础软件系统组成。数据中心还可根据需求，建设云计算平台、大数据平台和人工智能平台等	满足。学校的数据中心按照规范要求，构建安全、稳定、高效的网络、计算（服务器）系统、存储系统、基础软件系统、备份容灾系统等，为学校的信息化应用提供良好的支撑

续表

标准章条	标准条款内容	标准应用情况自述
5.6 信息化育人环境	除了基础的信息化教学环境外，高等学校还应探索信息技术和人工智能技术在人才培养全过程的应用，建设人技结合的新型育人环境，如智能教学楼、虚拟实验室、智能图书馆、智能体育馆、智能博物馆/展览馆/校史馆，智能化宿舍，智能化实践基地，以及其他智能化环境	满足。学校已建成虚拟仿真实训室十余间，公共教室智能化改造率超过 80%，宿舍、体育馆均配备智能服务与管理系统，建成数字化校史馆
6.4 数字化教学资源 6.4.1 概述	数字化教学资源是信息化促进优质教育资源共享的核心要素，是指服务于高等学校课程建设、教育教学过程的数字化教学内容资源。高等学校的数字教学资源主要包括：在线课程、数字化教材、实验实践资源、学术报告类资源等。高等学校应根据需要，建设校级教学资源管理及应用平台，有条件的高等学校可建设教学资源知识管理系统，整合各类教学资源，按权限为师生员工提供内容服务。数字化教学资源管理平台应遵循国家相关标准和本校通用的技术规范	满足。学校重视数字资源建设，学校已实现对在线课程、数字化教材、实验实践资源及学术报告类资源的统一管理，按需共享
7.3 信息素养培养方式	7.3.1 总体要求 高等学校应积极开展信息素养培养，融合线上与线下教育方式，不断拓展教育内容，开展以学分课程为主、嵌入式教学和培训讲座为辅、形式多样的信息素养教育活动，帮助用户不断提升利用信息及信息技术开展学习、研究和工作的能力。 7.3.2 教师信息素养培训 a）高等学校应将教师的信息素养提升纳入师资队伍基本能力建设，并列入继续教育范围，保证教职员工信息素养提升的常态化与持续性。 b）高等学校应推进教学、科研、管理、服务中常用的信息技术工具设备的培训。 c）高等学校应培训并鼓励教师利用信息技术探索教学改革、辅助科研创新。 d）高等学校须加强信息素养教育的师资队伍建设，满足高等学校相应学科的需求。 7.3.3 学生信息素养教育 a）高等学校应推进学生信息素养教育的普及与深化，系统性、有针对性地提升学生的综合信息素养水平。 b）高等学校应鼓励教师积极开展信息素养嵌入式教学，促进信息素养知识与专业课或通识课教学内容有机融合，提升学生的专业素质。信息素养课程教师与专业课或通识课教师密切合作，协同完成课程教学（可选）	满足。学校积极开展师生信息素养培训，连续多年开展不低于 12 学时、全覆盖的新生信息素养培训，针对学生数字化意识与态度、知识与技能、思维与行为、专业思维与职业能力及数字社会责任等方面的培养措施合理有效，强化学生课内外一体化的信息技能、信息意识、信息伦理等方面培育。 建立教师信息化教学能力与学生信息素养的发展体系，出台教师信息化教学能力阶梯标准。以赛促教，培养校级教学能力比赛梯队。实施有针对性地培训和培养，着力提升信息化手段课程教学普及率。 优化专业设置提升数字化人才培养质量，把信息素养有机融入专业教育全过程，推动数字化人才培养转型

6 解决方案专家点评

6.1 点评专家简介

卢绎熹,教育部教育信息化技术标准委员会(CELTSC)专家委员,ISO/IEC JTC1 SC36国际标准专家,新华三数字中国研究院数字教育解决方案专家。

6.2 点评内容

本案例遵循“以学生为中心,以实践能力为导向”的教育理念,构建了集教学、实训、顶岗实习、教育评价于一体的智慧学习生态系统。通过虚拟仿真实训、空中课堂、虚拟教研室等应用场景,实现了教学资源的数字化、网络化、智能化,显著提升了教学质量与效率。采集全过程数据,支撑教育评价改革,实现了精准的教学评估与决策支持,促进了优质教育资源的共享,提升了教师信息化教学能力,有效支撑了数字化教学的开展。

该案例实践成效显著,获得 2021 年广东省职业教育教学成果二等奖,各级政府领导、国内高职院校多次莅临学校考察和交流,对该建设成效给予了高度评价。

河北机电职业技术学院数据融通服务随行的智慧校园一站式体验

——《高等学校数字校园建设规范(试行)》应用案例

王晓凤,赵晓东,马文静,张岩,刘克铜

(河北机电职业技术学院)

1 学校简介

河北机电职业技术学院始建于1956年,是一所隶属于河北省教育厅的公办全日制普通高等院校。学校开设48个专业,涵盖8个领域,其中中央财政支持的职业教育重点建设专业5个、全国机械行业特色专业3个、河北省示范专业2个、河北省教育行业标准贯标样板专业2个,形成了以装备制造专业群为龙头,相关专业群协调发展的"工科为主、文管兼备"的办学格局。

2 案例简介

2.1 背景

在学院《"十四五"教育事业发展规划》中,将智慧校园建设作为核心目标,明确了信息化建设的发展方向。学院致力于打造一站式服务,以提升信息化工作的环境质量。同时,通过强化数据治理能力,为学校的精细化管理、智能化服务和科学化决策提供坚实的数据支撑。这些措施有效地推动了我院智慧校园建设项目的实施,为教育的创新发展注入了新的活力。

2.2 顶层设计

2.2.1 设计原则

依据学校信息化现状,我院秉承"整体规划、统一建设、数据驱动、服务创新"的指导方针,全面推进信息化建设工作。"整体规划、统一建设",明确信息化的目标和意义,确保与学校教育目标一致。在"数据驱动"方面,我院遵循统一的技术规范,强化智慧校园数据基座,建立了有效的数据质量控制措施。在"服务创新"方面,我院通过服务治理的方式,深入开展业务调研、服务梳理和流程重构,确保服务的高效性和用户体验。

2.2.2 技术架构设计

技术架构遵循"开放、融合"的总设计原则,遵循标准规范的要求,在智慧校园数字基座上,采用开放性的微服务平台,融合业务数据体系,构建中台能力,为高校的管理业务和场景提供应用和服务支撑，最终打造面向全用户、全终端覆盖、全场景支持的智慧校园生态。数字化转型智慧校园架构设计如图1所示。

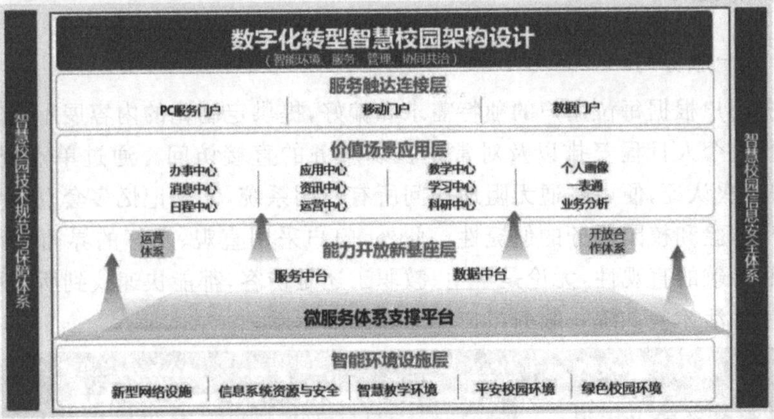

图1　数字化转型智慧校园架构设计图

微服务体系支撑平台：容器平台作为智慧校园信息化建设的基石，提供了安全、可信的云化支撑环境，推动了应用场景化的发展。采用微服务设计理念，构建了新一代的智慧校园建设和服务管理新生态，实现了平台的持久化支撑和业务的连续运行，同时简化了应用的自动化运维。在微服务架构和容器平台支撑下，devops快速迭代开发的交付模式能够快速响应高校业务需求变化对系统的二次开发的需要，以满足不断演进的教学和研究需求。此外，容器平台通过集中式服务监控预警与分析大屏，大幅提升了运维效率，减轻了运维人员的工作压力。这使得运维团队能够更加专注于创新和战略性任务，而不是日常的维护工作。

能力开放新基座层：为了更好拉通学校的整体信息化建设资源，在对学校的信息化情况进行调研规划基础上，梳理学校的服务体系和数据整体模型，进而基于学校整体信息化建设的共性服务需求和数据资产管理体系，构建服务中台、数据中台。

价值场景应用层：应用层体系致力于向全校用户提供管理服务信息化响应。从学校的职能部门业务体系出发，紧扣学校管理工作各方面各层级的业务和服务需求，以信息系统、数据资源、基础设施为基本要素，利用信息技术创新管理方式，赋能具体职能部门管理工作，将线下的管理事务转化为线上的服务体系和流程，提高管理效率，支撑学校的管理和服务，推进教育治理现代化的进程。

服务发布前台及服务体系：应用服务基于整体智慧校园的应用体系，聚焦学校管理、教学、生活日常等各种场景，通过用户视角的服务梳理，重视学校各用户角色全过程、多场景的服务需求，细粒度打造学校的应用服务体系和数据分析服务，重视用户在信息化体验中的“获得感”，优化师生用户的信息化服务体验，提升信息化服务质量，赢得师生对信息化建设的“好口碑”。

整体智慧校园服务资源以信息一站式办事大厅、移动门户和数据门户为汇总展示平台，面向全校多群体、多角色的用户体系提供服务访问支持。

2.3　应用场景

本案例主要应用场景包括：一站式办事服务场景、智能数据填报场景、大数据智能分析场景、师生画像场景、数据共享场景。

2.4　功能设计

2.4.1　统一服务门户

统一服务门户根据每位用户的独特需求和偏好，提供定制化的内容展示，包括最新校园新闻、紧急通知、个人日程安排以及对常用在线服务的直接访问。通过单点登录（SSO）机制，用户只需一次认证，便可畅通无阻地访问所有校园系统，无须记忆多套登录凭证，从而大幅提升了用户体验和校园服务的便捷性。此外，门户采用直观、友好的界面设计，确保信息的易于获取和导航的直观性，无论是学生、教职工还是访客，都能快速找到所需服务，享受顺畅的校园数字生活体验。统一服务门户界面如图 2 所示。

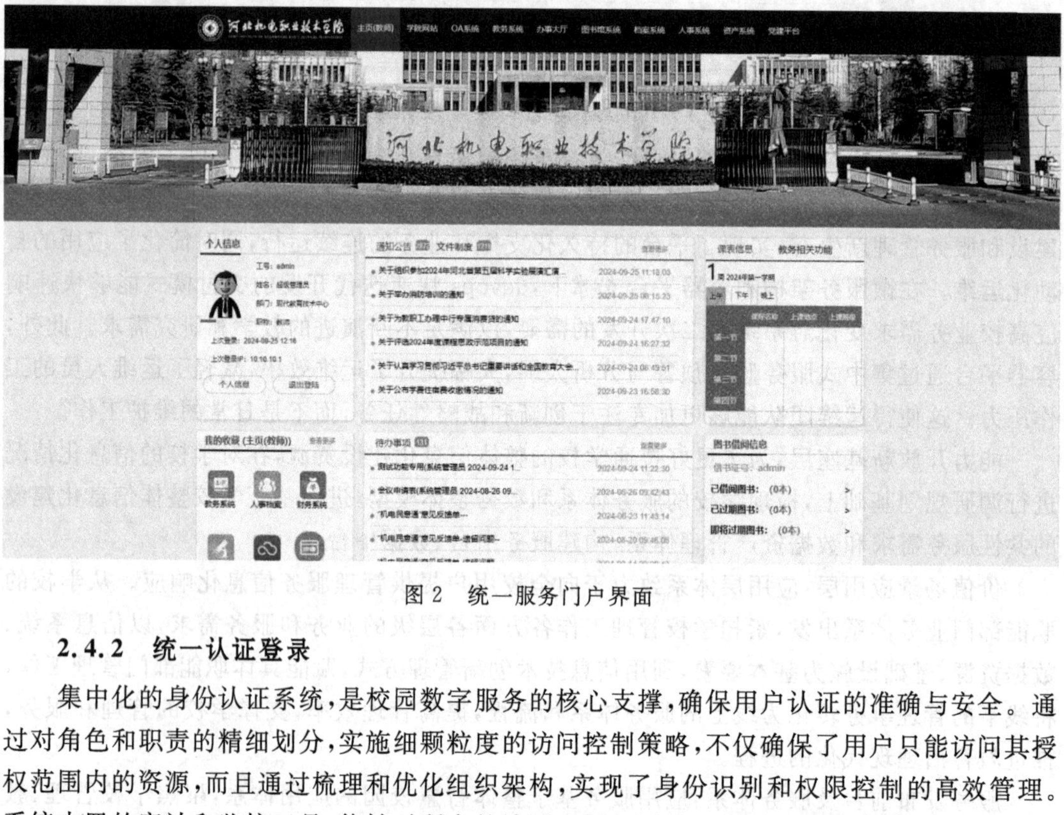

图 2　统一服务门户界面

2.4.2　统一认证登录

集中化的身份认证系统，是校园数字服务的核心支撑，确保用户认证的准确与安全。通过对角色和职责的精细划分，实施细颗粒度的访问控制策略，不仅确保了用户只能访问其授权范围内的资源，而且通过梳理和优化组织架构，实现了身份识别和权限控制的高效管理。系统内置的审计和监控工具，能够对所有的认证和授权活动进行实时的跟踪与记录，提供了校园信息安全管理所需的透明度和可追溯性。这些综合措施极大地增强了校园信息系统的安全防护能力，同时也为校园管理提供了坚实的数据支撑和安全保障，确保了校园信息环境的稳定与可信。统一认证登录界面如图 3 所示。

2.4.3　统一事务中心

事务处理中心，将所有教育和行政事务纳入统一的管理和执行平台。该中心具备集成的在线申请和审批流程，使事务处理更加高效和有序。通过实时的事务跟踪系统，学院确保处理过程的透明度，让所有参与者都能够即时获取事务的最新状态，从而提高了工作的协同性和响应速度。这种集中化的事务管理方式不仅优化了校园的行政效率，也为师生提供了

图 3　统一认证登录界面

更加清晰和便捷的服务体验。统一事务中心界面如图 4 所示。

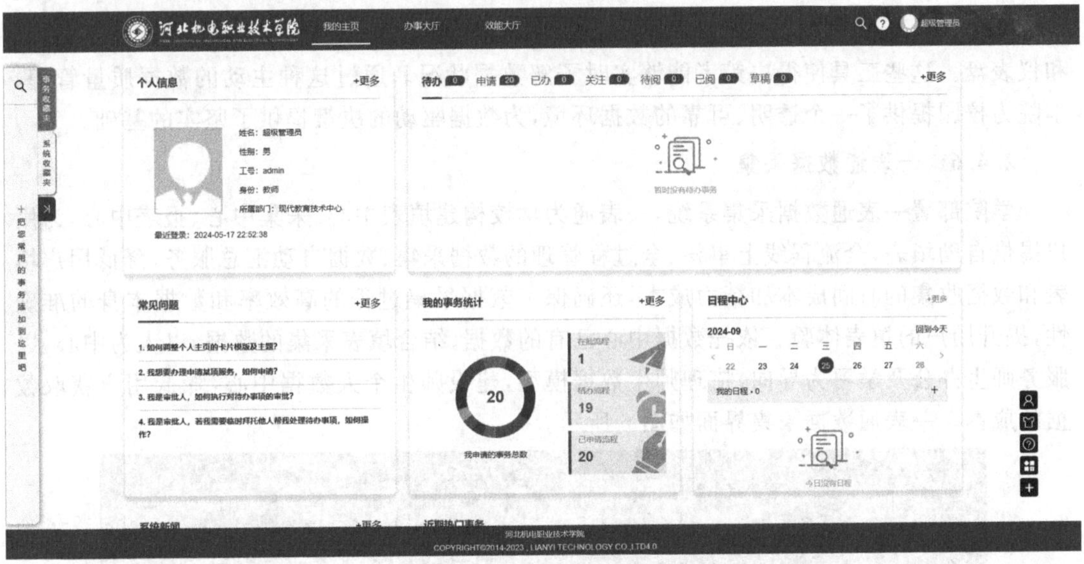

图 4　统一事务中心界面

2.4.4　大数据中心

学院建立了一个全面的数据治理框架，确保数据的质量和一致性，为学校提供了一个可靠的信息基础。该框架的核心在于实施信息标准管理，明确定义并维护数据标准和分类，从而为数据的准确性和最新性提供了坚实的保障。同时，通过主数据管理进一步确保关键数据的可靠性，为校园决策提供了强有力的数据支撑。此外，提供的接口管理功能简化了系统间的数据交换和集成，使得数据流通更加高效。而数据交换平台则支持了数据的采集、处理和共享，增强了数据的可用性和灵活性。这些措施共同搭建了一个校本数据中心，提升学院数据管理的效率，也为学院的教学、科研、管理和分析提供了丰富的数据资源。大数据中心界面如图 5 所示。

2.4.5　数据质量管理

学院设计了一套数据质量监控机制，通过定期的检查来维护数据的健康状态。该机制不仅包括了数据清洗和纠正流程，以进一步提升数据的质量，还提供了直观的数据质量报告

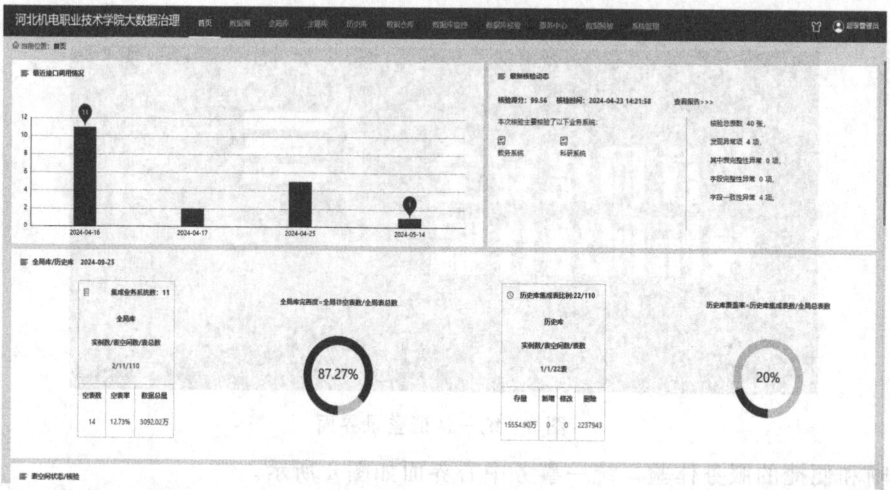

图 5 大数据中心界面

和仪表盘。这些工具使得决策者能够实时了解数据状况。通过这种主动的数据质量管理，学院为校园提供了一个透明、可靠的数据环境，为数据驱动的决策提供了坚实的基础。

2.4.6 一表通数据采集

学院部署一表通数据采集系统，一表通为学校构建填表中心、采集中心、报表中心，为用户提供自助填表，全流程线上审核、全过程管理的数据采集、数据自动汇总服务，降低用户填表和数据收集的时间成本和精力成本，还确保了数据采集过程的高效率和数据本身的准确性，提升用户的填表体验。依托数据中心已有的数据，结合填表采集的数据，以人为中心，以服务师生办公及学习为导向，梳理师生数据模型，建设师生个人数据中心，降低用户获取数据的成本。一表通数据采集界面如图 6 所示。

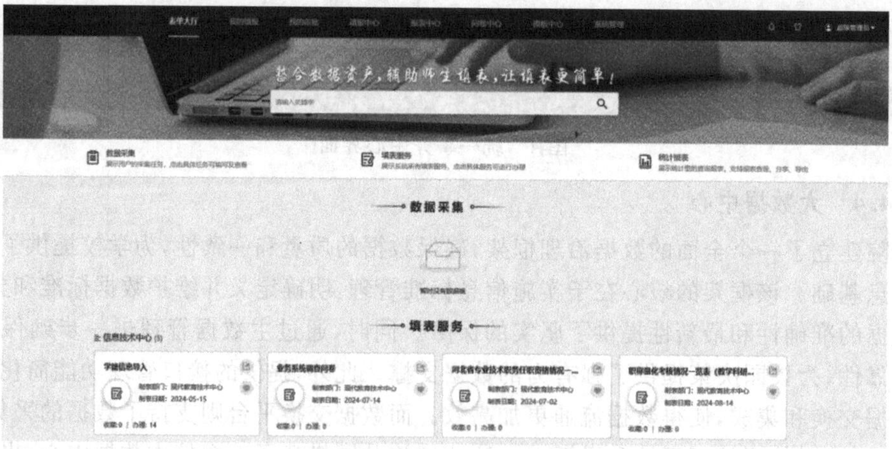

图 6 一表通数据采集界面

2.4.7 大数据智能分析

大数据智能分析平台作为校园信息化的基础设施，用于高效地存储、处理和分析大规模数据集，深入挖掘数据中的模式和洞察，从而为学校的决策提供数据支持。同时，为了帮助用户理解复杂的数据分析结果，学院提供了直观的可视化工具，这些工具将复杂的数据转化为易于理解的图形和图表，使得决策者能够更有效地利用数据分析结果进行决策制定。大数据智能分析界面如图 7 所示。

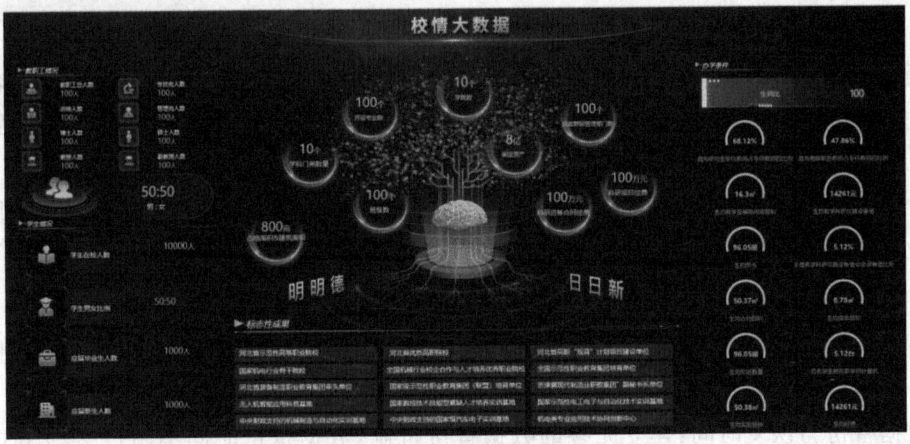

图 7　大数据智能分析图

2.5　数据设计

数据设计示例：

(1) 用户类型表

字段名	数据类型	描述
YHLXBH	VARCHAR2(50)	用户类型编号
YHLXMC	VARCHAR2(200)	用户类型名称
YHLXMS	VARCHAR2(500)	用户类型描述
ZT	VARCHAR2(1)	状态：0 禁用 1 启用
PXH	NUMBER(12,3)	排序号

(2) 认证操作日志表

字段名	数据类型	描述
RZBH	VARCHAR2(40)	日志编号
XGR	VARCHAR2(60)	修改人
NR	VARCHAR2(500)	操作内容
IP	VARCHAR2(20)	操作时间
ZH	VARCHAR2(50)	操作账号
LX	VARCHAR2(2)	操作类型
CJR	VARCHAR2(60)	创建人

2.6　性能指标

2.6.1　系统响应性能指标

融合门户响应时间:在正常网络环境下,融合门户的页面加载时间不超过 5 秒,各类功能操作的响应时间不超过 3 秒,确保师生能够快速、流畅地访问和使用融合门户的各项服务。

业务系统交互响应时间:各业务系统之间的数据交互和功能调用响应时间不超过 5 秒,确保业务协同的顺畅性。

2.6.2　数据处理性能指标

数据存储容量:数据中心具备足够的存储容量,能够满足学院未来 5 年以上的数据存储需求。同时,采用合理的数据存储架构,确保数据的安全性和可靠性。

数据备份与恢复时间:建立完善的数据备份机制,数据备份时间不超过 24 小时,在发生数据故障时,能够在 4 小时内完成数据恢复,保证数据的完整性和可用性。

数据查询速度:对于常见的数据查询操作,查询响应时间不超过 3 秒。复杂查询的响应时间不超过 5 秒,提高数据的检索效率。

2.6.3　系统稳定性指标

系统可用性:数字化校园系统的年可用性不低于 95%,确保师生能够在大部分时间内正常使用系统。

故障恢复时间:在系统发生故障时,能够在 1 小时内定位故障并进行修复,恢复系统的正常运行。

系统兼容性:系统能够兼容主流的操作系统、浏览器和移动设备,确保师生可以在不同的设备上使用系统。

2.6.4　安全性能指标

数据安全:采用加密技术对重要数据进行加密存储,确保数据的保密性。建立数据访问权限控制机制,防止数据泄露和非法访问。

系统安全:安装防火墙、入侵检测系统等安全设备,防范网络攻击。定期进行系统漏洞扫描和修复,确保系统的安全性。

用户认证安全:采用强身份认证机制,如双因素认证,确保用户身份的真实性和安全性。

2.7　总结

本案例秉承"整体规划、统一建设、数据驱动、服务创新"的核心原则,确立了智慧校园建设的战略方向。通过深入分析现有的信息化状况,制定了一套全面的校园信息化战略和计划,确保了信息化建设的可行性和有效性,为整个项目的成功奠定了坚实的基础。

项目的实施不仅提升了学院的信息化水平,而且也极大地改善了师生的校园生活体验。我院通过智慧校园的建设,实现了数据、管理、服务的全面升级,为学院的长远发展奠定了坚实的基础。未来,我们将继续探索和创新,不断优化和完善智慧校园的建设,以满足师生日益增长的服务需求。

2.8 服务目标人群

本项目面向校领导、教师、学生、校内工作人员、校外访客等。

3 实施效果

3.1 实施情况

本案例采取了以服务治理和数据治理双轮驱动的核心战略。通过服务治理，实现了服务的标准化和规范化，显著提升了服务品质与效率；而数据治理的实施，则通过数据资源的整合与优化，为决策提供了强有力的数据支撑，增强了校园管理的科学性与前瞻性。

一站式服务大厅和融合门户的构建，实现了校园服务的集中化管理和个性化服务，极大提升了师生的服务体验。数据中台的打造，通过数据集成和智能分析，为教学、科研和管理提供了精准的数据服务，促进了教育模式的创新和教育资源的优化配置。

此外，学院通过数据管理体系的梳理，形成了业务数据的互联互通环境，积累了全业务域的过程数据。构建的统一数据中心方便进一步挖掘数据的价值，提升数据服务效果，提高管理效率和管理科学性。

3.2 应用成效

在数据层面，学院建设了涵盖人事、学生、教学、办公等 8 个业务领域的 385 项信息标准，完成了 11 个业务系统的数据梳理对接，接入了 110 张数据表，2 200 余个数据字段，累计形成数据资产 3 092 万条。在服务层面，学院接入并使用了多个业务系统，如教务、人事、学工、党建等平台，为高校内部服务规范治理、统一汇聚、对外安全开放提供了支撑，并为第三方开发商提供了移动轻应用开发服务和托管，支持多渠道发布。通过整合各类基础服务能力、服务网关、技术工具等，开放式响应了各类前台业务应用和运营需求。

通过这些措施，学院将能够更好地适应信息化时代的发展要求，不断提升教育质量和管理效率，为师生创造更加便捷、高效、个性化的学习工作环境，为培养适应未来社会发展需求的高素质人才奠定坚实基础。

4 特色与推广意义

4.1 特色

4.1.1 数据驱动的智慧校园生态构建

学院遵循统一技术规范强化数据基座，通过数据湖、仓库和集市分层管理应用，形成能力中心。以数据为核心驱动业务赋能与校园治理，实现人才培养、教学科研、管理服务等多环节质量提升，推动数据从分析应用迈向创新发展高阶阶段，深度融入校园治理全流程，延伸数据应用服务边界，构建起全方位、多层次的数据驱动智慧校园生态体系。

4.1.2　全方位服务创新体系

秉持服务治理理念，深度调研梳理业务流程，重构服务体系。线上一站式办事大厅与融合门户整合各类资源，优化服务可达性与响应速度；基于场景构建多元应用解决方案，满足师生及工作人员个性化、智能化需求，提升用户满意度的同时为管理决策提供数据支撑，塑造具有学院特色的智慧校园服务管理模式。

4.1.3　先进技术架构支撑

依“整体规划、统一建设”原则设计智慧校园技术架构，以开放性微服务平台为核心融合业务数据体系构建中台能力，为校园全场景提供坚实支撑。容器云平台作为基石保障安全可信云化环境，推动应用场景化与运维自动化；微服务架构结合 devops 交付模式快速响应业务变化，以集中式监控预警提升运维效率，助力校园信息化持续创新发展。

4.2　推广意义

4.2.1　职业教育信息化示范引领

契合国家职业教育信息化战略方针，为同类院校提供可借鉴的数字化转型实践范例。在政策推动职业教育数字化转型进程中，学院智慧校园建设成果如一站式服务、数据治理、智能应用场景等实践经验，可帮助其他院校明晰建设路径、技术选型与实施策略，加速职业教育信息化整体进程，提升职业教育现代化水平与适应性。

4.2.2　教育资源优化与共享促进

数据互通共享机制打破信息孤岛，促进跨部门业务协同与教育资源优化配置，其成功经验有助于推动职业教育领域内资源整合共享，如教学资源、管理经验、数据资产等，减少重复建设与资源浪费，提升教育资源利用效率，扩大优质教育资源覆盖面，促进教育公平与均衡发展，增强职业教育整体吸引力与竞争力。

4.2.3　人才培养质量提升

通过智慧校园建设优化教学、管理与服务流程，提升教育质量与管理效率。精准数据服务为个性化教学、人才培养方案制定提供依据，以智能分析辅助决策促进教育教学改革创新，为培养适应数字时代需求的高素质技术技能人才创造良好环境，为经济社会发展输送优质人才资源，助力产业升级与社会进步。

5　标准符合性自述

5.1　基本标准符合性指标

基本标准符合性指标自评详情见表 1。

表 1　基本标准符合性指标

与《高等学校数字校园建设规范(试行)》标准中以下条款相符合	自评
《高等学校数字校园建设规范(试行)》6.1 条 信息资源是高等学校信息化过程中产生、使用和积累的各种结构化、半结构化和非结构化数据的统称。信息资源在高等学校数字校园建设中起到关键作用。高等学校在数字校园建设中,应将信息资源建设放在关键位置,逐步形成内容完善、数据准确、组织有序、广泛关联、更新及时、安全可靠、服务优质的全域信息资源库,为学校发展、师生用户以及社会公众提供优质信息服务。信息资源建设的总体要求是: a) 高等学校应对学校信息资源建设内容、标准规范、建设方案、技术平台等进行总体规划设计。 b) 信息资源的收集、存储、管理和使用应符合国家相关法律法规及相关管理规定的要求。 c) 高等学校信息化工作中应强调信息资源标准,应参照信息资源已有的国家标准和行业标准(如 GB/T 29808、GB/T 33782、GB/T36351.1、36351.2 等),制定各类信息资源的学校标准,用于指导和规范信息资源的建设、管理和使用;并将相关的标准规范落实到具体的工作流程、业务规范和技术平台中,确保标准规范得到执行。 d) 高等学校应重视信息资源的隐私保护、版权保护和安全保障。 e) 高等学校应加强数据治理,不断提高信息资源质量,提升信息资源价值。 f) 高等学校应采取切实措施,推进和鼓励信息资源的共享和创新应用,充分发挥信息资源的价值。 高等学校信息资源主要包括以结构化数据为主的基础数据和业务数据,以半结构化数据为主的基础设施运行数据,以及以非结构化数据为主的数字化教学资源、科研资源、文化资源和管理服务资源。本章规定基础数据、业务数据、教学资源、科研资源、文化资源这几类主要信息资源的建设要求,并规定信息资源管理服务平台的建设要求	满足。学院通过构建数据中心,实施了顶层统一规划的数据管理策略,秉承"一库统管,一数一源,数据活用,动态更新"的原则,确保了数据的统一性和一致性。参照国家标准和行业标准,学院制定了自己的数据管理标准,从而提高了数据的准确性和一致性,避免了数据混淆和误解,增强了数据的可比性和可信度。学院对基础数据和业务数据进行了集中存储和管理,推动了数据的活用。 为了更有效地整合和管理结构化数据、半结构化数据和非结构化数据,学院构建了一个全面的数据治理框架。该框架采用先进的数据建模技术和方法,确保了数据在整个生命周期中的一致性和准确性。在资源汇聚方面,框架强调了全面的数据采集,包括从多个业务系统和外部数据源中收集数据,并进行整合和清洗,以提高数据的质量和可用性。通过建立数据湖和数据仓库,学院为海量数据提供了强大的存储能力和高效的查询性能。 此外,学院还实施了严格的数据质量管理规则和流程,确保数据的准确性和一致性。通过这一系列措施,不仅提高了数据管理的效率,还为数据的分析和应用提供了坚实的基础,支持了学院的数字化转型和智慧校园建设
《高等学校数字校园建设规范(试行)》9.3.3 系统及应用安全 a) 身份鉴别,应对信息系统登录用户进行身份标识和鉴别,应具备限制非法登录次数和自动退出机制。 b) 访问控制,应提供访问控制功能控制用户组/用户对信息系统功能和用户数据的访问,应由授权主体配置访问控制策略,并严格限制默认用户访问权限。 c) 通信完整性,应采用约定通信方式的方法保证通信过程中数据的完整性。 d) 软件容错性,应提供数据有效性校验功能和数据有效性保证。 e) 软件易用性,应确保系统和平台交互的友好性及使用的便捷性。 f) 备份恢复,应对重要信息进行备份和恢复。 g) 校园网内、校园网内外之间文件传输,应采用安全协议进行通信。安全区域之间、业务系统之间的数据交互,应采用密码技术进行加密传输。 h) 校园网所有密码加密技术应采用安全的加密算法,加密证书应是授权机构颁发	满足。学校构建了统一身份认证平台,提供多种多样不同认证强度的认证方式匹配学校不同服务场景下的认证需求。支持面向师生及各类校外临时人员提供基于生涯状态的认证服务。支持动态认证模式,结合身份、时间、地点、终端等因素系统自动综合评判。可使用多种终端进行认证。系统性能具备强稳定,高融合、高并发、高容错、强拓展的特性。并且系统安全性高,具备全面的资源访问策略,内置多重安全机制,系统安全强保障,数据风险强防控

5.2　评价性指标

评议性指标自评详情见表2。

表2　评议性指标

与《高等学校数字校园建设规范(试行)》标准中以下条款相符合	自评
《高等学校数字校园建设规范(试行)》5.1 概述 高等学校数字校园信息化基础设施是承载数字校园的基础和物理形式,一般包括校园网络、数据中心、校园卡、信息化教学环境、信息化育人环境、虚拟空间环境等,基础设施为各类信息化应用提供技术、设备和物理环境支持,是数字校园的基础。基础设施建设的总体要求是: a) 应根据学校数字校园建设现状和规划,确定适度超前的基础设施建设性能和容量等指标。 b) 应选择主流和相对成熟的技术路线和设备进行基础设施建设。 c) 应重视基础设施安全,安全指标应符合本规范第9章的要求。 d) 同等条件下,应优先选用国产自主可控设备。 e) 各高等学校可以根据学校实际情况,在安全合规的前提下,使用云服务作为高等学校数字校园基础设施的补充	满足。在方案设计阶段,充分借鉴了《高等学校数字校园建设规范(试行)》的要求,根据学校的现状,充分调研学校信息化建设实际需求,以及针对不同用户的特点,从顶层进行了信息化建设规划,实行一把手工程,由学院以及各部门一把手进行通盘考虑。在进行技术选型和系统建设时,不仅满足近期我院需求,也进行了超前建设,以适应不断变化的环境,以及不断更新的信息技术。
《高等学校数字校园建设规范(试行)》8.2 基础应用服务 高等学校应在学校层面建设开放统一的基础应用服务平台,加强基础应用服务能力,促进应用系统的快速实施、有效集成和不断创新,更好服务学校各单位和用户。数字校园建设中常见的基础应用服务包含但不限于:身份管理、流程服务、支付服务、消息服务、日历服务、报表服务、音视频服务、位置服务、应用管理等	满足。学院构建了融合门户、数据中台、认证中心的智慧校园基层服务体系,并且集成了教务、人事、财务等多个系统。形成了“统一管理,多维覆盖”的管理制度。在服务体系中,构建了统一服务中心、统一流程中心、统一消息中心、统一应用中心等内容。并且实现了深度的协同模式融合,具备统一权限、智能推荐、服务编排、委托流转、信息反馈等效果。在数据中心中,构建了数据治理体系、数据应用体系、数据分析体系等内容。服务产生数据,管理背靠数据,在数据从产生到使用的过程中,是其完成的一次“闭环”,而在这一个闭环之外,还有更多用户的个人发展、部门协同、校情分析被赋能,从个人到整体,每一个组织都在数据的生态中获益。

续表

与《高等学校数字校园建设规范(试行)》标准中以下条款相符合	自评
《高等学校数字校园建设规范(试行)》10.1 为了规范高等学校数字校园建设、管理、运维工作,保障信息化建设有序开展,维护网络与信息系统的安全、稳定和可靠,发挥网络与信息系统作为数字校园公共服务体系在教学、科研和管理服务中的重要作用,高等学校应结合实际情况,从组织机构、人员队伍、规章制度(管理)、标准规范(技术)、经费保障、运维服务、综合评价等方面对数字校园保障体系进行规范,通过保障体系的建设,为高等学校信息化工作创造良好的环境。对保障体系建设的总体要求: a) 应有明确的组织机构及运行机制。 b) 应制定学校统一、完备的规章制度。 c) 应有稳定、专业的技术队伍。 d) 应有统一、规范、科学,具有强制性的技术标准。 e) 应有稳定的经费投人,有规范的经费管理办法。 f) 应有持续、稳定的运维服务。 g) 应有科学完善的评价标准与体系	满足。学院设立了专门的信息化建设领导小组,由校领导担任组长,各相关部门负责人为成员,明确职责分工,形成了高效的决策、协调与执行机制。定期召开信息化工作会议,研究部署数字校园建设重大事项,确保信息化建设有序开展。 制定了学校统一完备的信息化建设规章制度,涵盖网络管理、信息安全、系统运维、数据管理等各个方面。明确了信息化建设的工作流程、责任追究机制,使数字校园建设与管理有章可循。 组建了稳定、专业的技术队伍,包括网络工程师、系统管理员、数据库管理员等。通过定期培训、技术交流等方式,不断提升技术人员的专业水平和业务能力,为数字校园的稳定运行提供技术保障。
《8.应用服务》8.4 人机交互界面 高等学校的数字校园应用建设应注重用户体验,重视人机交互界面设计与建设。人机交互设计将业务应用及业务系统提供的信息和服务进行集成、组织和融合,为各类用户提供简洁友好的服务。在数字校园的各种建设项目中,人机交互界面可考虑以下内容: a) 可综合使用智能门户、办事大厅、移动入口、智能终端设备等方式为用户使用数字校园建设成果提供用户界面。 b) 人机交互界面应以用户为中心组织信息和服务,为用户提供个性化服务,注重用户体验。 c) 用户界面应支持主流的终端。 注 6:用户界面主流终端包括但不限于:桌面计算机、笔记本电脑、手机、平板电脑等。 d) 应用界面应支持主流的操作系统和前端界面应用(如主要的浏览器等),并明确标识支持的情况。 e) 学校的主要系统及应用宜保持界面风格相对统一、界面布局相对一致。(可选) f) 人机交互界面可根据需求,支持国际化交流(可选)	满足。建成了学校统一服务门户,并且在移动端搭建了河北机电职业技术学院 APP、小程序、企业微信等内容,实现不同终端,一号登录,便捷畅通。

6　解决方案专家点评

6.1　点评专家简介

舒畅，华南理工大学计算机工学博士，联奕科技股份有限公司副总裁兼首席信息官，广东省智慧校园应用工程技术研究中心主任，教育部教育信息化技术标准委员会专家委员，中国教育技术协会技术标准委员会专家委员，科技部国家科技专家库评审专家，信息系统项目管理师（工信部），全国十佳新锐程序员（第三届），广东省科技专家库成员，广州市科技专家库成员，广东财经大学兼职硕士生导师。主要研究领域为智慧校园、云计算应用、分布式存储技术、大数据应用技术等。近年来，以主要成员身份先后参与了科技部科技型中小企业技术创新基金项目、省部产学研结合项目、广东省粤港关键领域重点突破项目等重大科研项目10余项，获得“广东省优秀软件服务人才”“珠江科技新星”“广州市优秀专家（高层次人才）（第一批）”等多项荣誉称号，先后在国内外学术会议和核心刊物上发表学术论文10余篇，其中第一作者或第一通讯作者被EI收录5篇、ISTP收录2篇。

6.2　点评内容

在当今教育领域数字化转型的浪潮下，河北机电职业技术学院的智慧校园建设项目成绩斐然，为教育信息化发展贡献了宝贵经验。

从建设理念与规划来看，学院紧扣国家政策导向，秉持“整体规划、统一建设、数据驱动、服务创新”原则，精心布局智慧校园架构。在顶层设计环节，充分考量学校信息化现状，制定的战略规划兼具前瞻性与可行性，如采用微服务架构的容器平台，有力支撑了应用场景化发展，适应了教学与研究需求的动态变化，确保信息化建设与教育目标紧密契合，为项目稳健推进筑牢根基。

在技术架构与应用场景方面，其技术架构遵循开放融合准则，各层级协同发力。能力开放新基座层的服务中台与数据中台有效整合资源，实现数据高效流转与共享；价值场景应用层全方位覆盖校园管理服务，满足多元职能需求；一站式办事服务大厅革新传统服务模式，借由统一身份认证与流程优化，大幅提升服务效率与体验；在智能数据填报、大数据智能分析等场景深度挖掘数据价值，为决策提供可靠依据，全方位推动校园管理服务的智能化进程。

数据治理与安全保障维度，学院构建完备的数据治理框架，从信息标准管理、主数据管理到接口管理，全方位保障数据质量与一致性，为教学、管理提供坚实数据支撑。在安全防护上，多管齐下，身份认证系统严守安全大门，审计监控工具实时护航，加密技术、访问权限控制、安全设备部署及漏洞管理机制协同作用，打造严密安全防护网，有力维护校园信息系统安全稳定。

功能与性能设计彰显人性化与高效性。统一服务门户集成丰富服务，依用户定制内容，单点登录便捷访问；统一认证登录精准管控权限，保障信息安全；事务中心集成流程，提升行政效率；大数据中心与相关功能模块紧密协作，优化数据全生命周期管理。系统响应、数据处理、稳定性及安全性能指标表现卓越，确保在复杂环境下稳定可靠运行，为师生提供优质数字化服务体验。

学院实践成果斐然，显著提升管理效率与教育质量，丰富师生服务体验，于教育数字化转型进程中树立典范，为同类院校智慧校园建设提供极具价值的参考蓝本，有力推动了职业教育信息化迈向新高度。

数智赋能探索智慧校园建设
——《高等学校数字校园建设规范(试行)》应用案例

胡维钦,何丹,李超凤,胡乐云

(江西水利职业学院)

1 学校简介

江西水利职业学院的前身可追溯到1956年创建的江西省南昌水利学校。2013年,经江西省人民政府批准、教育部备案,整合江西省水利水电学校、江西省水利工程技师学院、江西省灌溉排水发展中心等,设立江西水利职业学院,是江西唯一一所水利水电类高等职业院校。

2 案例简介

2.1 需求

江西水利职业学院围绕智慧校园的整体建设项目,以数智融合为核心主题,不断推进数据中心平台、基础服务平台、流程服务平台的建设,以及学生管理和教师管理的数据应用,通过持续的循环改进,提升教学质量。

2.1.1 案例背景

从智慧校园应用的角度出发,我校的建设规划主要围绕两条主线展开:内循环(业务)带动数据,外循环(数据)服务于业务,两者相互促进。同时,基于服务中台、数据中台等支撑平台的建设,我校将对教务、学工、人事、科研、办公OA、质量管理、报账、资产管理、人脸识别、图书借阅等多个应用系统进行深度解构与重组。结合学校的实际情况,实现统一身份认证登录,提供移动校园服务,使校内师生能够随时随地办理或查询服务事项,深入挖掘分析业务之间的数据联动性,打通业务与业务之间的数据应用关系。根据学校各类应用清单及不同角色的需求,提供融合门户,实现从“一站式”服务向“一网通办”的转型。

2.1.2 顶层设计

学院制定了《江西水利职业学院信息化建设“十四五”规划》及《江西水利职业学院智慧校园设计方案》,旨在优化顶层设计,以提升教学质量、增强学生就业竞争力和提高学校管理效率为目标,通过深度融合应用,有步骤、有计划地推进信息化建设。通过构建一体化智慧平台,基本涵盖师生的教学、学习和生活需求,借助数据的不断积累与循环改进,持续提升教学质量。

学院以数智融合赋能智慧校园建设为核心目标，结合江西水利职业学院的实际情况，全面提升校园的规划与建设水平。学院开展的智慧校园建设项目，具有软硬件兼备、数据驱动、协同融合、平台聚力和价值赋能等特征。通过建设大型数据库系统作为基础数据平台，构建信息化应用、数据积累、大数据查询与分析的生态系统，全面实现智慧职院与掌上校园的建设目标。

2.1.3 应用场景

案例的主要应用场景如下：

- 师生发展服务
- 产教融合服务
- 思政教育服务
- 教育教学服务
- 信息资源服务
- 校园管理服务

2.1.4 功能设计

(1) 基础应用功能

基础应用功能包括：统一身份认证平台（图 1）、数据共享平台、统一融合门户平台（图 2）、“一网通办”平台。

图 1 统一身份认证平台

(2) 业务应用功能

业务应用功能包括：智慧教学系统和专业图谱平台、实践教学平台、学院教学专业（群）资源库平台、产教融合信息管理平台、课程思政意识能力提升专项平台、智慧评教系统、教务管理系统、学生综合服务平台、实习管理信息平台、就业服务平台、教师发展综合业务系统、校企合作管理平台、人力资源管理平台、科研管理系统、资产管理系统、AI 智能督导系统、站群管理系统、一卡通服务系统。

2.1.5 核心平台结构

(1) 技术架构

通过采用微服务架构与容器技术，应用程序被拆解为多个小型、自治的服务单元，此举显著提升了系统的灵活性、可扩展性和可维护性，同时有效降低了各服务间的耦合度，增强

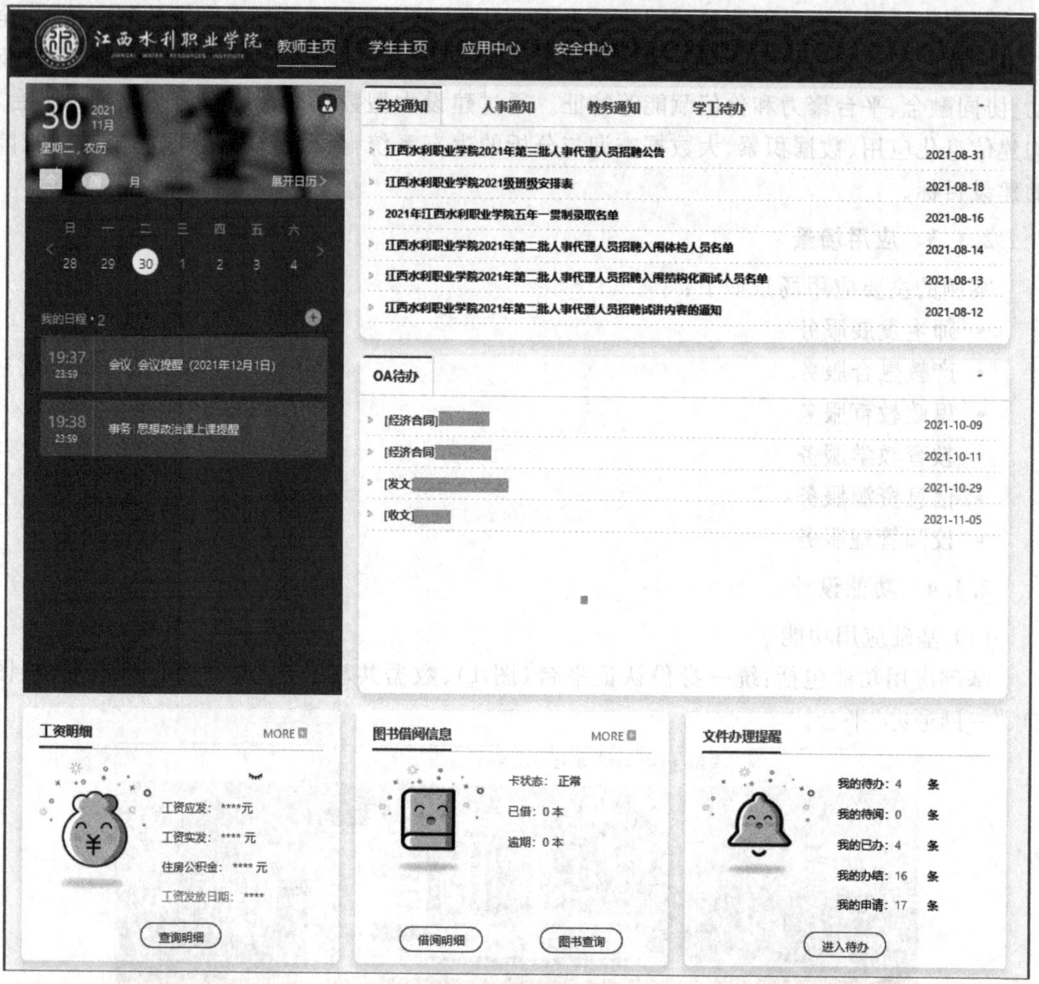

图 2　统一融合门户平台

了对复杂多变业务需求的适应能力，提高了开发效率并降低了运维成本。此外，借助服务间的隔离机制及冗余部署策略，系统的容错性和弹性得到了显著增强，从而确保了整个系统的稳定性和高可用性。

（2）系统结构

基于校园的具体业务进行流程梳理和实体校园数字化，整体系统结构分为基础设施层、技术支撑层、中台体系层、智慧应用层以及服务接入层，以提升校园整体的运行效率，实现教学、科研、管理、服务等活动顺利开展。

江西水利职业学院现有在校师生近 11 000 人，校园网主干最大带宽 3 300 Mbps，系统容量无上限，具有良好的可扩展性和灵活性，技术平台能够适应业务需求的变化。智慧校园规划设计图如图 3 所示。

2.1.6　总结

总体上本案例具有如下特点：

- 顶层设计强化整体布局
- 持续完善信息化基础设施

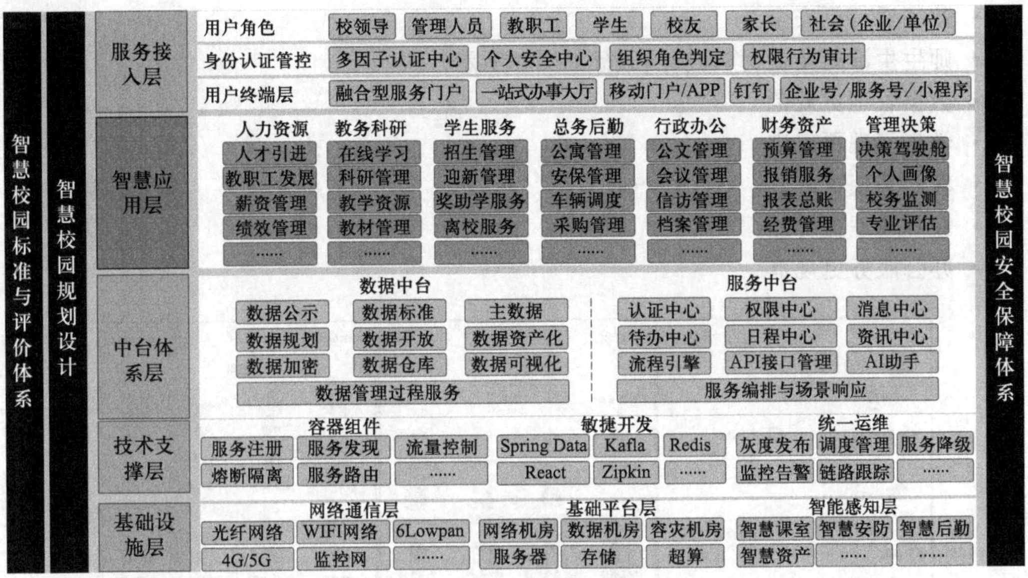

图 3　智慧校园规划设计图

- 深度促进教育教学改革
- 不断精进教学资源建设
- 不断丰富校园应用场景
- 持续深化学院数据治理
- 专题调研优化服务能力

2.2　服务目标人群

江西水利职业学院在校师生以及其他高等院校师生和管理者等。

3　实施效果

3.1　实施情况

学院系统地编制了相关文件，在基础设施建设方面，学院进行了大力投入。实现了网络万兆到楼栋、千兆到桌面、无线全覆盖，建成了大数据中心，并部署了超融合私有云服务器和数据备份等设备，为各类数据的存储与处理提供了强大的支持。此外，师生自助打印系统、校园出入门禁系统、宿舍人脸识别系统等设备相继投入使用，极大地提升了校园的便利性和安全性。在平台系统搭建方面，学院重点建设了统一身份认证平台、数据共享平台、统一融合门户平台、“一网通办”平台等基础应用平台，实现了数据的互通共享，打破了数据孤岛，全面提升校园信息化水平。

3.2　应用成效

应用成效主要体现在以下方面：

- 服务场景更集中

- 数字通行更安全
- 师生生活更便捷(移动校园服务如图 4 所示)
- 数据管理更规范
- 学生管理更有谱
- 教学管理更有效
- 教师管理更智能
- 办公服务更规范

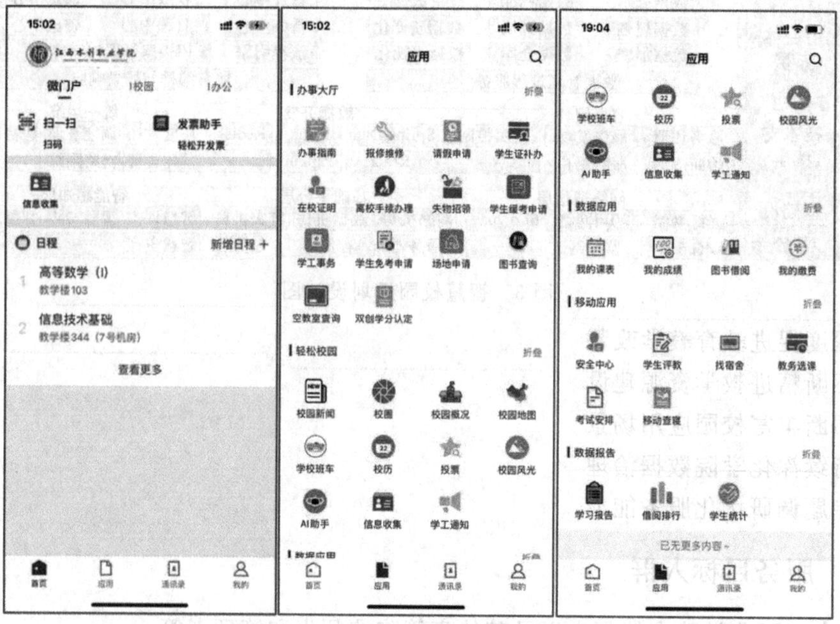

图 4　移动校园服务

4　特色与推广意义

在建设模式方面,江西水利职业学院以数智融合为核心,依据国家标准进行规划,从顶层设计层面确保建设的科学性和系统性。

从应用成效来看,对师生而言,带来了全方位的便利与提升。同时,在校园管理方面,学院的各业务流程实现了线上化和标准化,管理效率与决策水平大幅提升,校园安全也得到有效保障。总体而言,学院的实践为职业教育的数字化发展提供了一个较为成功的样本。

5　标准符合性自述

5.1　基本标准符合性指标

基本标准符合性指标自评详情见表 1。

表1　基本标准符合性指标

与《高等学校数字校园建设规范(试行)》标准中以下条款相符合	自评
《高等学校数字校园建设规范(试行)》5.2.2 校园网出口 c) 出口带宽应能满足学校使用需求与发展需求	满足
《高等学校数字校园建设规范(试行)》5.2.3 校园主干网 a) 应能承载有线、无线、物联网等业务,能够满足学校各种数据终端及传感设备的接入需求。 b) 整体网络架构在性能、容量、高可靠及技术运用等方面应满足学校未来五到十年的整体发展需求。 h) 应统一管理有线无线接入网络。校园网用户有线、无线方式接入时,权限及业务连接应保持一致。 i) 应具有对用户和设备的实名认证与登记备案机制	满足
《高等学校数字校园建设规范(试行)》5.2.4 有线接入网 a) 应进行定期的接入测试,确保接入网络的可用性,确保能容纳预计数量的用户接入和正常使用。 b) 有线接入网络应符合 GB/T 15629.3 的规定	满足
《高等学校数字校园建设规范(试行)》5.2.5 无线接入网 c) 应进行定期的接入测试,确保接入网络的可用性,确保能容纳预计数量的用户接入和正常使用。 d) 无线接入网络应符合 GB 15629.11—2003 的规定	满足
《高等学校数字校园建设规范(试行)》5.3.5 基础软件系统 e) 应根据应用和服务的需求选择适合的基础软件	满足
《高等学校数字校园建设规范(试行)》5.4 校园卡系统 校园卡系统建设目标是依托于校园卡的校内身份认证功能和规范化的收费机制,促进校园信息化应用的整合,为持卡人提供方便、快捷的服务体验。校园卡系统建设应在学校信息化总体设计要求下完成卡片、应用系统和安全体系的建设,建设要求是: a) 校园卡可选用实体卡或虚拟卡。选用非接触式 CPU 卡应符合 ISO/IEC 14443 系列标准。PSAM 卡应符合 ISO 7816—1/2/3/4 标准、JR/T 0025—2005 和《中国人民银行 PSAM 卡规范》相关要求。 b) 卡片应标识持卡人信息,如姓名、性别、证件号、有效期、照片等。可根据管理需求,将校园卡划分为不同的卡类型。 c) 卡内存储信息一般应包括卡片基本信息、持卡人信息、钱包账户信息、应用信息、密钥信息等。 d) 校园卡应用系统应遵循 JR/T 0025—2005 中对于应用中卡片、终端、交易、安全等相关规范。 e) 面向持卡人服务的消费、门禁、签到等系统应具备联网/脱机自适应能力。 f) 校园卡平台应面向第三方应用系统提供开放服务接口和数据接口,支持对接第三方移动支付等功能。 g) 校园卡密钥的生成、保存、使用等工作应由学校安排专门部门组织负责。 h) 校园卡系统应在学校进行私有化部署,应用系统、数据应由学校自主管理,系统运行基于硬件级的加密设备。 i) 校园卡终端设备应由学校统一进行管理、统一授权,支持挂失、失效等管理功能	满足

续表

与《高等学校数字校园建设规范（试行）》标准中以下条款相符合	自评
《高等学校数字校园建设规范（试行）》6.1 概述 b）信息资源的收集、存储、管理和使用应符合国家相关法律法规及相关管理规定的要求。 e）高等学校应加强数据治理，不断提高信息资源质量，提升信息资源价值。 f）高等学校应采取切实措施，推进和鼓励信息资源的共享和创新应用，充分发挥信息资源的价值	满足
《高等学校数字校园建设规范（试行）》6.2 基础数据 b）应参照国家和行业相关标准，根据学校的具体情况，制订学校基础数据标准，发布基础数据目录并及时更新。 c）应明确各基础数据的数据源及其主管负责单位，保证基础数据质量，并及时更新，保证基础数据的实时性，为用户和其他应用提供高质量的基础数据服务。 d）应提供适当的接口规范和服务接口，使基础数据能为获得授权的各类用户和应用提供优质服务。 e）应加强基础数据的管理透明与共享机制，防止数据滥用、私用、霸用和数据欺骗。 f）应建立基础数据高可用机制。（可选） g）应建设基础数据的历史库，记录基础数据的状态变化。（可选） h）应定期对基础数据进行备份，保留不同时间点的基础数据（可选）	满足
《高等学校数字校园建设规范（试行）》6.3 业务数据 a）应尽早梳理学校重要的业务数据状况，规划学校数据和学校的管理服务数据建设内容，编制数据资产目录。对于缺失的重要业务数据，应优先构建信息系统进行数据的采集和管理。 b）应参考国家和行业标准，根据各级主管部门要求，考虑学校业务活动和数据分析需求，制订业务数据标准并监督实施。 c）应根据业务数据管理和应用的需求，选择采用适宜的数据建模方法，构建业务数据库	满足
《高等学校数字校园建设规范（试行）》8.1 概述 高等学校数字校园的应用服务建设应遵循应用驱动、数据融合的原则，围绕高等学校改革与发展目标，支撑高等学校的人才培养、教学科研、管理服务、交流合作、文化传承等业务，为师生校园生活提供智能化服务。 应用服务从下到上可分为三层：下层基础应用服务为全校各类业务应用提供校级基础服务；中层业务应用应能支撑校内各单位的业务活动；上层人机交互界面将流程、数据和信息进行集成与融合，为用户提供简洁友好的信息化服务。此外，随着学校信息资源的积累和数据分析相关技术的发展，决策支持类型的应用可纳入数字校园建设的范围。 高等学校数字校园的应用服务建设总体要求是： a）应根据学校自身特点和应用需求，统一规划，分步建设安全、稳定、可靠的应用服务。 b）应覆盖学校教学科研、管理服务和园区运行等主要业务活动。 c）应适应学校业务发展，重视用户体验，能以用户为中心实现集成、融合与扩展，支持跨领域业务协同，实现应用服务的一站式办理。 d）应遵循相关技术规范和信息标准，充分利用学校相关信息资源构建应用服务。同时应用服务系统作为相应信息资源的源头，也应做好信息资源的积累。 e）应满足上级部门信息公开、数据报送和数据共享等要求。 f）在注重事务处理型业务系统建设的同时，应加强事务分析型应用系统建设，充分利用信息资源和数据分析、人工智能等新兴技术，为用户提供更加智能化的服务。	满足

续表

与《高等学校数字校园建设规范（试行）》标准中以下条款相符合	自评
g）宜支持移动应用。 h）能与相关社会和政府信息系统进行集成。 i）可根据学校需求，提供国际化支持。 j）支持微服务架构及容器技术	满足
《高等学校数字校园建设规范（试行）》10.1 概述 为了规范高等学校数字校园建设、管理、运维工作，保障信息化建设有序开展，维护网络与信息系统的安全、稳定和可靠，发挥网络与信息系统作为数字校园公共服务体系在教学、科研和管理服务中的重要作用，高等学校应结合实际情况，从组织机构、人员队伍、规章制度（管理）、标准规范（技术）、经费保障、运维服务、综合评价等方面对数字校园保障体系进行规范，通过保障体系的建设，为高等学校信息化工作创造良好的环境。对保障体系建设的总体要求： a）应有明确的组织机构及运行机制。 b）应制定学校统一、完备的规章制度。 c）应有稳定、专业的技术队伍。 d）应有统一、规范、科学，具有强制性的技术标准。 e）应有稳定的经费投入，有规范的经费管理办法。 f）应有持续、稳定的运维服务。 g）应有科学完善的评价标准与体系	满足

5.2 评议性指标

评议性指标自评详情见表 2。

表 2 评议性指标

与《高等学校数字校园建设规范（试行）》标准中以下条款相符合	自评
《高等学校数字校园建设规范（试行）》5.1 概述 高等学校数字校园信息化基础设施是承载数字校园的基础和物理形式，一般包括校园网络、数据中心、校园卡、信息化教学环境、信息化育人环境、虚拟空间环境等，基础设施为各类信息化应用提供技术、设备和物理环境支持，是数字校园的基础。基础设施建设的总体要求是： a）应根据学校数字校园建设现状和规划，确定适度超前的基础设施建设性能和容量等指标。 b）应选择主流和相对成熟的技术路线和设备进行基础设施建设。 c）应重视基础设施安全，安全指标应符合本规范第 9 章的要求。 d）同等条件下，应优先选用国产自主可控设备。 e）各高等学校可以根据学校实际情况，在安全合规的前提下，使用云服务作为高等学校数字校园基础设施的补充	满足。根据学校数字校园建设现状和规划，确定了运行性能和容量等指标，选择主流的微服务架构和容器技术进行基础设施建设，建设校园网认证系统和网络态势感知平台，实现网络访问控制和威胁监测，确保网络安全人员能监控校园网络攻击，保障网络使用安全，确保校内人员能安全使用校园网络访问校外网站

续表

与《高等学校数字校园建设规范（试行）》标准中以下条款相符合	自评
《高等学校数字校园建设规范（试行）》5.5 信息化教学环境 高等学校应根据教学需要，分析课堂教学、在线教学、混合式教学等需求，设计或改造信息技术支持的物理学习空间，也应加强建设基于网络的虚拟学习空间。 信息化教学环境的物理学习空间的建设与改造中，音频系统、显示系统、智能化控制系统、供配电系统、照明系统、信息网络及系统集成应遵循 GB/T 36447 的要求。语言学习型教室的建设应遵循 GB/T 36354 的要求，电子考场建设应遵循 GB/T36449 的相关要求。 除了以上基本功能外，高等学校信息化教学环境还可根据教学需要建设以下内容： a）提供多种工具和功能支持课堂内外的师生互动。（可选） 示例：师生互动工具和功能包括但不限于：分组显示、无线投屏、在线答题、弹幕、数据分析等。 b）支持课堂教学与在线学习系统及应用的信息联通和数据融合（可选）	满足。针对教学环境，增设智能物联设备，引入物联管理平台，将包括数字实训室在内的物联教学环境集中纳入管控
《高等学校数字校园建设规范（试行）》5.6 信息化育人环境 除了基础的信息化教学环境外，高等学校还应探索信息技术和人工智能技术在人才培养全过程的应用，建设人技结合的新型育人环境，如智能教学楼、虚拟实验室、智能图书馆、智能体育馆、智能博物馆/展览馆/校史馆，智能化宿舍，智能化实践基地，以及其他智能化环境。	满足。改造和新建智慧教室、实验室和实训室，结合在线教学资源平台，实现虚实结合、线上线下融合的教学环境，提供丰富的数字资源和实践机会
《高等学校数字校园建设规范（试行）》6.4.2 在线课程 高等学校应根据学校实际条件，开展在线课程的规划和资源建设，包括但不限于以下内容： a）遴选学科建设中的优质核心课程，采取激励措施，鼓励教师建设在线课程。 b）可配备技术团队和资源建设环境，支持教师自建或与专业团队合作建设在线课程。 c）推进各类培训促进教师了解并应用在线教学的各类教学方式方法和信息技术工具平台等。 d）鼓励教师利用已有的在线课程探索翻转课堂、混合式学习、探究学习、协作学习等教学创新。 e）遵循或建立一定的技术规范，保证在线课程资源的质量，在线课程建设要素及技术要求应遵循 GB/T 36642 的要求。 f）鼓励教学团队利用优秀教师的在线课程，开展教学研究和教师培训（可选）	满足。目前学院建成国家级精品资源共享课程 1 项、建成国家职业教育专业教学资源库 1 项、建成省级专业教学资源库 2 项，认定省级精品在线开放课程 10 门，建成校级网络课程 46 门，认定线上线下混合式课程 28 门

续表

与《高等学校数字校园建设规范(试行)》标准中以下条款相符合	自评
《高等学校数字校园建设规范(试行)》6.7 信息资源管理服务 高等学校应建设并提供校级信息资源管理服务,可建设系统平台为学校的各类信息资源的汇集、存储、开发、管理和服务提供技术环境。高等学校应在学校规划的指导下,结合学校实际情况,综合考虑基础数据、业务数据、基础设施运行数据、教学资源、科研资源、管理服务资源等不同信息资源,考虑结构化数据、半结构化数据和非结构化数据等不同数据格式,考虑事务处理、事务分析、历史归档等不同应用场景,采用适宜的数据建模方法和技术平台,为学校信息资源的管理运行提供技术保障,并为各类用户和应用提供优质服务。 信息资源管理服务相关系统平台的建设要求是: a) 支持学校主要信息资源汇集。 b) 支持学校主要信息资源的存储。 c) 支持信息资源开发。 d) 支持信息资源安全管理、数据质量管理、元数据管理等。 e) 具备应用接口和数据接口,支持多种方式的数据共享和数据服务	满足。建设学院教学专业(群)资源库平台,将全校的专业(群)相关的数据进行整合,构建专业(群)大数据画像分析平台,为专业(群)的建设成果展示、科学决策提供依据,并对接国家智慧教育平台,主动接受监测
《高等学校数字校园建设规范(试行)》8.2 基础应用服务 a) 身份管理:为各应用提供身份管理和认证服务,支持用户和角色、授权和认证管理,支持常见认证方式,支持应用漫游和应用管理,支持开放授权的业界标准协议。 注 4:开放授权的业界标准协议可包括但不限于 CAS、SAML、oAuth、OpenID 等。 b) 流程服务:为各应用提供流程服务,支持顺序、并行、条件分支、回退、子流程等常见流程模式,支持可视化流程建模和表单设计,支持灵活的权限配置。 d) 消息服务:为各应用提供消息服务,支持系统内消息、电子邮箱、短信、即时通信等主流的消息通知渠道,支持授权管理、消息管理、配置管理等。 e) 日历服务:为用户和各应用提供日历服务,支持基本日历功能,支持个人日历、群组日历、公共日历,支持主流日历协议,支持与常用日历客户端的数据同步。 f) 报表服务:为用户和各应用提供数据源接入、数据规则化处理、数据模型建立、可视化分析和大屏展现等能力。 i) 应用管理:对基础应用服务以及校园业务应用系统进行管理,支持应用身份管理和认证,支持应用服务的注册、上下线和权限管理,支持应用运行状态监控,支持应用使用情况的统计分析	满足。建设有统一身份认证平台、数据共享平台、统一融合门户平台、一网通办平台等基础平台,实现身份管理、流程服务、消息服务、日历服务、报表服务以及应用管理功能

续表

与《高等学校数字校园建设规范(试行)》标准中以下条款相符合	自评
《高等学校数字校园建设规范(试行)》8.3.2 教学科研 人才培养和科学研究是高等学校最核心的功能，业务应用系统应为教学和科研提供全过程支持和服务，通常可包括但不限于以下主要业务： a) 教学活动：支持教师备课授课、信息发布、学生学习、师生交互、作业、测验考试、评价等主要教学活动；支持在线教学、课堂教学、线上线下混合式教学等多种教学方式；支持利用智能技术建设智能学伴、智能助教、虚拟教学环境与空间等。 b) 教学管理：支持教室、课程、教材、课件、成果等教学条件与资源管理；支持培养方案、教学计划、开课、排课、选课、排考、成绩、评价等教学过程与环节管理；支持社会实践、创新创业、学科竞赛、论文训练等活动管理；支持研究生学术培养过程管理。 c) 科研协同：为科学研究提供文献资料、科学数据、科学计算等服务，支持科研团队网上协同，提供消息发布、文档共享、交流交互、活动管理等功能。 d) 科研管理：支持对科学研究的机构、团队、人员、项目、合同、经费、成果、奖励等的管理	满足。建设有智慧教学系统和专业图谱平台、实践教学平台、产教融合信息管理平台、智慧评教系统、综合教务管理系统、AI智能督导系统、科研管理系统等平台，全面支持教学活动、教学管理、科研协同以及科研管理的全过程管理与服务
《高等学校数字校园建设规范(试行)》8.3.3 管理服务 业务应用系统为学校的各项管理服务工作提供支持，通常可包括但不限于以下主要业务： a) 办公宣传：支持学校宣传、办文、办会、办事等日常办公和宣传业务，支持党群、法务、纪检、监察、审计和巡察等党政办公业务。 b) 学生管理：支持招生、迎新、注册、学籍、奖惩、助贷勤补、社团、国际化、学位、就业、毕业离校等的管理。 c) 人力资源管理：支持各类教职工的招聘、入校、合同、调配、薪酬福利、评价考核、职务职级、培养发展、离退休、离职以及档案等的管理。 d) 设备资产管理：支持各类资产设备采购、使用、调配、报废全过程的管理。 e) 实验室管理：支持实验室建制、安全运行、开放服务、特殊用品等的管理。 f) 财务管理：支持账务、预算决算、资金、票据管理、支持各类收费、报销管理，支持各类工资、酬金、福利、补助发放和计税管理。 g) 其他管理服务：支持对外合作、校友、终身教育等工作	满足。建设有学生综合服务平台、课程思政意识能力提升专项平台、就业服务平台、教师发展综合业务系统、校企合作管理平台、人力资源管理平台、资产管理系统等系统，全面支持办公宣传、学生管理、人力资源管理、设备资产管理、实验室管理、财务管理以及其他管理服务

续表

与《高等学校数字校园建设规范(试行)》标准中以下条款相符合	自评
《高等学校数字校园建设规范(试行)》8.4 人机交互界面 高等学校的数字校园应用建设应注重用户体验,重视人机交互界面设计与建设。人机交互设计将业务应用及业务系统提供的信息和服务进行集成、组织和融合,为各类用户提供简洁友好的服务。在数字校园的各种建设项目中,人机交互界面可考虑以下内容: a) 可综合使用智能门户、办事大厅、移动入口、智能终端设备等方式为用户使用数字校园建设成果提供用户界面。 b) 人机交互界面应以用户为中心组织信息和服务,为用户提供个性化服务,注重用户体验。 c) 用户界面应支持主流的终端。 注 6:用户界面主流终端包括但不限于:桌面计算机、笔记本电脑、手机、平板电脑等。 d) 应用界面应支持主流的操作系统和前端界面应用(如主要的浏览器等),并明确标识支持的情况。 e) 学校的主要系统及应用宜保持界面风格相对统一、界面布局相对一致。(可选) f) 人机交互界面可根据需求,支持国际化交流(可选)	满足。建设有统一融合门户、移动平台、一网通办平台、站群管理系统,用户界面支持桌面计算机、笔记本电脑、手机、平板电脑等主流终端,支持主流的操作系统,如 WINDOWS、Linux 等;支持主流前端界面应用,如 IE11 以上的版本、Chrome、Firefox、Safari、360 极速模式等;主要系统及应用保持界面风格相对统一、界面布局相对一致,支持国际化交流,支持国际化设置,可进行国际化语言切换、中英文切换
《高等学校数字校园建设规范(试行)》8.5 决策支持 高等学校数字校园建设中,应在加强建设事务处理型应用的同时,重视事务分析型应用的建设,充分利用高等学校信息资源,构建决策支持类应用,加强对高等学校整体情况、重要业务、关键环节的监控,为学校各类用户的各种决策、高等教育评价改革等提供支持。决策支持类应用的建设要求如下: a) 应充分利用学校信息资源,构建决策支持系统。 b) 应以应用需求为导向,根据不同用户的决策目标和决策需求,为各类用户构建个性化的决策支持系统。 c) 应根据实际情况,采用适宜的应用方式构建决策支持系统	满足。建设有校级、院级、部门级以及个人级的多层面决策支持类应用,根据实际情况构建决策支持系统
《高等学校数字校园建设规范(试行)》10.2 组织机构 高等学校要健全校院两级信息化发展与建设组织机构设置: a) 设立校级网络安全和信息化工作领导小组作为学校网络安全和信息化工作、数字校园建设的最高管理与决策机构。 b) 明确信息化建设主责二级机构,负责数字校园、网络安全和信息化发展战略、专项规划、项目建设、管理、运维等相关工作,致力于运用信息技术促进学校教育改革和发展,推动数字校园建设,为师生的学习、科研、管理和生活提供信息化公共服务	满足。学院成立了书记任组长的网络安全与信息化领导小组,统筹和管理学院的信息化建设工作

续表

与《高等学校数字校园建设规范(试行)》标准中以下条款相符合	自评
《高等学校数字校园建设规范(试行)》10.3 人员队伍 高等学校应建立一支梯队合理、责任心强、稳定可靠的数字校园信息化专业队伍,设立校院两级信息化管理和专业技术岗位,设定明确的岗位职责,支撑开展信息化各项工作,并结合信息化发展和工作需求,不断提高信息化工作人员的专业知识和业务技能水平,保障信息化工作有效推进。 a) 高等学校应建立校院两级网络安全和信息化第一责任人制度,学校网络安全和信息化领导小组组长作为学校网络安全和信息化第一责任人,一般应由学校领导班子主要负责人担任,主要负责学校的网络安全和信息化的规划、决策等工作。 b) 信息化建设主责二级机构人员负责完成高等学校信息化发展的规划、建设、运行、维护、服务等工作。 c) 各高等学校二级机构信息化人员构成应包括二级机构网络安全和信息化第一责任人、网络安全和信息化分管领导、信息化工作联络人、系统管理员等,管理本部门网络安全和信息化工作	满足。学院成立了书记任组长的网络安全与信息化领导小组,下设办公室,办公室设在图书信息中心,统筹和管理学院的信息化建设工作。通过内部培训和外部引进,提升技术人员的信息化素养及技术能力,确保组织内有足够的信息技术人才支持信息化建设
《高等学校数字校园建设规范(试行)》10.4 规章制度 高等学校应全面规范数字校园建设与管理工作,建立健全的规章制度,推动信息化工作合理有序实施和可持续发展。应加强数字校园建设与管理各方面的管理办法的制定,包括但不限于网络与信息安全管理、数据管理、校园网建设与运行管理、校园卡管理、信息化建设项目管理、网站及信息系统管理等方面	满足。在政策与机制制定方面,制定了《江西水利职业学院信息化项目建设管理办法》,明确信息化建设的原则、指导思想和实施要求
《高等学校数字校园建设规范(试行)》10.5 标准规范 高等学校应制定数字校园建设相关技术标准规范,以保障数字校园建设运行的顺利开展和可持续发展。 a) 数据标准建设应符合 GB/T 29808 的要求,并参照本规范第 6 章内容,结合高等学校自身实际需求制定标准。规范定义数据元标准结构,保证数据的一致性,方便数据交换与共享,提高信息处理效率。 b) 网络与信息安全技术规范建设应符合本书第 9 章的要求,结合高等学校自身的需求,制定学校网络与信息安全技术规范。 c) 数字校园中心机房建设应符合 GB 50174 的规定,并参照本规范第 5 章内容,结合高等学校自身的需求,制定标准规范。 d) 网络工程建设应参照本规范第 5 章内容,结合高等学校自身的需求,制定网络工程规划与设计、设备与材料、施工与布线、安全管理标准规范。 e) 信息化建设项目应在学校信息化整体技术规划框架下,制定信息化建设项目需求分析、设计开发、测试评估、部署实施、验收全流程标准规范	满足。完成了《江西水利职业学院智慧校园设计方案》《江西水利职业学院信息化项目建设管理办法》,明确信息化建设的原则、指导思想和实施要求,在信息化项目管理方面,建立信息化项目申报管理流程,由图书信息中心对信息化项目进行合理的计划、实施、监控和评估

续表

与《高等学校数字校园建设规范(试行)》标准中以下条款相符合	自评
《高等学校数字校园建设规范(试行)》10.6 经费保障 持续的经费投入是数字校园可持续发展的基本保障,高等学校应保证数字校园建设和运维经费在学校年度经费中的比例,并适度增长。 a) 应明确由信息化建设主责二级机构负责学校数字校园建设经费统一的归口管理,按照统筹、集约、共享原则,避免多头建设、重复建设,提高数字校园建设经费使用效率。 b) 各部门应建立健全信息化工作协调机制,凡涉及数字校园信息化项目建设,均应经过信息化建设主责二级机构的项目前置评审。 c) 应统筹安排数字校园建设与运维经费,并保证运维经费与建设经费按适当比例投入	满足。制定经费保障机制和其他保障政策,确保信息化项目有足够的资源支持
《高等学校数字校园建设规范(试行)》10.8 评价体系 数字校园建设是一个持续的过程,制定适当的评价体系,对数字校园建设工作和应用效果进行评价,有助于促进高等学校数字校园建设。 a) 数字校园评价体系设计应遵循客观性、整体性、指导性、科学性、发展性原则,评价和反馈应当贯穿于数字校园的各个阶段,对阶段性建设与应用效果进行有针对性的分析诊断,并提出改进的意见和建议,做到"以评促建,评建结合"。 b) 数字校园评价内容应包括规划、建设、运维服务、用户素养等方面所达到的水平和程度,保障体系的完备性与科学性等。 c) 数字校园评价方式可选择具有先进性、智能性、及时性的方式,可借助人工智能、大数据分析等新的技术手段来辅助实施	满足。在信息化工作绩效评估方面,制定全面的评估指标体系,定期对信息化建设的进展和效果进行评估,为后续决策提供参考

6 解决方案专家点评

6.1 点评专家简介

舒畅,华南理工大学计算机工学博士,联奕科技股份有限公司副总裁兼首席信息官,广东省智慧校园应用工程技术研究中心主任,教育部教育信息化技术标准委员会专家委员,中国教育技术协会技术标准委员会专家委员,科技部国家科技专家库评审专家,信息系统项目管理师(工信部),全国十佳新锐程序员(第三届),广东省科技专家库成员,广州市科技专家库成员,广东财经大学兼职硕士生导师。主要研究领域为智慧校园、云计算应用、分布式存储技术、大数据应用技术等。近年来,以主要成员身份先后参与了科技部科技型中小企业技术创新基金项目、省部产学研结合项目、广东省粤港关键领域重点突破项目等重大科研项目 10 余项,获得"广东省优秀软件服务人才""珠江科技新星""广州市优秀专家(高层次人才)(第一批)"等多项荣誉称号,先后在国内外学术会议和核心刊物上发表学术论文 10 余篇,其中第一作者或第一通讯作者被 EI 收录 5 篇、ISTP 收录 2 篇。

6.2　点评内容

随着新一轮科技革命和产业变革的深入发展，教育数字化转型已成为全球共识。习近平总书记在中共中央政治局第五次集体学习时强调，教育数字化是我国开辟教育发展新赛道和塑造教育发展新优势的重要突破口。教育数字化转型，是面向未来人才培养与学习模式的新变革，是教育组织模式的新探索与新实践。

在教育数字化的背景下，高校信息化应加强业务部门的引领和信息部门的赋能，探索发展路径。江西水利职业学院在建设过程中，以数智融合为驱动，深度整合多平台与多系统，构建了统一身份认证、数据共享等关键平台，有效解决了数据孤岛问题，促进了管理服务流程的再造，这与政策中提高数据管理水平、优化信息系统供给的要求高度契合。

从实际成效来看，无论是在提升师生数字化应用能力，还是在建立数字化治理体系方面，都取得了显著成果。学院的学生通过信息技术的应用，提升了数字素养与就业竞争力；教师的教学能力与职业发展也得到了有力地推动。该案例为职业院校落实教育信息化政策提供了宝贵的实践范例。

清华大学深圳国际研究生院元数据驱动下的开发配置平台创新实践

——GB/T 36342—2018《智慧校园总体框架》应用案例

江普，陈杨，杨桦，张子卿，姜羽

（清华大学深圳国际研究生院）

1 学校简介

清华大学深圳国际研究生院是在清华大学深圳研究生院和清华-伯克利深圳学院的基础上拓展建立的，作为清华大学全球战略布局中里程碑式的一步，也是清华大学新百年不断提升一流大学建设水平的重要举措。

“国际化、开放式、创新型”作为清华大学深圳国际研究生院的办学特色，也突出了清华大学深圳国际研究生院对提升国际影响力、创新人才培养、优化教育教学手段方面的重视。

2 案例简介

2.1 项目背景

在清华大学深圳国际研究生院智慧校园系统的建设过程中，学院从战略和技术两个层面同时推进。在战略层面，学院通过智慧校园系统的建设，落实办学理念的核心需求，推动教学管理和服务的全面升级。在技术层面，学院通过以下几个方面来保障数据与技术平台的开放性：

（1）采用生态化建设模式，避免受制于供应商；

（2）利用成熟第三方插件，提升建设水平与建设效率；

（3）提供各类积木式技术或功能组件，降低系统建设成本；

（4）建立具有自主知识产权的开发配置平台用于定制化系统的开发。

在此背景下，开发配置平台的建设成为智慧校园系统建设中不可或缺的重要组成部分。平台的设计与实施，不仅要满足当前系统建设的功能需求，还要为未来的持续创新和拓展预留空间，通过开发配置平台，学院能够更高效地应对不同业务场景下的复杂需求。

2.2 顶层设计

在智慧校园系统的整体架构中，开发配置平台 SIGSDK（SIGS Development Kit）承担着重要角色。SIGSDK 是一个基于 Go 语言的低代码元数据驱动开发框架。基于发展历史，SIGSDK 在技术交流上又别称为 Flora，每个 Flora 项目由不同的模块堆砌组成，Flora

提供了大量预制的基本模块，如用户系统、任务系统、管理界面系统等。应用程序可根据业务需求开发新的模块，新模块可定义新的实体，也可以对已有实体定义进行修改和增强。建设思路的顶层设计主要包括以下几点：

（1）通过高度抽象应用系统开发过程中的代码编写、数据库搭建等过程，定义二维数据表为实体，使低代码搭建成为可能；

（2）结合元数据思想，搭建开发配置平台，使得用户能低代码的快速搭建应用系统；

（3）将元数据配置平台的技术源码、文档对外开放，吸引优秀厂商共同搭建、完善该平台。

2.3　应用场景

在智慧校园系统中，开发配置平台主要供学院各类业务系统进行定制化开发时使用，通过使用统一的开发配置平台进行定制开发，可以有效提升学院信息部门对供应商和系统代码的管理能力，同时也能为用户提供更加优秀和一致的体验。

2.4　功能设计

在实际应用中，开发配置平台的功能设计围绕实体系统、界面生成与开发、服务架构等方面展开，确保平台能够在不同业务场景下发挥最大效用。

2.4.1　实体系统

实体系统主要用于定义系统中的各类数据表结构及关联关系，以实现系统底层的逻辑关系。其核心具备以下功能：

（1）基本的数据查询和修改功能，对关系数据的建模能力；

（2）对数据权限的定义能力（包括精确到行和列的动态权限）；

（3）对数据增删改查方法的定义；

（4）对计算字段的支持及缓存；

（5）对数据有效性的检查；

（6）对数据多语化的支持；

（7）对数据导入导出的支持；

（8）对数据操作的审计和记录；

（9）对基于实体数据结构自动生成标准的 API 数据接口的支持；

（10）对基于配置文档自动生成实体管理界面的支持。

2.4.2　界面生成与开发

考虑到用户体验方面的诉求，Flora 通过以下方式支持界面生成与开发。

（1）基于元数据配置的界面系统

对于专业业务管理应用环境，Flora 提供标准的管理界面供用户使用。该界面提供统一可定制的增删改查界面。大部分需求通过编写 YAML 配置文件即可完成开发工作，大大节省了开发工作量，提升了开发的标准化。

（2）自定义组件或自定义界面

当用户有标准界面之外的特殊需求时，开发人员可以通过开发自定义组件或完整自定义页面来满足这些需求。此外，Flora 也支持对接完全独立的前端客户端（如微信小程序、H5、基于 Vue/React 的前后端分离应用），通过 API 接口进行对接和开发。

2.4.3 服务架构

Flora 的所有服务器组件和逻辑都基于云架构多服务器均衡部署的前提假设进行开发。所有服务均为无状态服务，不使用本地磁盘记录业务数据，业务请求可发送给任意服务器进行处理，不依赖于黏性会话。业务逻辑进行严格的把控，所有服务器可以无预警随时重启而不影响业务正确性，从而鲁棒应对私有或公有云环境硬件维护、调度抢占导致的服务器重启事件。

Flora 后台任务基于内置的分布式任务队列，任何服务器可添加任务和执行任务，任务失败后可自动重启。实现任务队列无状态和任意横向扩容。

Flora 可在公有云和私有云部署，所有服务均已容器化、云原生化，配备 docker-compose 以及 kubernetes 的标准部署配置，可以便捷地进行系统的部署和迁移。

2.5 项目核心平台架构

整体架构如图 1 所示。

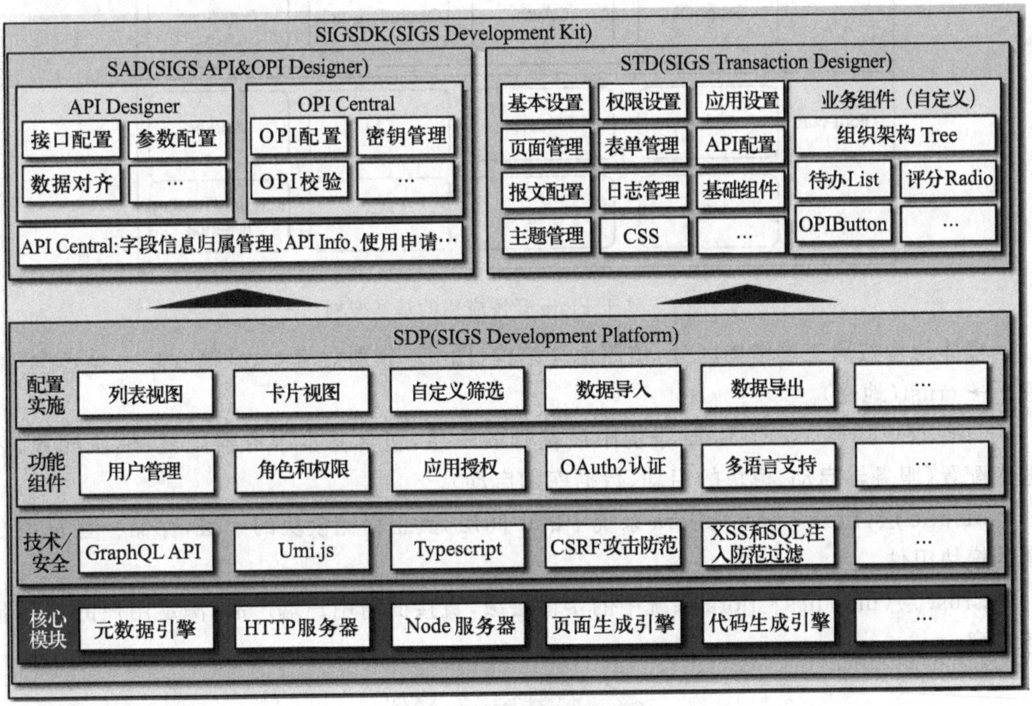

图 1　整体架构

开发配置平台包括三个部分：SDP（SIGS Development Platform）、SAD（SIGS API&OPI designer）以及 STD（SIGS Transaction Designer）。

SDP 的核心思想是标准化、元数据化。SDP 尝试对业务和数据场景复杂的应用设计、开发、测试、部署和运维提供统一的解决标准和方案。

SAD 是由 SDP 开发配置的一个微服务产品，主要实现 API 接口数据对齐配置（作为

API Gateway 的前置)、OPI 服务的集中管理与中转以及字段归属信息查询等管理,是智慧校园接口标准的工程落实。

STD 是由 SDP 开发配置的一个微服务产品,主要功能是用来配置交互端师生事务,再通过 API 对接业务流程管理系统实现相关业务逻辑,主要是实现师生渠道的敏捷开发且具有一致的用户体验。

为了更好地理解本平台的应用场景和架构,图 2 展示了基于 Flora 开发应用的基本架构。

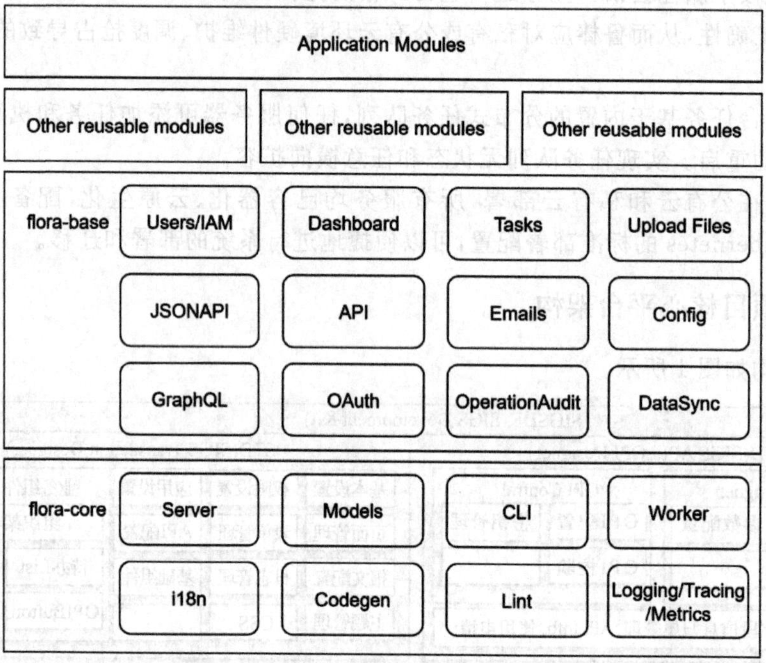

图 2　基于 Flora 开发应用的基本架构

整体架构按照三层结构区分,仿照地球结构(图 3),分别对应 core(核心) → mantle(地幔) → crust(地壳)。

Core 层(flora - core):flora 系统中最基础的一层,包含基本服务器配置、模块配置、数据库配置(服务器启动、模块的启动、数据库的启动)。

Mantle 层(flora - base):flora 系统中的中间层,真正存储模块的一层,存储一些复用性高的模块组件。

Crust 层(modules):flora 系统中的接口层级,直接面向用户端产品,满足用户的实际业务需要。

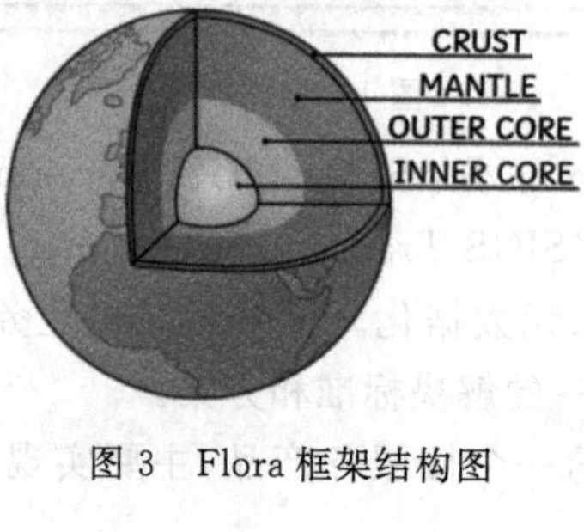

图 3　Flora 框架结构图

2.6 服务目标人群

开发配置平台(Flora)的服务目标人群主要为清华大学深圳国际研究生院内部的各类业务系统开发人员、IT 技术支持团队以及最终的系统用户。具体如下：

(1) 系统开发人员：包括学院内部的技术团队及合作供应商，负责平台的定制化开发与维护，能够使用元数据配置平台进行快速搭建与修改应用系统。

(2) IT 技术支持团队：负责系统的运维、监控和故障处理，确保平台在实际运行中的稳定性与高可用性。

(3) 业务部门用户：包括学院的各类教职工、行政人员以及学生，他们是平台应用系统的最终使用者，通过系统进行各类业务流程的操作，如学生选课、教师教务管理等。

2.7 项目总结

Flora 作为学院统一开发配置平台，主要提供了标准的技术开发框架和工具，开发人员能够基于此平台便捷、快速地进行项目开发和实施工作，在智慧校园建设过程中，展现出诸多显著优势。

(1) 节约开发成本

在传统开发模式中，对于每一种数据，在数据的定义、交互设计、界面设计、后台接口编写、前端用户界面编写、测试交接等工作中都会花费大量的精力，而这些工作会在开发每种数据时重复进行。Flora 采用元数据开发模式，框架能自动生成对应的数据库模型、权限校验、API 接口、用户界面等等，大大降低开发难度、节约开发成本。

(2) 核心代码自主可控

Flora 采用完全开源技术，厂商基于框架开发的功能和系统学院能够对核心代码完全掌控，增加学院自主权，避免被供应商“卡脖子”。

(3) 实现生态共建

当 Flora 已有功能无法满足业务逻辑和需求时，其允许灵活模块化、组件化的架构逻辑，使得合作厂商可以通过自定义开发的形式快速满足需求，同时将过程中开发的功能和组件沉淀在 Flora 框架中，实现良性循环。

(4) 保障学院核心数据安全

Flora 在传输层、应用层及数据库层面建立了一系列数据安全防护手段，如 SSL 数据传输加密、Bear Token、Security Cookie、SHA256 敏感数据加密；Flora 构建的应用系统可以在底层技术框架层面进行统一的安全扫描及漏洞处理，无须逐个系统进行，有效降低运维成本和安全风险。

作为一个开放的技术平台，它为上层的业务系统建设提供必需的基础组件支持和集成规范要求，一方面提供了业务需要的公共能力组件，避免了重复开发，并通过这种方式屏蔽了技术难点，降低了业务开发难度，使得业务系统更加聚焦业务；另一方面提高了整个智慧校园建设的开放性，使得校方可以方便地引进不同的供应商或者使用自有开发力量来进行业务系统的建设。

同时，开发配置平台也解决了诸多问题，包括供应商过度集中且耦合性过高、系统建设前瞻性不足、系统建设僵化、建设周期漫长、无法采用互联网技术进行持续迭代等。

3　实施效果

3.1　实施情况

在开发配置平台的实施过程中，学院信息技术部门与项目团队紧密合作，经过多轮的需求分析、平台定制和系统集成，确保了平台能够符合学院各业务系统的多样化需求。项目经过初步试点后，逐步扩展到多个业务场景，并成功整合了来自不同供应商和合作伙伴的系统功能。

3.2　应用成效

开发配置平台在校园应用系统建设中取得了良好的应用实践效果，目前已经形成了分布在 10 多家企业 50 多人的 Flora 技术社区，为学院后续应用系统建设和集成提供了生态化技术资源保障。通过开发配置平台建设，实现了校园应用系统的高效集成，提升了师生的工作和学习效率，改善了用户体验，促进了数据的共享和流通，为学院的国际化、开放式、创新型办学提供了有力支持。

4　特色与推广意义

4.1　特色

本项目的特色在于其独特的元数据驱动模式，这种模式大幅提升了系统开发与维护的灵活性，降低了系统建设成本，同时也能够实现快速响应各类业务需求的变动。

4.2　推广意义

开发配置平台不仅为学院内部提供了高效的技术支持，还为智慧校园建设领域的其他高校和科研机构提供了可借鉴的经验。其主要推广意义包括：

(1) 推动教育信息化进程：通过开发配置平台的建设与应用，学院能够更好地应对教育数字化转型的挑战，推动教育信息化进程。

(2) 促进高校技术创新与自主研发能力：平台的开源与灵活定制特性促使更多高校自主研发并打造符合自身特点的系统，提升学校的技术自主权。

(3) 引领智慧校园技术发展：开发配置平台的成功实践为其他高校在智慧校园建设方面提供了一个高效、灵活、可扩展的解决方案，为国内外高校在智慧教育领域的技术创新奠定了基础。

(4) 推动高校间的技术合作与共享：平台的开放性与可扩展性为不同高校之间的合作与资源共享提供了便利，有助于形成教育领域内的良性技术生态。

5 标准符合性自述

5.1 基本标准符合性指标

案例符合 GB/T 36342—2018《智慧校园总体框架》中如表 1 所示章节的要求。

表 1 基本标准符合性指标

标准章节	标准条款	标准应用情况自述
《智慧校园总体框架》5.3.2 条	数据交换单元是在基础设施层数据库与服务器的基础上扩展已有的应用，包括数据存储、数据汇聚与分类、数据抽取与数据推送等功能模块	满足
《智慧校园总体框架》5.3.3 条	数据处理单元包括数据挖掘、数据分析、数据融合和数据可视化等功能模块	满足
《智慧校园总体框架》5.3.4 条	数据服务单元包括数据安全服务、数据报表服务、数据共享服务等功能模块	满足
《智慧校园总体框架》5.3.5 条	支撑平台单元包括统一身份认证、权限管理、菜单管理和接口服务等功能模块	满足
《智慧校园总体框架》5.3.6 条	统一接口单元是智慧校园实现安全性、开放性、可管理性和可移植性的中间件，如 API 接口、B/S 接口、C/S 接口和个性化接口等	满足

5.2 评价性指标

案例符合 GB/T 36342—2018《智慧校园总体框架》中以下章节要求，如表 2 所示。

表 2 评议性指标

标准章节	标准条款	标准应用情况自述
《智慧校园总体框架》5.3.1 概述	支撑平台层是体现智慧校园云计算及其服务能力的核心层，为智慧校园的各类应用服务提供驱动和支撑，包括数据交换、数据处理、数据服务、支撑平台和统一接口等功能单元	满足。开发配置平台在方案设计阶段，充分借鉴了《智慧校园总体框架》的要求，紧密结合学院的实际情况，充分调研各类业务的实际运作模式、常规业务量和数据交互特点等，完成了开发配置平台的建设，为智慧校园各类应用服务提供坚实的驱动和支撑

6 解决方案专家点评

6.1 点评专家简介

钟晓流，高级工程师，中国教育技术协会副会长、中国教育技术协会人工智能专业委员会理事长、《现代教育技术》主编、教育部教育信息化技术标准委员会(CELTSC)专家委员。

6.2 点评内容

在数字化转型的浪潮中,智慧校园作为教育信息化的关键组成部分,逐渐成为提升学院管理水平、教学质量和师生体验的重要工具。该案例中,清华大学深圳国际研究生院的SIGSDK开发配置平台,作为智慧校园建设的核心技术平台,以其创新的元数据驱动方式,展现了极高的灵活性与扩展性。

SIGSDK平台通过低代码和元数据驱动的方式,将传统的系统开发过程高度抽象化,使得学院内部的开发人员可以快速、便捷地构建和定制业务应用。这种模块化、可配置的设计不仅显著降低了开发成本,而且减少了对外部供应商的依赖,增强了学院对系统的掌控力和自主研发能力。同时,平台的开源特性提供了更大的灵活性,开发人员可以在现有框架基础上进行定制,确保平台能够适应学院日新月异的需求。

平台的技术架构以云计算和分布式系统为基础,采用无状态服务和分布式任务队列的设计,极大提高了系统的可靠性和可扩展性;即便在高并发的环境下,系统依然能够保持高效的性能和稳定性。这对于学院而言,无疑提供了一种未来可扩展的解决方案,可以灵活应对不断变化的技术需求和业务场景。

通过该案例中的SIGSDK平台的实际应用,各类业务系统得以快速集成和灵活定制,提升了数据共享与流通效率,同时大幅度提高了师生的工作和学习效率。尤其是在业务流程的自动化和智能化方面,SIGSDK平台为智慧校园的建设提供了一个可持续、可复制的技术模型,为其他高校的数字化转型提供了宝贵的经验。

值得注意的是,SIGSDK平台不仅仅是一个技术工具,更是推动学院教育理念转型的重要支撑。平台的构建和应用,帮助学院实现了从传统管理向智能化管理的转变,推动了教务管理、学生服务等多个领域的数字化升级,显著提升了教学与管理的效率。

从推广价值来看,SIGSDK平台的成功实施不仅为清华大学深圳国际研究生院的智慧校园建设奠定了基础,也为全国乃至全球其他高校提供了一个重要的借鉴样本。随着教育行业对数字化、智能化的需求不断增加,类似SIGSDK这样高度开放、灵活可定制的平台无疑将成为未来智慧校园建设的重要方向。

其他案例

更多案例请扫码查看：

1	以下一代超融合为支撑的校园综合驾驶舱探索与实践 ——《高等学校数字校园建设规范（试行）》应用案例 孙社文，朱元忠，汪卫国，董佳辉，杜晨，史翔宇，武永建 （北京工业职业技术学院；新华三技术有限公司）
2	北京卫生职业学院国产机房上云的探索与实践 ——《高等学校数字校园建设规范（试行）》应用案例 赵鸹，王梅，王炜，崔成，王振 （北京卫生职业学院）
3	四川大学线上线下相融合的“5G＋大川学堂”泛在学习空间建设 ——GB/T 36342—2018《智慧校园总体框架》应用案例 段磊，黎生，崔亚强，许春，殷婕 （四川大学）
4	综合运维新引擎赋能高校信息化服务新生态 ——《高等学校数字校园建设规范（试行）》应用案例 丛建伟，徐俊波，张博，刘振广 （哈尔滨工程大学）
5	景德镇艺术职业大学 F5G 无源光网络 ——《高等学校数字校园建设规范（试行）》应用案例 黄丹，陈梅杰，胡胜，陈楹标 （景德镇艺术职业大学）
6	“数智”引领，打造“数治”校园新生态 ——《高等学校数字校园建设规范（试行）》应用案例 付智勇，范胜廷，吴芳青，陈媛，李维才 （曲靖医学高等专科学校）
7	数据融通下数字校园服务门户建设与应用 ——《高等学校数字校园建设规范（试行）》应用案例 曹姣，欧阳哲，洪白玉，谢宝，谢淑芳 （益阳医学高等专科学校）
8	湖北民族大学“1354”架构赋能智慧校园内涵式发展之道 ——《高等学校数字校园建设规范（试行）》应用案例 韩阳，曾睿，陈艳红，邓介一，汪涛 （湖北民族大学）

续表

9	"网罗万象，数智云管"校园网络新范式：以江汉艺术职业学院为例 ——《高等学校数字校园建设规范（试行）》应用案例 李飞，廖江涛，冯奇，姜勇军，李建 （江汉艺术职业学院）
10	包头医学院"中台主导，数据驱动"校园治理创新实践 ——《高等学校数字校园建设规范（试行）》应用案例 营静峰，郑恩洋，朱琳，张媛媛，谢培刚 （包头医学院）
11	东北石油大学融合创新"大平台＋中应用＋微服务"智慧校园服务模式 ——《高等学校数字校园建设规范（试行）》应用案例 高新成，胡庆，王燕，黄刚，张超 （东北石油大学）
12	人工智能助推教师队伍建设的教师教育大数据平台建设方案 ——《高等学校数字校园建设规范（试行）》应用案例 郑誉煌，王东宏，林国辉，陈祺安，吴林泽 （广东第二师范学院）
13	数智融合打造智慧校园新样态 ——《高等学校数字校园建设规范（试行）》应用案例 刘宇中，卢东，丁乐，殷军，李家盛 （江西应用科技学院）
14	"中台主导，服务驱动"的辽建院智慧校园建设 ——《高等学校数字校园建设规范（试行）》应用案例 孙庆利，刘文武，冀忠祥，马丹，刘伟，王楠 （辽宁建筑职业学院）
15	数字化赋能校园治理　重塑校园智慧服务新体系 ——《高等学校数字校园建设规范（试行）》应用案例 吕振凯，李树旺，刘俣男 （辽宁轻工职业学院）
16	数智融合赋能校园服务新生态 ——《高等学校数字校园建设规范（试行）》应用案例 肖俊宇，杨章伟，江峰，胡丽平，谢婷 （萍乡学院）
17	数字化转型赋能高校后勤的实践 ——《高等学校数字校园建设规范（试行）》应用案例 廖珊，汤磊，刘明宇，陈海，王晓晨 （西藏民族大学）
18	基于物联中台的智慧后勤信息化建设与应用 ——《高等学校数字校园建设规范（试行）》应用案例 陈志华，徐省华，邱俊斌，王强，吴俊烈 （广东技术师范大学）

续表

19	吉林工商学院全校“一朵云”机房建设 ——《高等学校数字校园建设规范(试行)》应用案例 徐文,李叔宁,齐权,高玉喜,李景民 (吉林工商学院)
20	区域教育升级:AI技术的创新应用与实践 ——T/SAIAS 0013—2023《教育通用人工智能大模型》系列标准应用案例 刘云义,解东方,闻春艳,李冬梅,孙泽 (沈阳市铁西区教育局)
21	安全GPT引领建设新未来 人机共智构筑运营新模式 ——《高等学校数字校园建设规范(试行)》应用案例 宗薇,刘培,李金方,董恩威,王丽宝 (外交学院)
22	建设服务终身教育领域的人工智能数字基座 ——T/SAIAS 0013—2023《教育通用人工智能大模型》系列标准应用案例 贺媛婧,赵艳,潘奇,李静,熊伟 (国家开放大学,数字化学习技术集成与应用教育部工程研究中心,国开在线教育科技有限公司)
23	云桌面与常态化直录播融合的智慧教学环境建设 ——《高等学校数字校园建设规范(试行)》应用案例 管士亮,刘传文,尹峰,刘印锋,荣晓飞,刘海涛 (临沂大学)
24	宁波城市职业技术学院信创F5G全光校园 ——《高等学校数字校园建设规范(试行)》应用案例 边欢强,陈杰新,沈烈 (宁波城市职业技术学院)
25	南宁学院F5G+四网融合全光校园网 ——《高等学校数字校园建设规范(试行)》应用案例 沈艺敏,曾康铭,蒋小波,庞富宁,林杰 (南宁学院)
26	长春人文学院F5G全光接入网改造 ——《高等学校数字校园建设规范(试行)》应用案例 张明超,左睿志,石佰润,侯春多,赵佳林 (长春人文学院)
27	国标引领下“北语”数据赋能校园管理服务新模式 ——《高等学校数字校园建设规范(试行)》应用案例 吴志山,田晓芳,金焱,赵亚伟,李小波 (北京语言大学)
28	科大讯飞AI学习机T30 Pro ——国家标准计划项目20232407-T-469《信息技术 学习、教育和培训 移动学习终端功能要求》草案应用案例 翟吉博,王亚飞,桑宇霞,余浩然,林欢欢 (科大讯飞股份有限公司)